Merkblatt zum Einheitspapier

Ausgabe 2007

Verwendung und Anleitung zum Ausfüllen des Einheitspapiers auf der Grundlage des Zollkodex

mit einer Einführung von **Frank Herrmann,**
Oberamtsrat im Bundesministerium der Finanzen

Bibliografische Information Der Deutschen Bibliothek

Die Deutsche Bibliothek verzeichnet diese Publikation in der Deutschen Nationalbibliografie, detaillierte bibliografische Daten sind im Internet über **<http://dnb.ddb.de** abrufbar.

Lektorat und Herstellung: Uwe Mähren
Satz: Type & Print, Hilden
Druck: Type & Print, Hilden

ISBN 978-3-89817-653-8

Vorwort

Rechtliche Grundlage für die Abfertigung des Warenverkehrs über die Zollgrenze der Europäischen Gemeinschaft sind der Zollkodex und die Zollkodex-Durchführungsverordnung. Beide Verordnungen sind häufigen Änderungen unterworfen. Hintergrund ist der weiter fortschreitende europäische Integrationsprozess.

Das aktuelle Merkblatt zum Einheitspapier – Ausgabe 2007 – berücksichtigt die Änderungen des Zollrechts und des Rechts der Statistiken des Warenverkehrs seit 1. Januar 2006.

Diese Sonderausgabe stellt alle Änderungen zur vorherigen Rechtslage (Ausgabe 2005 des Merkblatts) in Kurzform dar. Dem Leser wird somit eine Übersicht über die Neuerungen in der Praxis gewährt. Außerdem werden Hinweise zum IT-Verfahren ATLAS gegeben, über das nahezu 70 % der Einfuhranmeldungen abgegeben werden. Überdies wurde im Jahr 2006 bei allen Zollstellen der Verfahrensteil ATLAS-Ausfuhr in Betrieb genommen. Auch hierzu bietet diese Sonderausgabe umfassende Hinweise.

Wesseling, im Dezember 2006 *Frank Herrmann*

Inhaltsverzeichnis

1. Verwendung und Ausfüllung des Einheitspapiers auf der Grundlage des Zollkodex

1.1 Die Vorschriften über das Einheitspapier

Grundsätzlich ist das Einheitspapier der amtliche Vordruck, auf dem in der EU Zollanmeldungen abzugeben sind. Die Vorschriften über die Verwendung des Einheitspapiers sind in den Artikeln 61 und 62 der VO (EWG) Nr. 2913/92 des Rates vom 12. Oktober 1992 zur Festlegung des Zollkodex der Gemeinschaften – Zollkodex – sowie in den Artikeln 205 bis 217 der VO (EWG) Nr. 2453/93 der Kommission vom 2. Juli 1993 mit Durchführungsvorschriften zum Zollkodex – Zollkodex-DVO – enthalten.

Muster der Vordrucke des Einheitspapiers und die Druckvorschriften sind zusammen mit dem EU-einheitlichen Merkblatt zum Einheitspapier in den Anhängen 31 bis 38 der Zollkodex-DVO abgedruckt. Demnach sind einige Angaben zwingend von den Anmeldern zu fordern (obligatorische Angaben). Bei anderen Feldern bleibt es den Mitgliedstaaten überlassen, inwieweit zusätzliche Informationen von den Anmeldern aufgrund nationalen Rechts verlangt werden (fakultative Felder).

Entsprechende Vorschriften über das Einheitspapier, die dem Zollkodex und der Zollkodex-DVO entsprechen, wurden im Übereinkommen EWG/EFTA „Gemeinsames Versandverfahren“ und „Einheitspapier“ übernommen. Durch die Verwendung des Einheitspapiers als Versandanmeldung durch die Mitgliedstaaten der EFTA vergrößert sich der Anwendungsbereich des Einheitspapiers.

Eine Neufassung der Anhänge 31 bis 38 der Zollkodex-DVO wurde im Sommer 2003 abgeschlossen. Die Anhänge wurden im Amtsblatt der EU L 243 vom 31. Dezember 2003 mit der Verordnung der EG Nr. 2286/2003 der Kommission vom 18. Dezember 2003 zur Änderung der Verordnung (EWG) Nr. 2454/93 mit Durchführungsvorschriften zu der Verordnung (EWG) Nr. 2913/92 des Rates zur Festlegung des Zollkodex der Gemeinschaften, im folgenden Änderungsverordnung, veröffentlicht. Die Änderung steht im Lichte der anhaltenden Bemühungen der Zollverwaltungen der EU, alle Zollverfahren mit Hilfe von Informationstechnik abzuwickeln. Außerdem hat die EU mit der Änderungsverordnung einen großen Schritt in Richtung des Datenmodells der Weltzollorganisation getan. Dahinter steht wiederum die Idee, eine Ausfuhranmeldung, die für eine Ware in einem Land abzugeben ist, inhaltlich möglichst gleich als Einfuhranmeldung für das Land zu verwenden, in dem die betr. Ware einzuführen ist. Für den weltweiten Handel würde dies ein bedeutender Abbau von Bürokratie darstellen und damit die nach Ansicht des Autors wesentlichste Vereinfachung, die Zollverwaltungen anbieten könnten.

Alle Mitgliedstaaten hätten die aktuelle Änderungsverordnung bis zum 31. Dezember 2005 anwenden müssen. Außerdem waren die Anwendungszeitpunkte der Kommission mitzuteilen. Die Kommission will daraus eine Liste erstellen und im Amtsblatt der EU veröffentlichen. Diese Veröffentlichung hätte bereits im Laufe des Jahres 2005 erfolgen sollen. Einige Mitgliedstaaten, vorwiegend Mitgliedstaaten, die am 1. Mai 2004 beitraten, wenden die Änderungsverordnung bereits seit ihrem Beitritt an. Andere Mitgliedstaaten, so Frankreich und das Vereinigte Königreich, sahen sich trotz ihrer Zustimmung im Ausschuss für den Zollkodex nicht in der Lage, den in der Anwendungsverordnung vorgesehenen letzten zulässigen Anwendungszeitpunkt am 31. 12. 2005 einzuhalten. Der letztmögliche Anwendungszeitpunkt wurde daher von der Kommission mit einer Änderungsverordnung im Jahr 2005 auf den 31. 12. 2007 ausgedehnt. Die deutsche Zollverwaltung hingegen wendet die Änderungsverordnung bis auf wenige Einzelheiten seit dem 1. April 2005 an. Diese wenigen noch ausstehenden Einzelheiten wurden in der vorliegenden Ausgabe veröffentlicht. Tatsächlich führt die von der Kommission jedoch überlang ausgedehnte Übergangszeit zu dem unhaltbaren Zustand von Zollanmeldungen mit nicht harmonisiertem Inhalt.

Im Anhang 37 der Zollkodex-DVO sind die Angaben festgelegt, die EU-weit mindestens in Zollanmeldungen einzutragen sind und von den Zollverwaltungen der Mitgliedstaaten in Zollanmeldungen zu verlangen sind (obligatorische Felder). Außerdem enthält der Anhang 37 die Rechtsgrundlagen für die

Angaben, die die Mitgliedstaaten darüber hinaus in Zollanmeldungen verlangen dürfen (fakultative Felder). Manche Angaben, die in die Felder der Zollanmeldungen einzutragen sind, sind codiert einzutragen. Diese Codes sind im Anhang 38 der Zollkodex-DVO festgelegt. Die Änderungsverordnung war im Übrigen Gegenstand der ATLAS-Version 7.0, die im Jahr 2005 bei den deutschen Zollstellen eingesetzt wurde.

Den Erwägungsgründen der Änderungsverordnung ist zu entnehmen, dass ein weiterer Grund für die Neufassung der genannten Anhänge der Zollkodex-DVO ist, die Anzahl fakultativer Felder, die es den Mitgliedstaaten ermöglicht, abweichend vom harmonisierten Datensatz der obligatorischen Felder selbst Angaben in Zollanmeldungen zu verlangen, einzuschränken. Tatsächlich sind EU-weit eine Reihe von Feldern nicht mehr auszufüllen, die zum Teil jedoch in Deutschland nie auszufüllen waren. Das Bundesministerium der Finanzen hat diesem Umstand Rechnung getragen. So werden nun zur Anmeldung der einzelnen Zollverfahren nur die obligatorischen Felder und eine nur geringe Anzahl fakultativer Felder auszufüllen sein.

Im gesamten Merkblatt zum Einheitspapier wurde einem weiteren Umstand Rechnung getragen. Versandanmeldungen zum gemeinschaftlichen/gemeinsamen Versandverfahren werden nur noch in Ausnahmefällen mit dem Einheitspapier abgewickelt. In der Regel werden Versandanmeldungen nun mit dem NCTS (Neues computerisiertes Versandverfahren) abgewickelt.

1.2 Terminologie des Zollkodex

Nachfolgend sind die im Zollkodex sowie in den Übereinkommen EWG/EFTA „Gemeinsames Versandverfahren" und „Einheitspapier" definierten Begriffe, soweit sie im Zusammenhang mit dem Merkblatt zum Einheitspapier von Bedeutung sind, unter Angabe der Fundstelle aufgeführt.

Terminologie Zollkodex	Bedeutung
Zollrechtlicher Status (Art. 4 Nr. 6 Zollkodex – ZK –)	Der Status einer Ware als Gemeinschaftsware oder Nichtgemeinschaftsware
Gemeinschaftswaren (Art. 4 Nr. 7 ZK)	a) Waren, die unter den in Artikel 23 ZK genannten Voraussetzungen vollständig im Zollgebiet der Gemeinschaft gewonnen oder hergestellt worden sind, ohne dass ihnen aus nicht zum Zollgebiet der Gemeinschaft gehörenden Ländern oder Gebieten eingeführte Waren hinzugefügt wurden; b) aus nicht zum Zollgebiet der Gemeinschaft gehörenden Ländern oder Gebieten Waren, die in den zollrechtlich freien Verkehr übergeführt worden sind; c) Waren, die im Zollgebiet der Gemeinschaft entweder ausschließlich unter Verwendung von nach dem zweiten Gedankenstrich bezeichneten Waren oder unter Verwendung von nach den ersten beiden Gedankenstrichen bezeichneten Waren gewonnen oder hergestellt worden sind.
Nichtgemeinschaftswaren (Art. 4 Nr. 8 ZK)	Andere als die vorstehend genannten Waren.

Zollamtliche Überwachung (Art. 4 Nr. 13 ZK)	Allgemeine Maßnahmen der Zollbehörden, um die Einhaltung des Zollrechts und ggf. der sonstigen für Waren unter zollamtlicher Überwachung geltenden Vorschriften zu gewährleisten.
Zollrechtliche Bestimmung einer Ware (Art. 4 Nr. 15 ZK)	a) Überführung in ein Zollverfahren; b) Verbringung in eine Freizone oder ein Freilager; c) Wiederausfuhr aus dem Zollgebiet der Gemeinschaft; d) Vernichtung oder Zerstörung; e) Aufgabe zugunsten der Staatskasse;
Zollverfahren (Art. 4 Nr. 16 ZK)	Mit der Zollanmeldung meldet der Anmelder die Waren zu einem Zollverfahren an. Es gibt folgende Zollverfahren: f) Überführung in den zollrechtlich freien Verkehr; g) Versandverfahren; h) Zolllagerverfahren; i) Aktive Veredelung; j) Umwandlungsverfahren; k) Vorübergehende Verwendung; l) Passive Veredelung; m) Ausfuhrverfahren.
Zollanmeldung (Art. 4 Nr. 17 ZK)	Unter einer Zollanmeldung versteht man die Handlung, mit der eine Person in der vorgeschriebenen Form und nach den vorgeschriebenen Bestimmungen die Absicht bekundet, die Waren in ein bestimmtes Zollverfahren überführen zu lassen.
Anmelder (Art. 4 Nr. 18 ZK)	Der Anmelder ist die Person, die in eigenem Namen eine Zollanmeldung abgibt, oder die Person, in deren Namen eine Zollanmeldung abgegeben wird.
Gestellung (Art. 4 Nr. 19 ZK)	Unter der Gestellung versteht man die Mitteilung des Beteiligten an die Zollbehörden in der vorgeschriebenen Form, mit der bekundet wird, dass sich die Waren bei der Zollstelle oder an einem anderen von den Zollbehörden bezeichneten oder zugelassenen Ort befinden.

Überlassen einer Ware (Art. 4 Nr. 20 ZK)	Die Maßnahme, durch die eine Ware von den Zollbehörden für die Zwecke des Zollverfahrens dem Beteiligten überlassen wird und in das die betreffende Ware übergeführt wird.
Inhaber des Zollverfahrens (Art. 4 Nr. 21 ZK)	Die Person, für deren Rechnung die Zollanmeldung abgegeben wird, oder die Person, der die Rechte und Pflichten der vorgenannten Person im Zusammenhang mit einem Zollverfahren übertragen worden sind.
Hauptverpflichteter (Art. 96 Abs. 1 ZK)	Der Hauptverpflichtete ist der Inhaber des externen gemeinschaftlichen Versandverfahrens. Er hat a) die Waren innerhalb der vorgeschriebenen Frist unter Beachtung der von den Zollbehörden zur Nämlichkeitssicherung getroffenen Maßnahmen unverändert der Bestimmungsstelle zu gestellen und b) die Vorschriften über das gemeinschaftliche Versandverfahren einzuhalten.
Abgangsstelle (Art. 340b Nr. 1 ZK-DVO)	Die Zollstelle, von der die Anmeldung zum gemeinschaftlichen Versandverfahren angenommen wird.
Durchgangszollstelle (Art. 340b Nr. 2 ZK-DVO)	a) Die Eingangszollstelle aus dem Zollgebiet der Gemeinschaft, wenn eine Sendung dieses Zollgebiet im Verlauf eines Versandverfahrens über eine Grenze zwischen einem Mitgliedstaat und einem anderen Drittland als einem EFTA-Land verlässt, oder b) die Eingangszollstelle in das Zollgebiet der Gemeinschaft, wenn die Waren im Verlauf eines Versandverfahrens das Gebiet eines Drittlands berührt haben.
Bestimmungsstelle (Art. 340b Nr. 3)	Die Zollstelle, der die in das gemeinschaftliche Versandverfahren überführten Waren zur Beendigung des Versandverfahrens gestellt worden sind.
Stelle der Bürgschaftsleistung (Art. 340b Nr. 4 ZK-DVO)	Die von den Zollbehörden eines jeden Mitgliedstaats bestimmte Stelle, bei der eine Sicherheit in Form einer Bürgschaft geleistet wird.
Zugelassener Versender (Art. 398 ZK-DVO)	Eine Person, die das gemeinschaftliche Versandverfahren in Anspruch nehmen möchte, ohne der Abgangsstelle die Waren zu gestellen und die Anmeldung hierfür vorzulegen und der eine Gesamtbürgschaft oder eine Befreiung von der Sicherheitsleistung bewilligt worden ist.

Zugelassener Empfänger (Art. 406 ZK-DVO)	Eine Person, die im gemeinschaftlichen Versandverfahren beförderte Waren in ihrem Betrieb oder an einem anderen festgelegten Ort in Empfang nehmen möchte, ohne dass der Bestimmungsstelle die Waren gestellt und die Exemplare Nr. 4 und 5 der Versandanmeldung vorgelegt werden.
Ausführer (Art. 788 ZK-DVO)	Als Ausführer im Sinne des Artikels 161 Abs. 5c des Zollkodex gilt die Person, für deren Rechnung die Ausfuhranmeldung abgegeben wird und die zum Zeitpunkt der Annahme dieser Anmeldung Eigentümer der Waren ist oder eine ähnliche Verfügungsberechtigung besitzt. Ist der Eigentümer oder der in ähnlicher Weise Verfügungsberechtigte gemäß den Bestimmungen des Ausfuhrrechtsgeschäftes außerhalb der Gemeinschaft ansässig, so gilt der in der Gemeinschaft ansässige Beteiligte des Rechtsgeschäftes als Ausführer.
Ausfuhrzollstelle (Art. 161 Abs. 5 ZK)	Die Zollstelle, die für den Ort zuständig ist, an dem der Ausführer ansässig ist oder die Waren zur Ausfuhr verpackt oder verladen werden.
Ausgangszollstelle (Art. 793 Abs. 2 ZK-DVO)	Ausgangszollstelle ist grundsätzlich die Grenzzollstelle zu einem Drittland. Im Bahn-, Post-, Luft- und Seeverkehr wird die für den Ort der Übergabe der Waren an diese Verkehrsträger zuständige Zollstelle zur Ausgangszollstelle.
Informatikverfahren (Art. 4a Abs. 1 ZK-DVO)	Austausch von Standard-Nachrichten gemäß EDI mit den Zollbehörden bzw. die Eingabe der zur Erledigung von Zollförmlichkeiten erforderlichen Informationselemente in die EDV-Systeme der Zollverwaltung. Unter EDI (Electronic Data Interchange) ist die elektronische Übermittlung strukturierter Angaben nach vereinbarten Nachrichtenregeln zwischen verschiedenen Datenverarbeitungssystemen zu verstehen. Unter Standard-Nachrichten ist eine vorab festgelegte und vereinbarte Struktur für die elektronische Übermittlung von Angaben zu verstehen.
EFTA-Land (Art. 3 Abs. 2 des Übereinkommens EWG-EFTA „Gemeinsames Versandverfahren“ und Art. 1 Abs. 3 des Übereinkommens EWG-EFTA „Einheitspapier“)	Für die Zwecke der Übereinkommen EWG-EFTA „Gemeinsames Versandverfahren“ und „Einheitspapier“ gelten Bezugnahmen auf die EFTA-Länder (Island, Norwegen, Liechtenstein und Schweiz).

1.3 Änderungen in den Ausfüllvorschriften mit Hinweisen zur Neufassung der Anhänge 37 und 38 der Zollkodex-Durchführungsverordnung

In der nachfolgenden Übersicht sind die für die Praxis relevanten Änderungen im Merkblatt zum Einheitspapier in Kurzform dargestellt:

Fundstelle	Inhalt der Änderungen	Seite im Merkblatt
Titel I Allgemeine Bemerkungen	Zum 1. Januar 2007 wurden eine Reihe von Vordrucken geändert (s. u. „5. Gültige Drucknormen"). U. a. werden die Vordrucke 0749 und 0750 nunmehr nur mit einem Exemplar 3 hergestellt.	9
Abschnitt D	Die Datenschutzhinweise wurden um die im Laufe des Jahres 2005 eingetretenen Gesetzesänderungen aktualisiert.	19/20

Titel II
Bemerkungen zu den einzelnen Feldern bei der Versendung/Ausfuhr und beim Versand

Die diesjährigen Änderungen in Titel II haben zu einem wesentlichen Anteil ihren Ursprung im Marktordnungsrecht. Grund ist der Umstand, dass es bei den Zollstellen wiederholt zu Unklarheiten bei der Ausfuhr von Waren kam, für die Ausfuhrerstattung beantragt wurde. Ergänzende Angaben sollen nun dazu beitragen, dass Unklarheit in Zukunft vermieden wird.

Feld 4 (Ladelisten)	Das Feld 4 ist bei der Ausfuhr von Marktordnungswaren, für die Ausfuhrerstattung beantragt wird, auszufüllen.	26
Feld 8 (Empfänger)	Ausfuhranmeldungen können sog. Empfängerverzeichnisse beigefügt werden für den Fall, dass eine Ausfuhranmeldung eine Warensendung betrifft mit mehreren Warenpositionen, die für mehrere Empfänger bestimmt sind. Materielle Voraussetzung ist, dass die Empfänger im selben Bestimmungsland ansässig sind. Formelle Voraussetzung ist neben üblichen Angaben für Empfänger, dass im Empfängerverzeichnis die jeweilige Warenposition dem jeweiligen Empfänger zugeordnet wird.	26
Feld 14 (Anmelder/Vertreter)	Eingefügt wurden Hinweise, welche verkürzten Angaben zulässig sind für die Fälle, dass Anmelder und Ausführer oder Anmelder und Versender identisch sind. Auf die Wiederholung der Zollnummer kann dann in diesen beiden Fällen verzichtet werden, weil die Zollnummer in den beiden Fällen aus dem Feld 2 ersichtlich ist. Die Ausfüllvorschrift enthält auch Anwendungsbeispiele. Auf die abschließende Anmerkung bzgl. der Definition des Begriffs „Versender" sei hingewiesen.	27

Feld 15 (Versendungs-/Ausfuhrland)	Das Feld 15 ist nicht nur beim Versand auszufüllen, sondern auch bei Anmeldungen zur Ausfuhr von Marktordnungswaren, für die Ausfuhrerstattung beantragt wird.	28
Feld 16 (Ursprungsland)	Das Feld 16 ist dann wieder auszufüllen, wenn Waren ausgeführt werden sollen, für die Ausfuhrerstattung beantragt wird.	28
Feld 18 (Kennzeichen und Staatszugehörigkeit des Beförderungsmittels beim Abgang)	Es wurde klargestellt, dass dieses Feld auch bei der Ausfuhr von Waren, für die Ausfuhrerstattung beantragt wird, auszufüllen ist. Es wurde eine Tabelle mit Beispielen eingefügt.	28/29
Feld 31 (Packstücke und Warenbezeichnung)	Auch in diesem Feld verlangt das Marktordnungsrecht nun zusätzliche Angaben: Zur genaueren Bezeichnung der auszuführenden Waren sind nun zusätzliche Angaben einzutragen, die die Rechtsgrundlage des Grundes für die Ausfuhrerstattung betreffen. Zwei Beispiele wurden in die Ausfüllvorschrift des Feldes 31 aufgenommen.	32
Feld 32 (Positionsnr.)	Ein Hinweis wurde aufgenommen, der klarstellt, dass Waren, die einer gemeinsamen Warennummer zuzuordnen sind, jedoch eine unterschiedliche Zusammensetzung aufweisen, tatsächlich zwei unterschiedliche Waren sind und daher auch zollrechtlich so zu behandeln sind. Das bedeutet, dass für jede Waren, eine eigene Position zu eröffnen ist und damit zollrechtlich für jede Ware eine Zollanmeldung abzugeben ist. Zollrechtlich gilt jede Warenpostion als Anmeldung, auch wenn sie auf einem Vordruck mit ggf. Ergänzungsblättern angemeldet wird.	33
Feld 33 (Warennummer)	Bei der Ausfuhr von Marktordnungswaren, für die Ausfuhrerstattung beantragt wird, sind nun auch das zweite, dritte und vierte Unterfeld auszufüllen.	33
Feld 35 (Rohmasse)	Auch dieses Feld ist nun bei der Ausfuhr von Marktordnungswaren, für die Ausfuhrerstattung beantragt wird, auszufüllen.	34
Feld 40 (Summarische Anmeldung/ Vorpapier)	Bei der Versendung/Ausfuhr sind ggf. Vorpapiere zu bezeichnen. Das Beispiel, das zur endültigen Ausfuhr im Anschreibeverfahren gebildet wurde, wurde konkretisiert. So wären in Feld 40 ggf. Auftragsnummern, Rechnungs- oder Kommissionsnummern einzutragen.	36
Feld 44 (Besondere Vermerke/ vorgelegte Unterlagen/Bescheinigungen u. Genehmigungen)	Es wurde verdeutlicht, dass ein Code auch dann anzugeben ist, wenn keine Unterlage, Bescheinigung oder Bewilligung vorzulegen ist. Ergänzt wurde auch ein Hinweis, der verdeutlicht, dass Nummer und Datum der Ausfuhrgenehmigung für Rüstungsgüter einzutragen sind.	37/38

Feld 54 (Ort und Datum)	Es wurde ein Hinweis aufgenommen, dass in diesem Feld die Telefonnummer des Anmelders oder des Vertreters hinterlassen werden kann. Obligatorisch ist die Angabe jedoch nicht.	42

Abschnitt II – Förmlichkeiten während der Beförderung im gemeinschaftlichen Versandverfahren

Ein Hinweis wurde aufgenommen, dass Zollstellen zulassen können, das Umladungen ohne ihre Aufsicht vorgenommen werden können. Die Umladung ist vom Beförderer in der Versandanmeldung zu vermerken. Die Zollstelle muss mit einem Sichtvermerk dokumentieren, dass sie von dem Vermerk des Beförderers Kennntis genommen hat. Einem Hauptverpflichteten kann unter Vorliegen bestimmter Voraussetzungen bewilligt werden, seinen Umladungsvermerk nicht von der Zollstelle gegenzeichnen zu lassen.

Titel II
Bemerkungen zu den einzelnen Feldern bei der Bestimmung

Feld 14 (Anmelder/Vertreter)	Die Ausfüllvorschrift zu Feld 14 wurde deutlicher gefasst und mit Beispielen konkretisiert.	48
Feld 54 (Ort und Datum)	Auch bei den Ausfüllvorschriften zur Bestimmung kann auf freiwilliger Grundlage die Telefonnummer des Anmelders oder des Vertreters hinterlassen werden.	62

Anhänge des Merkblatts mit den Codierungslisten

Anhang 1A (Länder)	Der Code betr. Republik Korea erhält den Klammerzusatz, dass hiermit Südkorea gemeint ist. Ebenso wird beim Code der Demokratischen Volksrepublik Korea klargestellt, dass hiermit Nordkorea gemeint ist.	66
Anhang 1B (Währungen)	Der Code für die Währung Aserbaidschans, der Aserbaidschan Manat, wurde von AZM in AZN geändert.	71
Anhang 3 (Art des Geschäfts) Anmerkung (a)	Der Hinweis bzgl. „verbundene Unternehmen" (nun als „Einheiten" eines Unternehmens bezeichnet) wurde konkretisiert und mit Codierungsbeispielen versehen.	82
Anhang 4 (Verzeichnis deutscher Zollstellen)	Es ergeben sich neuerliche Änderungen in der Zollstellenorganisation.	83 ff.

Anhang 5 (Präferenzcodes zu Feld 36)	Abschnitt A: Im Anhang 5 wurde in der Tabelle mit den Erläuterungen zur ersten Ziffer des Präferenzcode die denkbar möglichen Präferenznachweise ergänzt.	89
	Abschnitt B: In Abschnitt B finden sich Beispiele der gebräuchlichsten Codes. Dieser Abschnitt B erhält nun einen neuen Teil IV. Hintergrund ist der Umstand, dass der Teil III immer wieder zu Problemen bei der Bildung von Codes führte, wenn Präferenznachweise EUR 1 oder Warenverkehrsbescheinigungen ATR oder Versandpapiere T1.oder T2 der Zollstelle vorzulegen sind. Der neue Teil IV soll die Unterscheidung erleichtern bei der Bildung von Codes betr. Präferenznachweise (Teil III) und Warenverkehrsbescheinigungen (Teil IV).	90
Anhang 6 (in Feld 37 einzutragende Verfahrenscodes)	Bei den Codes A03, A05 und A07 wurde verdeutlicht, dass unter „Europäisches Festland" eigentlich der Europäische Festlandschelf zu verstehen ist, d. h. küstennahe Einrichtungen wie z. B. Bohrinseln.	96
	Waren, die vorübergehend verwahrt werden, aber Erhaltungsmaßnahmen unterzogen werden müssen, sind mit Code 0C9 anzumelden („andere als o. g. Zollbefreiungen").	99
	Bei den Codierungserläuterungen für Marktordnungswaren, für die Ausfuhrerstattung beantragt wird, wurden Hinweise auf die Rechtsgrundlagen aufgenommen.	101
Anhang 7 (in Feld 47 einzutragende Abgabenarten)	Die Codes 400, 410 und 430 (Mineralölsteuer) wurden durch Codes 440, 450 sowie 460 ersetzt. Die Codes betreffen die Energiesteuer.	111
Anhang 11 (in Feld 44 einzutragende gemeinsam mit der Zollanmeldung vorgelegte Unterlagen, Bescheinigungen und Bewilligungen)	Grundsätzlich sind die im TARIC enthaltenen Codes einzutragen, in der dort jeweils aktuellen Form. Im Merkblatt zum Einheitspapier wurde die Fassung des TARIC vom 1. Oktober 2006 berücksichtigt.	129

2. Stand der Unterstützung der Zollverfahren mit Informationstechnik auf der Grundlage des IT-Verfahrens ATLAS

ATLAS ist ein IT-Verfahren der Zollverwaltung im Sinne des Artikel 4a Abs. 1 ZK-DVO. Mit ATLAS werden schriftliche Zollanmeldungen und -bescheide (z. B. Einfuhrabgabenbescheide) durch elektronische Nachrichten im EDIFACT-Format ersetzt. Alle Zollstellen und Hauptzollämter sind mit der für ihre Aufgabenbereiche erforderlichen ATLAS-Software ausgestattet.

Die über ATLAS von Beteiligten abgegebenen oder von Zollbeamtinnen/-beamten erfassten und zuvor auf der Grundlage des Einheitspapiers abgegebenen Anmeldungen werden an zentraler Stelle archiviert und unter Einhaltung des bereichspezifischen Datenschutzes und der Datenschutzrichtlinien der Zentralstelle für Risikoanalyse (Zoll), dem Statistischen Bundesamt, dem Bundesamt für Wirtschaft und Ausfuhrkontrolle, der Bundesanstalt für Landwirtschaft und Ernährung, den Prüfungsdiensten, den Zollfahndungsämtern und Landesfinanzverwaltungen zur Verfügung gestellt.

Das Bundesministerium der Finanzen stellt für die deutsche Zollverwaltung mit dem IT-Verfahren ATLAS (Automatisiertes Tarif- und Lokales Zollabwicklungssystem) die Voraussetzungen für die weitgehend automatisierte Abfertigung und Überwachung des grenzüberschreitenden Warenverkehrs zur Verfügung. Hierbei können die Daten auf zwei Wegen im IT-Verfahren erfasst werden. Zum einen werden Zollanmeldungen, die auf Papier abgegeben werden, von Zollbeamtinnen/-beamten im Rahmen der Benutzereingabe vor der eigentlichen ebenfalls automatisierten Bescheiderstellung erfasst. Zum anderen können Zollanmeldungen mittels elektronischem Datenaustausch (EDI) an die örtlich zuständige Zollstelle übersandt werden. Diese Teilnehmereingabe ist der von der Zollverwaltung bevorzugte Weg, eine Zollanmeldung abzugeben. Vom Anmelder werden Zollanmeldungen zur Überführung von Waren

- in den zollrechtlich freien Verkehr,
- in die Aktive Veredelung,
- in das Umwandlungsverfahren,
- in ein Zolllagerverfahren oder
- in ein Versandverfahren

erfasst oder aus dessen Buchführungssoftware elektronisch generiert und der Zollstelle via EDI übermittelt, von der sie dann bearbeitet werden.

Der Anmelder erhält die Festsetzung bzw. Anerkennung der von ihm angemeldeten Bemessungsgrundlagen als Entscheidung der Zollstelle und den Bescheid über Einfuhrabgaben ebenfalls über EDI. Der Vorteil der Teilnehmereingabe liegt im weitgehenden Verzicht auf die Vorlage von Unterlagen wie Rechnungen oder Präferenznachweise im Zeitpunkt der Abfertigung. Dies führt zu einer zusätzlichen Verfahrensbeschleunigung und Verschlankung der mit ATLAS abzuwickelnden Zollverfahren und trägt so deutlich zum Bürokratieabbau bei. Dass sich neben der Reduzierung der Papiermenge weitere Vorteile ergeben, weil sich durch EDI Wegezeiten zur bzw. von der Zollstelle nur zur Abgabe einer Zollanmeldung auf Papier ergeben, liegt auf der Hand. Die Zollanmeldung kann vom Anmelder zentral an alle ATLAS-Zollstellen – also auch an Grenzzollstellen – via EDI abgegeben werden, wodurch ggf. ein Versandverfahren zur Binnenzollstelle vermieden werden kann. Eine weitere Möglichkeit ist die Abgabe einer vorzeitigen Zollanmeldung (d. h. vor Eintreffen der Ware), um die Zollabwicklung noch weiter zu beschleunigen und damit noch schneller über die Ware zu verfügen.

Die Teilnehmereingabe in ATLAS setzt allerdings eine bestimmte Software voraus. Von der Zollverwaltung zertifizierte Softwareanbieter bzw. Dienstleister bieten unterschiedliche Zugangsmöglichkeiten an. Die Zertifizierung durch die Zollverwaltung stellt sicher, dass die zu übertragenden Daten richtig und vollständig und gemäß den Zollvorschriften bei der zuständigen Zollstelle ankommen. Je nach Anzahl der Abfertigungen reicht das Spektrum von einer vollständigen Hard- und

Softwarekonstellation in den Räumen des Beteiligten (EDIFACT-Konvertierung mit Datenübertragung mit X.400 bzw. FTAM und ATLAS-Teilnehmersoftware) bis hin zu einem Online-Zugang-Rechenzentrum, das die eigentliche Erstellung und Übertragung der Zollanmeldung übernimmt.

Hierbei entstehen natürlich Kosten, die abhängig von der Wahl der angebotenen Lösung sowie der Anzahl der Softwarelizenzen sind. Es ist daher notwendig, sich spezielle, auf die jeweiligen Bedürfnisse abgestellte Angebote bei den Softwareanbietern bzw. Dienstleistern einzuholen.

Weiterhin benötigt jeder Teilnehmer eine sog. Beteiligten-Identifikations-Nummer (BIN) zur Teilnahme am IT-Verfahren ATLAS sowie eine Zollnummer für die Beteiligtenstammdaten. Die BIN ersetzt beim elektronischen Nachrichtenaustausch mit dem Zoll die handschriftliche Unterschrift. Durch die Eingabe der Zollnummer werden unternehmensspezifische Daten (z. B. auch für den Vorsteuerabzug) automatisch hinterlegt und plausibilisiert. Hier gäbe es eine Ansatzmöglichkeit, die elektronische Signatur im Zollwesen einzuführen. Leider hat sich die elektronische Signatur in Deutschland noch nicht etabliert. Die BIN wird aber sicherlich irgendwann einmal durch die elektronische Signatur ersetzt werden.

Eine optimale Nutzung von ATLAS ergibt sich für den Beteiligten mittels automatisierter Übernahme von Daten aus dem bereits bestehenden betrieblichen IT-Umfeld (Datenwiederverwendung z. B. aus Warenwirtschaftssystemen). Statt erneuter manueller Eingabe werden Vorgangsabwicklungen beschleunigt, Arbeitsaufwände und damit Kosten reduziert, die Nachvollziehbarkeit erhöht und es wird zu einer Steigerung der Datensicherheit beigetragen.

Mit der Teilnehmereingabe werden die Voraussetzungen für eine vollständige elektronische Kommunikation zwischen Wirtschaft und Zollverwaltung geschaffen, um in Zeiten ständig wachsender und immer vielschichtigerer Aufgabenstellungen auch künftig der Wirtschaft Dienstleistungen durch die Zollverwaltung auf hohem Niveau garantieren zu können.

Als weitere Serviceleistung der Zollverwaltung gibt es die Möglichkeit der Erstellung einer Zollanmeldung zur Überführung von Waren in den zollrechtlich freien Verkehr in das Einfuhrverfahren ohne Verfahrenserleichterungen (Normalverfahren) und in das NCTS (Versandverfahren) mit Hilfe der unter http://www.internetzollanmeldung.de zur Verfügung gestellten Internetzollanmeldung. Zur Unterstützung bei der Eingabe werden dem Anmelder die Codierungen aus den Anhängen des Merkblatts zum Einheitspapier durch Auswahlmöglichkeiten sowie eine Online-Hilfe angeboten. Die Übermittlung der Anmeldedaten erfolgt verschlüsselt über das Internet. Anschließend gibt der Anmelder die ausgedruckte und eigenhändig unterschriebene Zollanmeldung einschließlich aller erforderlichen Unterlagen bei der örtlich zuständigen Zollstelle ab. Die Zollstelle bearbeitet daraufhin die per Internet übermittelten Anmeldedaten in ATLAS und druckt im Anschluss daran einen Bescheid über die Einfuhrabgaben aus.

Ferner kann über das Internet die Internetstatusauskunft aufgerufen werden. Mit dieser hat jeder Beteiligte mit seiner Zollnummer die Möglichkeit, im Internet Informationen zu den Vorgängen seiner Summarischen Zollanmeldungen unter Zuhilfenahme seiner Zollnummer abzurufen.

Die Internetzollanmeldung sowie die Internet-Statusauskunft sind ein wichtiger Beitrag der eGovernment-Initiative „BundOnline 2005“ der Bundesregierung, da sie den Verwaltungs- und Verfahrensablauf durch den Wegfall der Benutzereingabe erheblich beschleunigen.

Das IT-Verfahren ATLAS ist in mehrere Verfahrensteile untergliedert.

ATLAS-Einfuhr

Nach dem aktuellen Stand der Entwicklung werden die Überführung von Nichtgemeinschaftswaren in den freien Verkehr, in die Zolllagerverfahren der Typen A, C, D und E, in das Verfahren der Aktiven Veredelung und in das Umwandlungsverfahren mit ATLAS-Einfuhr unterstützt.

Überführung in den freien Verkehr

Die Überführung von Nichtgemeinschaftswaren in den freien Verkehr wird wie folgt auch mit zollrechtlichen Verfahrensvereinfachungen unterstützt:

- die Überführung von Waren in den zollrechtlich freien Verkehr (Normal- und vereinfachte Verfahren),
- die Abrechnung vereinfachter Verfahren nach Abgabe der ergänzenden Zollanmeldung und
- die mündliche Zollanmeldung.

Zolllagerverfahren

Des Weiteren werden die Überführung von Nichtgemeinschaftswaren in die Zolllagerverfahren der Typen A, C, D und E angeboten. Es werden unterstützt:

- die Überführung von Waren in ein Zolllagerverfahren im vereinfachten Verfahren sowie im Normalverfahren,
- die Überführung von Waren in ein Zolllager in Deutschland, das in einem anderen Mitgliedstaat überwacht wird,
- die Anmeldung von Auszügen aus den Bestandsaufzeichnungen,
- die Beendigung eines Zolllagerverfahrens durch Abgabe einer ergänzenden Zollanmeldung (für Lagertypen D und E, falls für Letzteres ein Anschreibeverfahren bewilligt wurde) sowie
- die Beendigung des Zolllagerverfahrens durch Übermittlung eines Beendigungsanteils soweit das anzumeldende Zollverfahren in ATLAS umgesetzt ist.

Aktive Veredelung und Umwandlungsverfahren

Die Überführung von Nichtgemeinschaftswaren in das Verfahren der Aktiven Veredelung bzw. in das Umwandlungsverfahren wird im vereinfachten Verfahren unterstützt. Eine Beendigung der Aktiven Veredelung bzw. des Umwandlungsverfahrens ist im Rahmen der Übermittlung von Beendigungsanteilen möglich, soweit das Zielverfahren in ATLAS umgesetzt ist. Folgendes wird im Einzelnen unterstützt:

- die Überführung von Waren in die Aktive Veredelung oder in das Umwandlungsverfahren im vereinfachten Verfahren sowie
- die Beendigung der Aktiven Veredelung/des Umwandlungsverfahrens durch Übermittlung eines Beendigungsanteils, soweit das Zielverfahren in ATLAS umgesetzt ist,

wobei jedoch eine Abrechnung innerhalb von ATLAS nicht erfolgt.

Bewilligungen

Alle Bewilligungen für die Überführung von Waren in den freien Verkehr im vereinfachten Verfahren, in ein Zolllagerverfahren, in ein Verfahren der Aktiven Veredelung, in ein Umwandlungsverfahren, in die Passive Veredelung sowie in die besondere Verwendung werden den Zollstellen ebenfalls über ATLAS zur Verfügung gestellt. So wird eine automatisierte Zulässigkeitsprüfung der Überführung in das jeweilige Zollverfahren möglich, wenn das Zollverfahren im IT-Verfahren ATLAS abgebildet wurde.

Summarische Anmeldung

Die Summarische Anmeldung (SumA) wird an allen See- und Flughafenzollstellen sowie an Binnen- und Grenzzollstellen eingesetzt.

Sie stellt folgende Funktionalitäten bereit:

- Die Erfassung auch von vorzeitigen Summarischen Anmeldungen,
- die Aufteilung und Konsolidierung von Positionen von Summarischen Anmeldungen,

- die Überwachung der vorübergehenden Verwahrung und weiterer Sachverhalte wie z. B. Beschlagnahme und Sicherstellung, durch das IT-Verfahren ATLAS systemüberwacht,
- die Übermittlung von Fristverlängerungsanträgen und Änderung des Verwahrungsorts oder des Verfügungsberechtigten per EDIFACT-Nachricht,
- die Erledigung auch von Teilmengen einer Position,
- die Erledigung über eine Schnittstelle zur Zollbehandlung,
- die Erledigung durch Wiederausfuhr oder Versandverfahren gemäß Artikel 444 und 448 ZK-DVO,
- das automatisierte Anlegen einer SumA (summarische Anmeldung) bei Beendigung von Versandverfahren über eine Schnittstelle,
- die Erledigung der SumA-Positionen bei Überführung in das Versandverfahren über eine Schnittstelle,
- zugelassene Empfänger (ZE) können vor Beendigung eines Versandverfahrens eine SumA mit den von ihnen im weiteren Verlauf benötigten Daten anlegen. Danach können die bestätigten SumA-Positionen vor Beendigung des Versandverfahrens weiter behandelt werden,
- an Flughafenzollstellen können die Teilnehmer über den dort gebräuchlichen Ordnungsbegriff (z. B. AWB-Nummer) auf Vorgänge zugreifen, um diese zu ändern und zu erledigen.

Versandverfahren mittels NCTS

Die Europäische Kommission hat bereits 1993 gemeinsam mit den damaligen Mitgliedstaaten der EU sowie einigen EFTA-Staaten das Projekt TCP (Transit Computerisation Project) begonnen, um das „Neue EDV-gestützte Versandsystem“ (NCTS – New Computerised Transit System) zu realisieren. In Deutschland wurden die in einem Gremium in Brüssel vereinbarten Softwarefunktionalitäten im ATLAS-Verfahrensteil Versand realisiert. Im Einzelnen wird folgender Funktionsumfang angeboten:

- Die Überführung in das Versandverfahren sowie Beendigung und Erledigung von Versandverfahren,
- eine Teilnehmerschnittstelle zur Unterstützung der vereinfachten Verfahren zugelassener Versender (ZV) und zugelassener Empfänger (ZE),
- die Internetversandanmeldung (IVA),
- eine Anbindung der Durchgangszollstellen,
- die Zugriffsberechtigung durch die Zentralstellen Such- und Mahnverfahren (ZSM),
- das Auskunftssystem für Benutzer bei den Zollstellen,
- Verfahrensimmanente Funktionen: verbindliche Beförderungsroute, Wechsel der Bestimmungsstelle,
- die Verwaltung von Sicherheiten,
- ein automatisierter Informationsaustausch im Rahmen des Such- und Mahnverfahrens.

Von Bedeutung ist, dass sich Beteiligte darüber informieren können, wo sie mit NCTS abzuwickelnde Versandverfahren eröffnen oder beenden können. Eine Liste aller am Versandverfahren beteiligten Zollstellen befindet sich in der COL (**C**ustoms **O**ffice **L**ist), die die Europäische Kommission im Internet veröffentlicht hat (URL: *http://www.europa.eu.int/comm/taxation_customs/dds/de/csrdhome.htm*). Auch beim deutschen Teil des NCTS gibt es die Möglichkeit der Teilnehmereingabe.

Jede Bewilligung, die den Status eines ZV oder ZE einräumt, muss den Anforderungen der ATLAS-Teilnehmereingabe entsprechen (*VO [EG] Nr. 2787/2000* der Kommission vom 15.12.2000 und *VO [EG] Nr. 993/2001* der Kommission vom 04.05.2001).

Gemäß der Verordnung (EG) Nr. 837/2005 des Rates vom 23. Mai 2005 (*Amtsblatt der Europäischen Union Nr. L 139 vom 2. Juni 2005*) zur Änderung der Zollkodex-Durchführungsverordnung ist seit dem 1. Juli 2005 die Abgabe von Versandanmeldungen unter Verwendung des NCTS zwingend vorgeschrieben. Für alle Beteiligten, die als Hauptverpflichtete im gemeinschaftlichen/gemeinsamen Versandverfahren bisher noch Versandanmeldungen ohne Nutzung des NCTS unter Verwendung des Einheitspapiers bei den Zollstellen abgegeben haben, besteht seit dem 1. Juli 2005 die Möglichkeit, ihre Versandanmeldung über das *Internet* bei den Abgangsstellen abzugeben.

In Deutschland sind schriftliche Versandanmeldungen unter Verwendung des Einheitspapiers seit dem 1. Oktober 2005 nur noch in folgenden Ausnahmefällen gemäß Artikel 353 ZK-DVO zulässig:

- Das EDV-System Zollbehörden zur Abwicklung des NCTS funktioniert nicht,
- die Anwendung des Hauptverpflichteten funktioniert nicht oder
- die Waren werden von Reisenden befördert, die keinen unmittelbaren Zugang zum EDV-gestützten System der Zollbehörden haben und damit die Versandanmeldung nicht unter Verwendung des NCTS bei der Abgangsstelle abgeben können.

Weiterführende Informationen können der „Verfahrensanweisung ATLAS Release 7.0“ (URL: *http://www.zoll.de/e0_downloads/atlas_verfahrensanweisung/verfahrensanweisung_7_0.pdf*) entnommen werden.

Ausfuhr

Die deutsche Zollverwaltung hat im August 2006 das Teilverfahren ATLAS-Ausfuhr in Betrieb genommen.

Das Ausfuhrverfahren ist grundsätzlich ein zweistufiges Verwaltungsverfahren, an dem immer zwei Zollstellen in der Europäischen Union beteiligt sind. Zum einen beginnt das Ausfuhrverfahren bei der sog. Ausfuhrzollstelle und es endet bei der sog. Ausgangszollstelle. Beide Zollstellen können naturgemäß in unterschiedlichen Mitgliedstaaten der Europäischen Union liegen. Daher war eine ähnliche Koordinierung der Europäischen Kommission erforderlich wie beim TCP (s. o.). Die deutsche Zollverwaltung hat sich daher am Projekt ECS/AES (Export Control System/Automated Export System) unter Leitung der Europäischen Kommission und unter Mitwirkung der anderen EU-Mitgliedstaaten beteiligt. Das ECS/AES wurde somit das zweite Zollverfahren neben dem NCTS, für das eine europaweite EDV-gestützte Lösung angestrebt wird.

Die Umsetzung des ECS/AES erfolgte nach den fachlichen, technischen und zeitlichen Vorgaben der Europäischen Kommission. Wesentliche Grundlage sind dabei die Erfahrungen, die beim NCTS gemacht wurden.

Mit ATLAS-Ausfuhr wurden das Ausfuhrverfahren, das vereinfachte Ausfuhrverfahren der unvollständigen Ausfuhranmeldung sowie das Anschreibeverfahren umgesetzt. Weitere der bisher bekannten Verfahrenserleichterungen wird es nicht geben. Das Gesamtsystem wurde in zwei Phasen umgesetzt, mit dem Ziel, der deutschen Wirtschaft eine erste funktionsfähige Software bei den deutschen Zollstellen zu implementieren und der deutschen Wirtschaft folgende Funktionalitäten anzubieten:

- die Überführung in das Ausfuhrverfahren (Benutzer- und Teilnehmereingabe),
- die Internetausfuhranmeldung (ohne Verfahrenserleichterung),
- die Überwachung und Erledigung des Ausfuhrverfahrens,
- die Verfahrens-Schnittstellen: Fachverfahren Versand und Bewilligung und
- die Behörden-Schnittstellen, Statistisches Bundesamt sowie für die Zentralstelle Risikoanalyse.

Voraussetzung für die Teilnahme an ATLAS-Ausfuhr ist eine Software, die die im EDIFACT-Implementierungshandbuch beschriebenen Softwarefunktionalitäten enthält. Das EDIFACT-Implementierungshandbuch steht im Downloadbereich zur Verfügung

(*URL: http://www.zoll.de/e0_downloads/edifact_release_aes_1_0/index.html*).
Beteiligten und Softwarehäusern, die Teilnehmersoftware entwickeln wollen, bietet die koordinierende Stelle ATLAS in Karlsruhe die Möglichkeit zur Zertifizierung an.

3. Anwendungsbereich und Funktionen der Exemplare des Einheitspapiers

3.1 Der Anwendungsbereich des Einheitspapiers

1. Verwendung des Einheitspapiers im Extrahandel

   Das Einheitspapier ist

   - als Anmeldung zur Ausfuhr von Gemeinschaftswaren oder zur Wiederausfuhr von Nichtgemeinschaftswaren aus dem Zollgebiet der Gemeinschaft auf den Exemplaren Nummern 1, 2 und 3 (z. B. Vordruck 0733),
   - als Versandanmeldung T 1 zur Beförderung von Waren (weitgehend Nichtgemeinschaftswaren) zwischen zwei Orten im Zollgebiet der Gemeinschaft oder als Versandanmeldung T zur Beförderung von Waren zwischen der Gemeinschaft und den EFTA-Ländern auf den Exemplaren 1, 4, 5 und 7 (z. B. Vordruck 0735), jedoch nur in den Ausnahmefällen, in denen das NCTS nicht zwingend anzuwenden ist,

   und

   - als Anmeldung zur Einfuhr von Waren in das Zollgebiet der Gemeinschaft auf den Exemplaren 6, 7 und 8 (z. B. Vordruck 0737)

   zu verwenden, soweit nicht die Verwendung anderer Vordrucke ausdrücklich zugelassen ist.

   Im Übrigen ist das Einheitspapier auch als Versandanmeldung T nach Maßgabe des Beschlusses Nr. 4/92 des Kooperationsausschusses EWG-San Marino vom 22. Dezember 1992 und des Beschlusses Nr. 1/96 des Gemischten Ausschusses EG-Andorra vom 1. Juli 1996 im Warenverkehr zwischen der Gemeinschaft und dem Fürstentum Andorra bzw. der Republik San Marino zu verwenden, jedoch nur in den Ausnahmefällen, in denen das NCTS nicht zwingend anzuwenden ist.

2. Verwendung des Einheitspapiers im innergemeinschaftlichen Warenverkehr

   In den folgenden Ausnahmefällen ist das Einheitspapier im innergemeinschaftlichen Warenverkehr mit Gemeinschaftswaren zu verwenden:

   - Im Warenverkehr zwischen den Mitgliedstaaten der Gemeinschaft nach Maßgabe der Vorschriften des Zollkodex und der Zollkodex-DVO über das gemeinschaftliche Versandverfahren in den ausdrücklich vorgeschriebenen Fällen,
   - als Versandanmeldung T 2 für die Beförderung von Gemeinschaftswaren über ein EFTA-Land im Sinne des „Übereinkommens“ EWG-EFTA „Gemeinsames Versandverfahren“ (z. B. Italien-Verkehr über die Schweiz) auf den Exemplaren Nummern 1, 4, 5 und 7 (z. B. Vordruck 0735), jedoch nur in den Ausnahmefällen, in denen das NCTS nicht zwingend anzuwenden ist

   und

   - als Versandpapier T 2 L für die Beförderung von Gemeinschaftswaren über ein anderes Drittland als ein EFTA-Land (Griechenland-Verkehr) oder Nichtlinienseeverkehr auf dem Exemplar Nr. 4 (z. B. Vordruck 0769), jedoch nur in den Ausnahmefällen, in denen das NCTS nicht zwingend anzuwenden ist.

- Im Warenverkehr zwischen den Teilen der Gemeinschaft, in denen die Richtlinie 77/388/EWG (6. Mehrwertsteuerrichtlinie) Anwendung findet, und den Teilen des Zollgebietes der Gemeinschaft, in denen diese Richtlinie nicht gilt (Kanarische Inseln, französische überseeische Departments [Französisch-Guayana, Guadeloupe, Martinique und La Réunion], britische Kanalinseln, finnische Ålandinseln und der griechische Berg Athos),
- als Anmeldung zur Versendung (Statistik) auf den Exemplaren Nummern 2 und 3 (z. B. Vordruck 0733),
- im Linienseeverkehr als Anmeldung zum internen gemeinschaftlichen Versandverfahren (T 2 F) auf den Exemplaren Nummern 1, 4, 5 und 7 (z. B. Vordruck 0735),
- als Versandpapier T 2 LF im Nichtlinienseeverkehr

und

- als Anmeldung zum Eingang (Einfuhrumsatzsteuer und Statistik) auf den Exemplaren Nummern 6, 7 und 8 (z. B. Vordruck 0737).
- Im Falle des Versands von den Verbrauchsteuern für Mineralöl, Alkohol und alkoholischen Getränken sowie Tabakwaren unterliegenden Erzeugnissen unter Steueraussetzung zwischen Mitgliedstaaten über ein EFTA-Land,
- als begleitendes Verwaltungsdokument oder als Handelsdokument mit zusätzlichen Exemplaren oder Kopien der Exemplare Nummern 1 und 5 des Versandscheins T 2 (z. B. auf der Grundlage des Vordrucks 0735).
- als Meldung zur Versendung von Gemeinschaftswaren in einen anderen Mitgliedstaat auf dem Exemplar Nummer 2 – ggf. Exemplar Nummer 3 für die Unterlagen des Auskunftspflichtigen – (z. B. Vordruck 0733)

und

- als Meldung zum Eingang von Gemeinschaftswaren aus einem anderen Mitgliedstaat auf dem Exemplar Nummer 7 – ggf. Exemplar Nummer 8 für die Unterlagen des Auskunftspflichtigen – (z. B. Vordruck 0737).

3.2 Geografischer Anwendungsbereich des Einheitspapiers

Mitgliedstaaten der Europäischen Union: Belgien, Dänemark, Deutschland, Estland, Finnland, Frankreich, Griechenland, Vereinigtes Königreich, Republik Irland, Italien, Lettland, Litauen, Luxemburg, Malta, Niederlande, Österreich, Polen, Portugal, Schweden, Slowakische Republik, Slowenien, Spanien, Tschechische Republik, Ungarn, Zypern

EFTA-Länder: Island, Norwegen, Schweiz

3.3 Musterbeispiel einer Einfuhranmeldung

EUROPÄISCHE GEMEINSCHAFT

6 — Exemplar für das Bestimmungsland

A BESTIMMUNGSSTELLE

1 ANMELDUNG: IM | A | XXXXX

2 Versender/Ausführer Nr.
Miroslav Laszlo KG
Hradschino 18
Prag

3 Vordrucke | 4 Ladelisten: XXXXX

5 Positionen: 1 | 6 Packst. insgesamt: XXXXXXX | 7 Bezugsnummer

8 Empfänger Nr. DE1234567
Karl Wurzer KG
Am Bach 10
73986 Paukendorf

9 Verantwortlicher für den Zahlungsverkehr Nr.
XXXXXXXXXXXXXXXXXXXXXXXXXXXXXXXX

10 Letztes Herkunftsland: XXX | 11 Hand./Erz. Land: TR | 12 Angaben zum Wert: XXXXXXXXXXXXXX | 13 G. L. P.: XXXXX

14 Anmelder/Vertreter Nr. DE7654321
(2) Empfänger/Einführer
i.V. Spedition Schnell, Postfach
75687 Neustadt

15 Versendungs-/Ausfuhrland | 15 Vers./Ausf.L.Code: a HR b XX | 17 Bestimm.L.Code: a b 06

16 Ursprungsland | 17 Bestimmungsland: XXXXXXXXXXXXXXXX

18 Kennzeichen und Staatszugehörigkeit des Beförderungsmittels bei der Ankunft: MU-CH 50 | 19 Ctr.: 0 | 20 Lieferbedingung: CIP | Paukendorf

21 Kennzeichen und Staatszugehörigkeit des grenzüberschreitenden aktiven Beförderungsmittels: LKW | DE

22 Währung u. in Rechn. gestellter Gesamtbetr.: EUR 17.450,- | 23 Umrechnungskurs | 24 Art des Geschäfts: 1 | 1

25 Verkehrszweig an der Grenze: 3 | 26 Inländischer Verkehrszweig: 3 | 27 Entladeort | 28 Finanz- und Bankangaben: XXXXXXXXXXXXXXXXXXXXXXXXXXXXXXXX

29 Eingangszollstelle | 30 Warenort

31 Packstücke und Warenbezeichnung — Zeichen und Nummern - Container Nr. - Anzahl und Art:
1CT 1 Regelgerät

32 Positions Nr. | 33 Warennummer: 8534001 | 99 | | 0

34 Urspr.land Code: a TR b XX | 35 Rohmasse (kg): 9 | 36 Präferenz: 400

37 VERFAHREN: 4000 | 0 | 38 Eigenmasse (kg): 8 | 39 Kontingent

40 Summarische Anmeldung/Vorpapier: Z-S52-XW 3000 000

41 Besondere Maßeinheit: 1 | 42 Artikelpreis: 17.000,- | 43 B. M. Code: X

44 Besondere Vermerke/Vorgelegte Unterlagen/Bescheinigungen u. Genehmigungen:
[X] **Hinsichtlich aller angemeldeten Waren zum vollen Vorsteuerabzug berechtigt.**
S 002 Rechnung-Nr. 2002/305-1 v. 10.1.2005
ART No. B 0828942, U 002 Certifikat No. 056 8332 (58245)

Code B.V.: XXX | 45 Berichtigung: XXXXXXXXXX

46 Statistischer Wert: 17.450,-

47 Abgabenberechnung

Art	Bemessungsgrundlage	Satz	Betrag	ZA
B00	17.450,-	16%	2792,00	E
		Summe:	2792,00	

48 Zahlungsaufschub: K-1234 (EUST) | 49 Bezeichnung des Lagers

B ANGABEN FÜR VERBUCHUNGSZWECKE

50 Hauptverpflichteter Nr. — Unterschrift:
XXXXXXXXXXXXXXXXXXXXXXXXXXXXXXXXXXXXXXXXXXXXXX
vertreten durch
Ort und Datum:

C ABGANGSSTELLE

51 Vorgesehene Durchgangszollstellen (und Land): XXXXXXXXXXX | XXXXXXXXXXX | XXXXXXXXXXX | XXXXXXXXXXX | XXXXXXXXXXX | XXXXXXXXXXX

52 Sicherheit nicht gültig für: XXXXXXXXXXXXXXXXXXXXXXXXXXXXXXXXXXXXXXXXXXXXXX | Code: XX | 53 Bestimmungsstelle (und Land): XXXXXXXXXXXXXXXXXXXXXX

J PRÜFUNG DURCH DIE BESTIMMUNGSSTELLE

54 Ort und Datum:
Musterstadt, 10.1.2006
Unterschrift und Name des Anmelders/Vertreters:
Max Schnell
Schnell

0747 Einheitspapier (Bestimmung - Eingang/Einfuhr -) - III B 1 - (2005) NI 9310 0286 99

3.4 Musterbeispiel einer Ausfuhranmeldung

EUROPÄISCHE GEMEINSCHAFT Nr. AV 0276753

A VERSENDUNGS-/AUSFUHRZOLLSTELLE

1 ANMELDUNG: EX | A

Exemplar für das Versendungs-/Ausfuhrland 1

2 Versender/Ausführer	Nr. DE3456789 Ost-Asien-Export GmbH Denglerstr. 7 77694 Kehl
3 Vordrucke	1 | 1
4 Ladelisten	XXXXXXXX
5 Positionen	
6 Packst. insgesamt	XXXXXXXXXXX
7 Bezugsnummer	
8 Empfänger	Nr. DE5359617 Technoplat Poljana Natka Nodila 7 CR-23000 Zadar
9 Verantwortlicher für den Zahlungsverkehr Nr.	XXXXXXXXXXXXXXXXXXXXXXXXXXXXXXXXXXXXXXXXXXXXXXXXXXXXXXXX
10 Erstes Best. Land	XXX
11 Handels-land	XXX
13 G.L.P.	XXXXXX
14 Anmelder/Vertreter	Nr.
15 Versendungs-/Ausfuhrland	XXXXXXXXXXXXXXXXXXXXXXXXXXXXX
15 Vers./Ausf.L.Code	a | b XX
17 Bestimm. L.Code	a HR | b XX
16 Ursprungsland	XXXXXXXXXXXXXXXXXXXXXXXXXXXXX
17 Bestimmungsland	XXXXXXXXXXXXXXXXXXXXXXXXXXXX
18 Kennzeichen und Staatszugehörigkeit des Beförderungsmittels beim Abgang	
19 Ctr.	1
20 Lieferbedingung	EXW | KEHL | XX
21 Kennzeichen und Staatszugehörigkeit des grenzüberschreitenden aktiven Beförderungsmittels	Flugzeug | US
22 Währung u. in Rechn. gestellter Gesamtbetr.	EUR | 15.762,75
23 Umrechnungskurs	
24 Art des Geschäfts	1 | 1
25 Verkehrszweig an der Grenze	4
26 Inländischer Verkehrszweig	3
27 Ladeort	
28 Finanz- und Bankangaben	XXXXXXXXXXXXXXXXXXXXXXXXXXXXXXXXXXXXXXXXXXXXXXXXXXXXXX XXXXXXXXXXXXXXXXXXXXXXXXXXXXXXXXXXXXXXXXXXXXXXXXXXXXXX
29 Ausgangszollstelle	DE003302
30 Warenort	XXXXXXXXXXXXXXXXXXXXXXXXXXXXX
31 Packstücke und Warenbezeichnung — Zeichen und Nummern - Container Nr. - Anzahl und Art	11 CH Kartons Kunststoffdichtungen
32 Positions-Nr.	
33 Warennummer	39269099 | 0 | | XXXXXX
34 Urspr.land Code	a XXX | b 05
35 Rohmasse (kg)	
37 VERFAHREN	1000 | 0
38 Eigenmasse (kg)	73
39 Kontingent	
40 Summarische Anmeldung/Vorpapier	
41 Besondere Maßeinheit	1100
Code B.V.	XXX
44 Besondere Vermerke/Vorgelegte Unterlagen/Bescheinigungen u. Genehmigungen	RET-EXP-30400
46 Statistischer Wert	15.460
47 Abgabenberechnung (Art, Bemessungsgrundlage, Satz, Betrag, ZA)	XXXXXXXXXXXXXXXXXXXXXXXXXXXXXXXXXXXXXXXXXXXXXXXXXXXXXXXXXXXXXXXXXXXXXXXXXXXXXX Summe:
48 Zahlungsaufschub	XXXXXXXXXXXXXXXXXXXXXXXXXXXXXX
49 Bezeichnung des Lagers	
50 Hauptverpflichteter	Nr. vertreten durch Ort und Datum: Unterschrift:
51 Vorgesehene Durchgangszollstellen (und Land)	XXXXXXXXXXXXXXXXXX | XXXXXXXXXXXXXXXXXX | XXXXXXXXXXXXXXXXXX | XXXXXXXXXXXXXXXXXX | XXXXXXXXXXXXXXXXXX | XXXXXXXXXXXXXXXXXX
52 Sicherheit nicht gültig für	XXXXXXXXXXXXXXXXXXXXXXXXXXXXXXXXXXXXXXXXXXXXXXXXXXXXXXXXXXXXXXXXXXXXXXXXXXXXXXX
Code	XXX
53 Bestimmungsstelle (und Land)	XXXXXXXXXXXXXXXXXXXXXXXXXXXXXXXXXXXXXXXX

B ANGABEN FÜR VERBUCHUNGSZWECKE

Ausfuhranmeldung

Zollstelle der ergänzenden Anmeldung
Bezeichnung:
Anschrift:

C ABGANGSSTELLE

D PRÜFUNG DURCH DIE ABGANGSSTELLE
Ergebnis:
Angebrachte Verschlüsse: Anzahl:
Zeichen:
Frist (letzter Tag):
Unterschrift:
Stempel:

54 Ort und Datum:
Kehl, den 10.1.2007
Unterschrift und Name des Anmelders/Vertreters:
Hans Prokura Prokura

0733 Einheitspapier (Versendung/Ausfuhr + Bestimmung – Eingang/Einfuhr –) – III B1 – **(2007)**

4. Weitere Hinweise zur Verwendung des Einheitspapiers

In der Praxis treten immer wieder gestellte Fragen auf, auf die hier noch eingegangen werden soll:

Die Vordrucksätze dürfen von jedem zur eigenen Verwendung oder zum Vertrieb hergestellt werden. Außerdem ist es möglich, vom Bundesministerium der Finanzen auf Antrag, der über das örtlich zuständige Hauptzollamt einzureichen ist, eine Genehmigung zum Eindruck eines Sonderstempels zu erhalten. Die Verwendung des Sonderstempeleindrucks ist für Beteiligte sinnvoll, die als so genannte zugelassene Versender bzw. Empfänger und als zugelassene Ausführer erleichterte Verfahren in Anspruch nehmen. Der Antrag ist über das Hauptzollamt einzureichen, weil dem formlosen Antrag eine ausgefüllte Verpflichtungserklärung nach einem von der Zollverwaltung vorgegebenen Muster beizufügen ist, die das Hauptzollamt vor Weiterleitung an das Bundesministerium der Finanzen überprüft.

Eine weitere Erleichterung im Umgang mit den Einheitspapieren stellt die Möglichkeit dar, vom Grundsatz abweichen zu können, Einheitspapiere auf selbst durchschreibendem Papier zu drucken. Ausnahmsweise dürfen die für die Einfuhr (Bestimmung) vorgesehenen Vordrucke 0737, 0738, 0747, 0748, 0777, 0778, 0779 sowie 0780 auf Normalpapier gedruckt werden.

Weiterhin dürfen firmenspezifische Eindrucke in Form von Angaben, die in jedem Vordrucksatz unverändert einzutragen sind, vorab eingedruckt werden.

Die wohl wesentlichste Erleichterung stellt die Möglichkeit dar, Einheitspapiere in einem Arbeitsgang mit moderner Informationstechnik auf weißem Papier selbst herzustellen und auszufüllen. Die auf diese Weise hergestellten Vordrucke müssen jedoch allen anderen Formerfordernissen insbesondere auch des Drucks der Rückseiten genügen. Die Formerfordernisse wurden seinerzeit von der Europäischen Kommission mit der Druckanweisung Einheitspapier, veröffentlicht im Amtsblatt der EG Nr. C 164 vom 1. Juli 1989, veröffentlicht. Die Druckanweisung Einheitspapier kann in der Vorschriftensammlung der Bundesfinanzverwaltung VSF Z 3895 Abschnitt A nachgelesen werden (erhältlich bei der Bundesanzeiger Verlagsges.mbH.). Um den Formerfordernissen der Druckanweisung Einheitspapier zu genügen, empfahl es sich lange Zeit, Laserdrucker zu verwenden. Mittlerweile sollten aufgrund des technischen Fortschritts auch Tintenstrahldrucker in der Lage sein, die geforderten Druckergebnisse zu erzeugen. Nur ein Laserdrucker dürfte jedoch auf Grund des höheren Papierdurchsatzes in der Lage sein, größere Mengen an Vordrucken zu erzeugen. Erstmals dürfen nun auch seit dem Jahr 2006 Ausfuhranmeldungen mit Vordruck 0733 auf diese Weise erzeugt und ausgefüllt werden. Überdies darf auf den Druck der Rückseiten verzichtet werden.

Wichtig ist noch, dass bei Herstellen und Ausfüllen des Vordrucks 0777 die sechsstellige Ordnungsnummer und bei den Ausfuhranmeldungen in die Kopfleiste die vom Bundesausfuhramt zugeteilte siebenstellige Nummer einzudrucken ist, auch wenn diese Vordrucke, wie oben beschrieben, selbst erzeugt werden.

Ausnahmen von den Formerfordernissen sind nur hinsichtlich der Anforderungen an die Farbe, der Verwendung von Buchstaben in Schrägschrift für Felder mit Angaben für Drittländer sowie den Vorschriften über die farbige Grundierung der Felder für das gemeinschaftliche/gemeinsame Versandverfahren zulässig. Außerdem kann das örtlich zuständige Hauptzollamt auf Antrag genehmigen, dass beim Herstellen und Ausfüllen der Vordrucke 0733, 0737, 0747 und 0779 auf den Druck der Rückseite des Exemplars Nr. 6 verzichtet werden kann.

5. Gültige Drucknormen

Folgende Drucknormen für die Vordrucke des Einheitspapiers sind aktuell gültig:

Vordruck 0731	2007	Versandanmeldung
Ergänzungsvordruck 0732	2002	
Vordruck 0733	2007	Ausfuhranmeldung
Ergänzungsvordruck 0734	2007	
Vordruck 0735	2007	Versandanmeldung
Ergänzungsvordruck 0736	2002	
Vordruck 0737	2005	Einfuhranmeldung
Ergänzungsvordruck 0738	2005	
Vordruck 0739	2007	Versandanmeldung
Ergänzungsvordruck 0740	2002	
Vordruck 0741	2007	Versandanmeldung
Ergänzungsvordruck 0742	2002	
Vordruck 0743	2002	Ausfuhranmeldung
Ergänzungsvordruck 0744	2002	
Vordruck 0745	2002	Ausfuhranmeldung
Ergänzungsvordruck 0746	2002	
Vordruck 0747	2005	Einfuhranmeldung mit zusätzlichem Exemplar 6
Ergänzungsvordruck 0748	2005	
Vordruck 0749	2007	Passive Veredelung
Ergänzungsvordruck 0750	2009	
Vordruck 0761	2007	Unvollständige/Vereinfachte Ausfuhranmeldung
Vordruck 0762	2002	Ausfuhrkontrollmeldung
Vordruck 0763	2007	Ausfuhranmeldung (Zusatzblatt) für EG-Ausfuhrerstattungen
Ergänzungsvordruck 0764	2000	Ausfuhranmeldung (Zusatzblatt) für EG-Ausfuhrerstattungen
Vordruck 0769	1997	T 2 L
Ergänzungsvordruck 0770	1997	

Vordruck 0777	1999	Vereinfachte Zollanmeldung
Ergänzungsvordruck 0778	1999	
Vordruck 0779	2005	Einfuhranmeldung mit drei Exemplaren 6
Ergänzungsvordruck 0780	2005	
Vordruck 0782	2002	Zahlungserklärung für die Erstattungslagerung/-veredelung

Aufbrauchfristen für die Vordrucknormen 2007 bestehen noch bis zum 31. 12. 2006.

Vorschriftensammlung Bundes-Finanzverwaltung

– VSF –

Amtsblatt des Bundesministeriums der Finanzen

VSF-Nachrichten

N 01 2007 Nr. 1

2. Januar 2007

Sofortsache

– Sonderverteiler –

Merkblatt zum Einheitspapier

(III B 1 – Z 3455/06/0001, Dok.-Nr.: 2006/0226691 vom 2. November 2006)

Anmerkungen: Das Merkblatt ersetzt **mit sofortiger Wirkung** das bis dahin gültige „Merkblatt zum Einheitspapier – Ausgabe 2006 –" (VSF-N 01 2006 Nr. 1); es wird zu einem späteren Zeitpunkt in der VSF unter der Kennung Z 34 55 abgedruckt.

Inhaltsverzeichnis

Übersicht über die Funktion der 8 Exemplare des Einheitspapiers

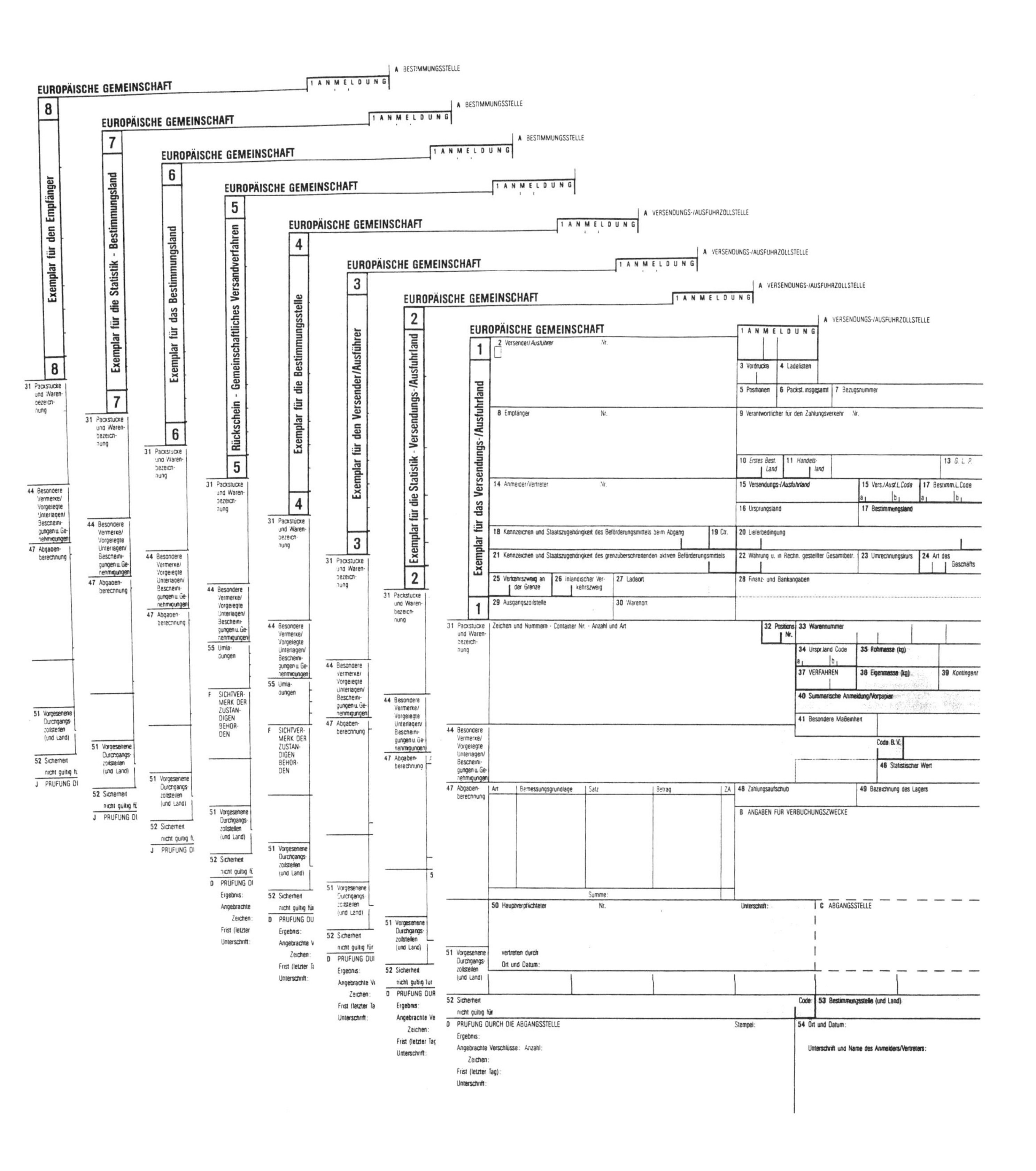

8 – Exemplar für den Empfänger – A BESTIMMUNGSSTELLE
7 – Exemplar für die Statistik - Bestimmungsland – A BESTIMMUNGSSTELLE
6 – Exemplar für das Bestimmungsland – A BESTIMMUNGSSTELLE
5 – Rückschein - Gemeinschaftliches Versandverfahren
4 – Exemplar für die Bestimmungsstelle – A VERSENDUNGS-/AUSFUHRZOLLSTELLE
3 – Exemplar für den Versender/Ausführer – A VERSENDUNGS-/AUSFUHRZOLLSTELLE
2 – Exemplar für die Statistik - Versendungs-/Ausfuhrland – A VERSENDUNGS-/AUSFUHRZOLLSTELLE
1 – Exemplar für das Versendungs-/Ausfuhrland – A VERSENDUNGS-/AUSFUHRZOLLSTELLE

EUROPÄISCHE GEMEINSCHAFT

1 ANMELDUNG

2 Versender/Ausführer Nr.
3 Vordrucke
4 Ladelisten
5 Positionen
6 Packst. insgesamt
7 Bezugsnummer
8 Empfänger Nr.
9 Verantwortlicher für den Zahlungsverkehr Nr.
10 Erstes Best. Land
11 Handels-land
13 G.L.P.
14 Anmelder/Vertreter Nr.
15 Versendungs-/Ausfuhrland
15 Vers./Ausf.L.Code a b
17 Bestimm.L.Code a b
16 Ursprungsland
17 Bestimmungsland
18 Kennzeichen und Staatszugehörigkeit des Beförderungsmittels beim Abgang
19 Ctr.
20 Lieferbedingung
21 Kennzeichen und Staatszugehörigkeit des grenzüberschreitenden aktiven Beförderungsmittels
22 Währung u. in Rechn. gestellter Gesamtbetr.
23 Umrechnungskurs
24 Art des Geschäfts
25 Verkehrszweig an der Grenze
26 Inländischer Verkehrszweig
27 Ladeort
28 Finanz- und Bankangaben
29 Ausgangszollstelle
30 Warenort
31 Packstücke und Warenbezeichnung – Zeichen und Nummern - Container Nr. - Anzahl und Art
32 Positions Nr.
33 Warennummer
34 Urspr.land Code a b
35 Rohmasse (kg)
37 VERFAHREN
38 Eigenmasse (kg)
39 Kontingent
40 Summarische Anmeldung/Vorpapier
41 Besondere Maßeinheit
44 Besondere Vermerke/Vorgelegte Unterlagen/Bescheinigungen u. Genehmigungen
Code B.V.
46 Statistischer Wert
47 Abgabenberechnung – Art | Bemessungsgrundlage | Satz | Betrag | ZA
Summe:
48 Zahlungsaufschub
49 Bezeichnung des Lagers
B ANGABEN FÜR VERBUCHUNGSZWECKE
50 Hauptverpflichteter Nr.
vertreten durch
Ort und Datum:
Unterschrift:
C ABGANGSSTELLE
51 Vorgesehene Durchgangszollstellen (und Land)
52 Sicherheit nicht gültig für
Code
53 Bestimmungsstelle (und Land)
D PRÜFUNG DURCH DIE ABGANGSSTELLE
Stempel:
Ergebnis:
Angebrachte Verschlüsse: Anzahl:
Zeichen:
Frist (letzter Tag):
Unterschrift:
54 Ort und Datum:
Unterschrift und Name des Anmelders/Vertreters:

55 Umladungen
F SICHTVERMERK DER ZUSTÄNDIGEN BEHÖRDEN
J PRÜFUNG DURCH DIE BESTIMMUNGSSTELLE

Übersicht über die Funktion der 4 Exemplare des Einheitspapiers

(Wird in Deutschland nicht mehr verwendet)

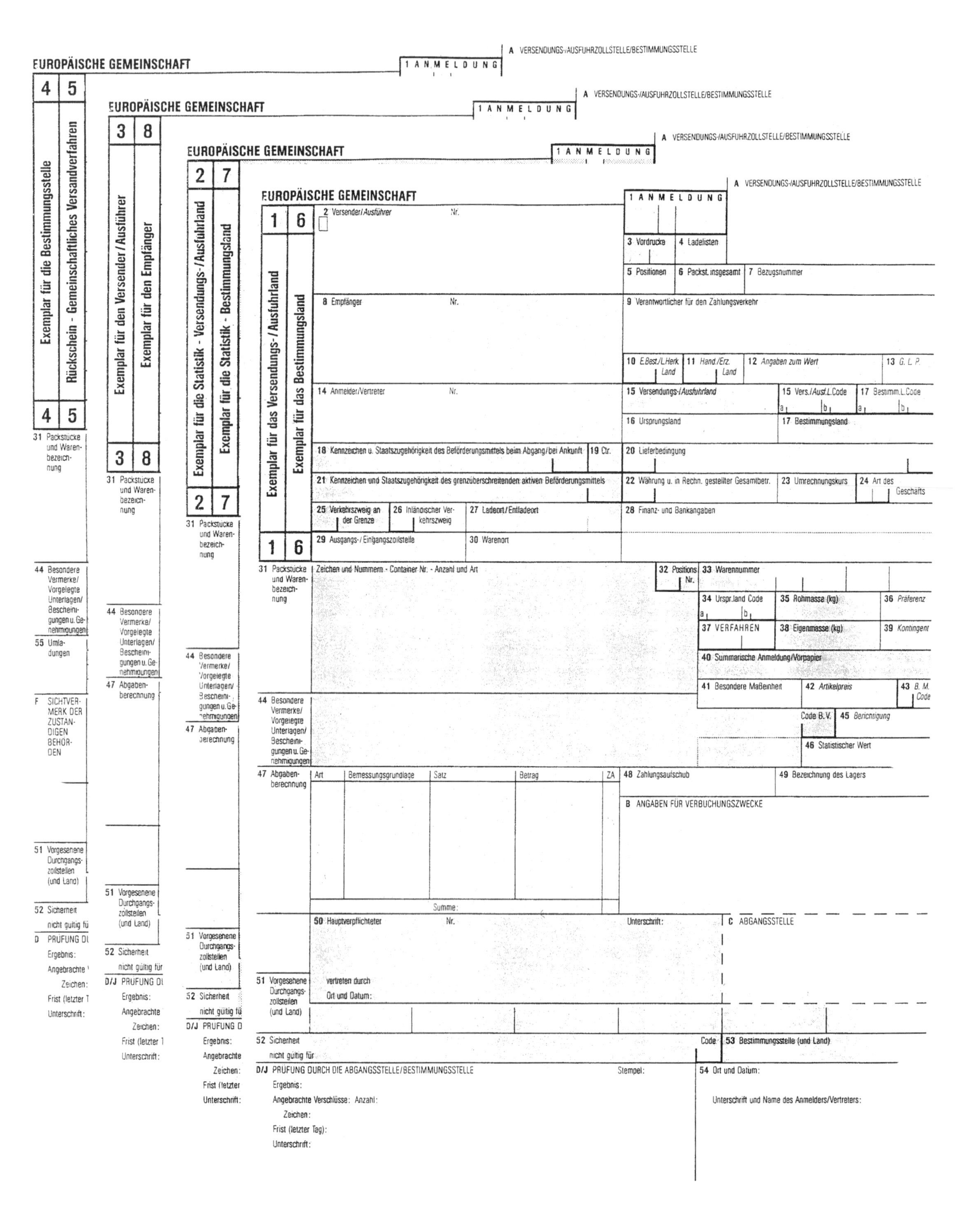

EUROPÄISCHE GEMEINSCHAFT
1 ANMELDUNG
A VERSENDUNGS-/AUSFUHRZOLLSTELLE/BESTIMMUNGSSTELLE

4 5
Exemplar für die Bestimmungsstelle
Rückschein - Gemeinschaftliches Versandverfahren

3 8
Exemplar für den Versender/Ausführer
Exemplar für den Empfänger

2 7
Exemplar für die Statistik - Versendungs-/Ausfuhrland
Exemplar für die Statistik - Bestimmungsland

1 6
Exemplar für das Versendungs-/Ausfuhrland
Exemplar für das Bestimmungsland

2 Versender/Ausführer Nr.
3 Vordrucke
4 Ladelisten
5 Positionen
6 Packst. insgesamt
7 Bezugsnummer
8 Empfänger Nr.
9 Verantwortlicher für den Zahlungsverkehr
10 E.Best./L.Herk. Land
11 Hand./Erz. Land
12 Angaben zum Wert
13 G. L. P.
14 Anmelder/Vertreter Nr.
15 Versendungs-/Ausfuhrland
15 Vers./Ausf.L.Code a b
17 Bestimm.L.Code a b
16 Ursprungsland
17 Bestimmungsland
18 Kennzeichen u. Staatszugehörigkeit des Beförderungsmittels beim Abgang/bei Ankunft
19 Ctr.
20 Lieferbedingung
21 Kennzeichen und Staatszugehörigkeit des grenzüberschreitenden aktiven Beförderungsmittels
22 Währung u. in Rechn. gestellter Gesamtbetr.
23 Umrechnungskurs
24 Art des Geschäfts
25 Verkehrszweig an der Grenze
26 Inländischer Verkehrszweig
27 Ladeort/Entladeort
28 Finanz- und Bankangaben
29 Ausgangs-/Eingangszollstelle
30 Warenort
31 Packstücke und Warenbezeichnung
Zeichen und Nummern - Container Nr. - Anzahl und Art
32 Positions Nr.
33 Warennummer
34 Urspr.land Code a b
35 Rohmasse (kg)
36 Präferenz
37 VERFAHREN
38 Eigenmasse (kg)
39 Kontingent
40 Summarische Anmeldung/Vorpapier
41 Besondere Maßeinheit
42 Artikelpreis
43 B. M. Code
44 Besondere Vermerke/Vorgelegte Unterlagen/Bescheinigungen u. Genehmigungen
Code B.V.
45 Berichtigung
46 Statistischer Wert
47 Abgabenberechnung

Art	Bemessungsgrundlage	Satz	Betrag	ZA
			Summe:	

48 Zahlungsaufschub
49 Bezeichnung des Lagers
B ANGABEN FÜR VERBUCHUNGSZWECKE
50 Hauptverpflichteter Nr.
Unterschrift:
vertreten durch
Ort und Datum:
C ABGANGSSTELLE
51 Vorgesehene Durchgangszollstellen (und Land)
52 Sicherheit nicht gültig für
Code
53 Bestimmungsstelle (und Land)
D/J PRÜFUNG DURCH DIE ABGANGSSTELLE/BESTIMMUNGSSTELLE
Stempel:
Ergebnis:
Angebrachte Verschlüsse: Anzahl:
Zeichen:
Frist (letzter Tag):
Unterschrift:
54 Ort und Datum:
Unterschrift und Name des Anmelders/Vertreters:

55 Umladungen
F SICHTVERMERK DER ZUSTANDIGEN BEHÖRDEN

Titel I – Allgemeine Bemerkungen

Vorbemerkungen

Anwendungsbereich
a) EFTA-Länder/andere Drittländer

(1) Das Einheitspapier ist in allen Fällen des Warenverkehrs

- zwischen der Gemeinschaft und den EFTA-Ländern,
- zwischen der Gemeinschaft und anderen Drittländern als den EFTA-Ländern

zu verwenden, soweit nicht die Verwendung anderer Formulare ausdrücklich vorgesehen ist, oder ein von Bundesministerium der Finanzen zugelassenes IT-Verfahren in Anspruch genommen wird. Im Warenverkehr zwischen den Mitgliedstaaten der Gemeinschaft ist das Einheitspapier nur in den ausdrücklich vorgeschriebenen Fällen zu verwenden (z. B. als Versandanmeldung T2 für die Beförderung von Gemeinschaftswaren über ein EFTA-Land oder als Versandpapier T2L nach Maßgabe der Vorschriften über den zollrechtlichen Status der Waren).

Dabei sind die Anmeldungen

- zur Ausfuhr auf den Exemplaren Nrn. 1, 2 und 3 (ggf. auch noch Nrn. 1 und 3 – bei passiver Veredelung –),
- zum gemeinschaftlichen Versandverfahren auf den Exemplaren Nrn. 1, 4 und 5,
- zur Überführung in den zollrechtlich und steuerrechtlich freien Verkehr, in den freien Verkehr zur besonderen Verwendung (unter zollamtlicher Überwachung) oder in eine andere als in den beiden vorgenannten Absätzen bezeichnete zollrechtliche Bestimmung (z. B. Zolllagerverfahren, aktive Veredelung, vorübergehende Verwendung, Umwandlungsverfahren) auf den Exemplaren Nrn. 6, 7 und 8

des Einheitspapiers abzugeben.

(2) (entfallen)

b) Kanarische Inseln usw.

(3) Im Warenverkehr zwischen den Teilen des Zollgebiets der Gemeinschaft, in denen die Richtlinie 77/388/EWG (6. Mehrwertsteuerrichtlinie) Anwendung findet und den Teilen des Zollgebiets der Gemeinschaft, in denen diese Richtlinie nicht gilt (Kanarische Inseln, französische überseeische Departements, Kanalinseln, Aland und Berg Athos) ist das Einheitspapier

- als Anmeldung zur Versendung (Statistik) auf den Exemplaren Nrn. 2 und 3 (für den Anmelder),
- als Anmeldung zum internen gemeinschaftlichen Versandverfahren (T2F) auf den Exemplaren Nrn. 1, 4 und 5,
- als Versandpapier T2LF zum Nachweis des Gemeinschaftscharakters und
- als Anmeldung zum Eingang (Einfuhrumsatzsteuer und Statistik) auf den Exemplaren Nrn. 6, 7 und 8

zu verwenden.

Anmerkung zu den Absätzen 1 und 3: Im gemeinschaftlichen Versandverfahren ist die Verwendung des Einheitspapiers nur noch in den Fällen vorgesehen, in denen die Daten der Versandanmeldung nicht elektronisch übermittelt werden können.

Anmerkung zu Absatz 1: Seit dem 1. August 2006 sind die technischen Voraussetzungen zur elektronischen Übermittlung der Daten der Ausfuhranmeldung für die deutschen Ausfuhr- bzw. Ausgangszollstellen geschaffen.

(4) (entfallen)

d) Versand verbrauchsteuerpflichtiger Waren

(5) Für die den Verbrauchsteuern für Mineralöl, Alkohol und alkoholische Getränke sowie Tabakwaren unterliegenden Erzeugnisse, die unter Steueraussetzung zwischen Mitgliedstaaten über EFTA-Länder versandt werden, kann anstelle des begleitenden Verwaltungsdokuments oder des Handelsdokuments auch das Einheitspapier (Versandanmeldung T2) mit zusätzlichen Exemplaren oder Kopien der Exemplare Nrn. 1 und 5 verwendet werden. Dies setzt voraus, dass der absendende Steuerlagerinhaber zugelassener Versender und der empfangende Steuerlagerinhaber bzw. der berechtigte Empfänger gleichzeitig zugelassener Empfänger nach den Vorschriften über das gemeinschaftliche Versandverfahren sind. Alle Exemplare der Versandanmeldung T2 einschließlich der zusätzlichen Exemplare oder Kopien müssen dabei neben den Angaben für das Versandverfahren auch die besonderen Angaben für Verbrauchsteuerzwecke enthalten (Feld 33: Position der Kombinierten Nomenklatur; Feld 44: Hinweis auf den Steuerstatus, z. B. „unversteuertes Mineralöl").

Begriffe

(6) **Gemeinschaftswaren:**

- Waren, die die Voraussetzungen des Artikels 4 Nr. 7 des Zollkodex erfüllen (kurz: Ursprungswaren der Gemeinschaft und Waren, die sich in der Gemeinschaft im zollrechtlich freien Verkehr befinden).

(7) **Nichtgemeinschaftswaren:**

Andere als die in Absatz 6 genannten Waren. (Unbeschadet der Artikel 163 und 164 des Zollkodex verlieren Gemeinschaftswaren ihren zollrechtlichen Status mit dem tatsächlichen Verbringen aus dem Zollgebiet der Gemeinschaft.)

(8) **Versendung:**

Verfahren des Verbringens von Waren (Gemeinschaftswaren oder Nichtgemeinschaftswaren) von einem Mitgliedstaat der Gemeinschaft in einen anderen.

(9) **Ausfuhr:**

Verfahren des Verbringens von Gemeinschaftswaren aus dem Zollgebiet der Gemeinschaft.

(9a) **Wiederausfuhr:**

Verfahren des (Wieder-)Verbringens von Nichtgemeinschaftswaren aus dem Zollgebiet der Gemeinschaft.

Anmerkung zu den Absätzen 8 bis 9a: Sowohl bei der „Versendung" als auch bei der „Ausfuhr" bzw. „Wiederausfuhr" im Sinne des hier einschlägigen EG-Rechts handelt es sich nach nationalem Recht um eine Ausfuhr im Sinne von § 4 Abs. 2 Nr. 4 des Außenwirtschaftsgesetzes – AWG – und § 1 Abs. 1 Nr. 2 der Außenhandelsstatistik-Durchführungsverordnung – AHStatDV –.

(10) **Versand:**

- Gemeinschaftliches Versandverfahren:

  Die Durchführung eines externen oder internen gemeinschaftlichen Versandverfahrens (T 1-, T 2- oder T 2 F-Verfahren) nach den Vorschriften der Verordnung (EWG) Nr. 2913/92 des Rates vom 12. Oktober 1992 zur Festlegung des Zollkodex der Gemeinschaften oder nach Maßgabe des Beschlusses Nr. 4/92 des Kooperationsausschusses EWG-San Marino oder des Beschlusses Nr. 1/96 des Gemischten Ausschusses EG-Andorra.

- Gemeinsames Versandverfahren:

  Die Durchführung eines T1- oder T2-Verfahrens nach den Vorschriften des Übereinkommens EWG–EFTA „Gemeinsames Versandverfahren" (Beschluss des Rates vom 15. Juni 1987 ABl. EG Nr. L 226 vom 13. August 1987).

Anmerkung: Sofern im Merkblatt das gemeinschaftliche Versandverfahren angesprochen wird, gilt dies auch als Bezugnahme auf das gemeinsame Versandverfahren, wenn nichts anderes vermerkt ist.

(11) **Bestimmung:**

- „Eingang" ist das Verbringen von Waren (Gemeinschaftswaren oder Nichtgemeinschaftswaren) aus einem Mitgliedstaat der Gemeinschaft nach Deutschland (verbrauchsteuerrechtliche Terminologie: Verbringen von Waren in das Steuergebiet).
- „Einfuhr" ist das Verbringen von Waren (Gemeinschaftswaren oder Nichtgemeinschaftswaren) aus einem Drittland in das Zollgebiet der Gemeinschaft.

Anmerkung: Sowohl bei dem „Eingang" als auch bei der „Einfuhr" im Sinne des hier einschlägigen EG-Rechts handelt es sich um eine Einfuhr im Sinne von § 4 Abs. 2 Nr. 6 des Außenwirtschaftsgesetzes – AWG – und § 1 Abs. 1 Nr. 1 der Außenhandelsstatistik-Durchführungsverordnung – AHStatDV –.

(12) **Mitgliedstaat:**

Staat, der Vertragspartei des EU-Vertrags ist.

(12a) **EFTA-Land:**

Als EFTA-Länder gelten neben Island, Norwegen und der Schweiz (einschließlich Liechtenstein) auch alle künftig dem Übereinkommen EWG–EFTA „Gemeinsames Versandverfahren" – Artikel 3 Absatz 2 des Übereinkommens – beitretenden Länder.

Anmerkung: Soweit das Einheitspapier im Warenverkehr mit den EFTA-Ländern verwendet wird, gelten im Merkblatt Bezugnahmen auf die Mitgliedstaaten auch als Bezugnahme auf die EFTA-Länder.

Abschnitt A – Gestaltung der Vordrucke

(13) Der Anmelder bestimmt durch die Wahl der Exemplare und durch seine Eintragung im Feld Nr. 1 – erstes Unterfeld – (EU, EX, IM oder CO) bzw. im Feld Nr. 1 – drittes Unterfeld – (T 1, T 2, T 2 F, T 2 L oder T 2 LF) des Einheitspapiers, welchem Zweck seine Anmeldung/sein Papier dient.

Verwendungszweck der Anmeldung

(14) Der **Vordruck EU** und die Ergänzungsvordrucke EU/c sind im Warenverkehr zwischen der Gemeinschaft und den EFTA-Ländern als Anmeldung für die

- Ausfuhr von Gemeinschaftswaren bzw. Wiederausfuhr von Nichtgemeinschaftswaren aus dem Zollgebiet der Gemeinschaft nach einem EFTA-Land,
- Überführung von aus einem EFTA-Land in das Zollgebiet der Gemeinschaft eingeführten Waren (Gemeinschafts- oder Nichtgemeinschaftswaren) in den zollrechtlich oder zoll- und steuerrechtlich freien Verkehr oder in eine andere zollrechtliche Bestimmung

zu verwenden.

(15) Der **Vordruck mit der Eintragung EX** und die Ergänzungsvordrucke EX/c sind

- im Warenverkehr zwischen der Gemeinschaft und anderen Drittländern als den EFTA-Ländern als Anmeldung für die Ausfuhr von Gemeinschaftswaren bzw. Wiederausfuhr von Nichtgemeinschaftswaren aus dem Zollgebiet der Gemeinschaft nach einem anderen Drittland als einem EFTA-Land,
- im Warenverkehr zwischen den Mitgliedstaaten der Gemeinschaft als Anmeldung für die Versendung von Nichtgemeinschaftswaren

zu verwenden.

(16) Der **Vordruck mit der Eintragung IM** und die Ergänzungsvordrucke IM/c sind

- im Warenverkehr zwischen der Gemeinschaft und anderen Drittländern als den EFTA-Ländern als Anmeldung für die Überführung von aus anderen Drittländern als den EFTA-Ländern in das Zollgebiet der Gemeinschaft eingeführten Waren (Gemeinschafts- oder Nichtgemeinschaftswaren) in den zollrechtlich oder zoll- und steuerrechtlich freien Verkehr oder in eine andere zollrechtliche Bestimmung im Bestimmungsmitgliedstaat,
- im Warenverkehr zwischen den Mitgliedstaaten der Gemeinschaft für die Überführung von aus einem Mitgliedstaat eingegangenen Nichtgemeinschaftswaren in den zollrechtlich und steuerrechtlich freien Verkehr oder in eine andere zollrechtliche Bestimmung im Bestimmungsmitgliedstaat

zu verwenden.

(17) Der **Vordruck mit der Eintragung CO** und die Ergänzungsvordrucke CO/c sind im Warenverkehr zwischen den Mitgliedstaaten der Gemeinschaft als Anmeldung

- für die Versendung von Gemeinschaftswaren,
- für die Überführung von Gemeinschaftswaren in den steuerrechtlich freien Verkehr oder in eine andere zollrechtliche Bestimmung im Bestimmungsmitgliedstaat (siehe Absatz 3)

zu verwenden.

(18) Der **Vordruck mit der Eintragung T 1** oder **T 2** ggf. mit Ergänzungsvordrucken T 1 BIS oder T 2 BIS ist

- im Warenverkehr zwischen den Mitgliedstaaten der Gemeinschaft als Versandanmeldung T 1 oder T 2 zur Durchführung eines gemeinschaftlichen Versandverfahrens,
- im Warenverkehr zwischen den Mitgliedstaaten der Gemeinschaft und dem Fürstentum Andorra bzw. der Republik San Marino als Versandanmeldung T 1 oder T 2 nach Maßgabe des Beschlusses Nr. 1/96 des Gemischten Ausschusses EG–Andorra bzw. des Beschlusses Nr. 4/92 des Kooperationsausschusses EWG–San Marino ausschließlich zur Durchführung eines gemeinschaftlichen Versandverfahrens,
- im Warenverkehr zwischen der Gemeinschaft und den EFTA-Ländern als Versandanmeldung T 1 oder T 2 zur Durchführung eines gemeinsamen Versandverfahrens

zu verwenden.

(18a) Der **Vordruck mit der Eintragung T2F** (ggf. mit Ergänzungsvordrucken T2F BIS) ist

- im Warenverkehr zwischen Teilen des Zollgebiets der Gemeinschaft, in denen die Richtlinie 77/388/EWG (6. Mehrwertsteuerrichtlinie) Anwendung findet und den Teilen des Zollgebiets der Gemeinschaft, in denen diese Richtlinie nicht gilt (siehe Absatz 3)

als Versandanmeldung T2F zur Durchführung eines internen gemeinschaftlichen Versandverfahrens zu verwenden.

(19) Der **Vordruck mit der Eintragung T2L** (ggf. mit Ergänzungsvordrucken T2L BIS) ist nach Maßgabe der Vorschriften über den zollrechtlichen Status von Waren

- im Warenverkehr mit anderen Mitgliedstaaten der Gemeinschaft

  und

- im Warenverkehr zwischen der Gemeinschaft und den EFTA-Ländern

als Versandpapier T2L zum Nachweis des Gemeinschaftscharakters von Waren zu verwenden.

(19a) Der **Vordruck mit der Eintragung T2LF** und die Ergänzungsvordrucke T2LF BIS sind nach Maßgabe der Vorschriften über den zollrechtlichen Status von Waren

- im Warenverkehr zwischen Teilen des Zollgebiets der Gemeinschaft, in denen die Richtlinie 77/388/EWG (6. Mehrwertsteuerrichtlinie) Anwendung findet und den Teilen des Zollgebiets der Gemeinschaft, in denen diese Richtlinie nicht gilt (siehe Absatz 3)

als Versandpapier T2LF zum Nachweis des Gemeinschaftscharakters von Waren in den genannten Gebieten zu verwenden.

(20) (entfallen)

Vordrucke (Verwendung als vollständigen Vordrucksatz oder als Teilsatz)

(21) Der Anmelder hat die Wahl, das Einheitspapier als vollständigen Vordrucksatz mit 8 Exemplaren (bzw. in 2 Vordrucksätzen mit je 4 Exemplaren) oder getrennt in Teilsätzen für die einzelnen Verfahrensabschnitte (z. B. nur für das gemeinschaftliche Versandverfahren) zu verwenden.

1. Verwendung des vollständigen Vordrucksatzes

- a) **Vordrucksatz mit 8 Exemplaren** (Vordruck 0731 und Ergänzungsvordruck 0732)

Vollständiger Vordrucksatz zu 8 Exemplaren

(22) Es handelt sich um die Fälle, in denen der Anmelder bei der Erfüllung der Versendungs-/Ausfuhrförmlichkeiten einen Vordruck verwendet, der alle Exemplare enthält, die für die Förmlichkeiten der Versendung/Ausfuhr und des gemeinschaftlichen Versandverfahrens sowie für die Förmlichkeiten im Bestimmungsmitgliedstaat benötigt werden **(durchgestelltes Verfahren).**

(23) Die 8 Exemplare des Vordrucks haben folgende Funktionen:

- Exemplar Nr. 1, das von den Behörden des Versendungs-/Ausfuhrmitgliedstaates aufbewahrt wird (Förmlichkeiten der Versendung/Ausfuhr und des gemeinschaftlichen Versandverfahrens),
- Exemplar Nr. 2, das für die Statistik des Versendungs-/Ausfuhrmitgliedstaates bestimmt ist. Dieses Exemplar ist auch im Warenverkehr zwischen Teilen des Zollgebiets der Gemeinschaft, in denen unterschiedliche Steuervorschriften gelten, auch für die Statistik des Versendungsmitgliedstaates zu verwenden,
- Exemplar Nr. 3, das ggf. nach Bescheinigung durch die Ausgangszollstelle dem Anmelder zurückgegeben wird,
- Exemplar Nr. 4, das von der Bestimmungsstelle aufbewahrt wird (Förmlichkeiten des gemeinschaftlichen Versandverfahrens und Nachweis des Gemeinschaftscharakters von Waren),
- Exemplar Nr. 5, das als Rückschein für das gemeinschaftliche Versandverfahren verwendet wird,

- Exemplar Nr. 6, das von den Behörden des Bestimmungsmitgliedstaates aufbewahrt wird (Förmlichkeiten im Bestimmungsmitgliedstaat),

- Exemplar Nr. 7, das für die Statistik des Bestimmungsmitgliedstaates bestimmt ist (Förmlichkeiten im Bestimmungsmitgliedstaat einschließlich des Warenverkehrs zwischen Teilen des Zollgebiets der Gemeinschaft, in denen unterschiedliche Steuervorschriften gelten),

- Exemplar Nr. 8, das ggf. nach Bescheinigung durch die Zollstelle dem Empfänger (Anmelder) zurückgegeben wird.

Bei dem Vordrucksatz mit 8 Exemplaren werden demnach die ersten 3 Exemplare zur Erfüllung der Förmlichkeiten im Versendungs-/Ausfuhr-/Ausgangsmitgliedstaat und die übrigen 5 Exemplare zur Erfüllung der Förmlichkeiten im Bestimmungsmitgliedstaat verwendet.

(24) Der Vordrucksatz mit 8 Exemplaren ist so gestaltet, dass in den Fällen, in denen eine in beiden Mitgliedstaaten gleichlautende Angabe einzutragen ist, diese Angabe unmittelbar vom Anmelder oder vom Hauptverpflichteten in das Exemplar Nr. 1 eingetragen wird und aufgrund einer chemischen Beschichtung des Papiers in Durchschrift auf sämtlichen anderen Exemplaren erscheint. Soll dagegen aus den verschiedensten Gründen (Schutz des Geschäftsgeheimnisses, unterschiedliche Angaben für den Versendungs-/Ausfuhr- und Bestimmungsmitgliedstaat usw.) eine Angabe nicht von einem Mitgliedstaat zum anderen weitergegeben werden, so wird die Durchschrift der betreffenden Angabe vordrucktechnisch auf die für den Versendungs-/Ausfuhrmitgliedstaat bestimmten Exemplaren beschränkt.

Muss für den Bestimmungsmitgliedstaat in einem bestimmten Feld eine andere Angabe eingetragen werden als für den Versendungs-/Ausfuhrmitgliedstaat, so ist Kohlepapier zu verwenden, damit diese zusätzliche Angabe auch auf den Exemplaren Nrn. 6 bis 8 erscheint.

- b) **Vordrucksatz mit 4 Exemplaren** (nachrichtlich)

Vollständiger Vordrucksatz zu 4 Exemplaren

(25) Der Vordrucksatz mit 4 Exemplaren (Vordrucke 0751 und 0752) ist entfallen.

2. Verwendung von Teilsätzen

Teilsätze (Allgemeines)

(26) Es handelt sich um Fälle, in denen der Anmelder keinen vollständigen Vordrucksatz im Sinne der Absätze 22 bis 25 verwenden will. Er kann in diesem Fall für jeden Verfahrensabschnitt (Versendung/Ausfuhr, Versand und Bestimmung – Eingang/Einfuhr –) des Warenverkehrs mit Gemeinschafts- oder Nichtgemeinschaftswaren die jeweils für die Erfüllung der Förmlichkeiten dieses Verfahrensabschnitts benötigten Exemplare der Anmeldung verwenden **(fraktioniertes Verfahren).** Er kann diesen Exemplaren, sofern er dies wünscht, die für die Erfüllung der Förmlichkeiten für den einen oder anderen weiteren Verfahrensabschnitt erforderlichen Exemplare beifügen.

Im Falle der Verwendung von Teilsätzen sind also verschiedene Kombinationen möglich, wobei die Nummern der zu verwendenden Exemplare denen entsprechen, die in Absatz 23 aufgeführt sind.

Teilsätze beim achtfachen Vordrucksatz

(27) Auf der Grundlage des achtfachen Vordrucksatzes (0731 und 0732) sind folgende Teilsätze vorgesehen:

1. Versendung/Ausfuhr = Exemplare Nrn. 1, 2 und 3	Vordruck 0733*) und Ergänzungsvordruck 0734*) (Ausfuhranmeldung)
2. Versendung/Ausfuhr = Exemplare Nrn. 1 und 3	Vordruck 0761*) und Ergänzungsvordruck 0734*) (Unvollständige/vereinfachte Ausfuhranmeldung)
3. Versendung/Ausfuhr = Exemplare Nrn. 1, 1, 1 und 3	Vordruck 0763*) und Ergänzungsvordruck 0764*) (Ausfuhranmeldung [Zusatzblatt] für EG-Ausfuhrerstattungen)
4. Ausfuhrkontrollmeldung (§ 13 Abs. 1 AWV) = Exemplare Nrn. 1 und 3	Vordruck „Ausfuhrkontrollmeldung"*) und Ergänzungsvordruck „Ergänzungsblatt"*)
5. Passive Veredelung = Exemplare Nrn. 1, 2 und 3	Vordruck 0749*) und Ergänzungsvordruck 0750*) (Veredelungs-/Ausbesserungsschein für die passive Veredelung + Versendung/Ausfuhr)
6. Gemeinschaftliches/gemeinsames Versandverfahren = Exemplare Nrn. 1, 4 und 5 mit zusätzlichem Exemplar Nr. 4	Vordruck 0735 und Ergänzungsvordruck 0736 (Anmeldung zum gemeinschaftlichen/gemeinsamen Versandverfahren)

*) **Anmerkung:** Die mit einer durchgehenden x-Linie gekennzeichneten Felder dieses Vordrucks brauchen nicht ausgefüllt zu werden.

noch **Allgemeine Bemerkungen**

7. Bestimmung (Eingang/Einfuhr) = Exemplare Nrn. 6, 7 und 8	Vordruck 0737*) und Ergänzungsvordruck 0738*) (Zollanmeldung/Einfuhranmeldung für die Überführung von Waren in den zollrechtlich oder zoll- und steuerrechtlich freien Verkehr (einschließlich des freien Verkehrs zur besonderen Verwendung [unter zollamtlicher Überwachung] oder zu einer anderen zollrechtlichen Bestimmung)
8. Bestimmung (Eingang/Einfuhr) mit zusätzlichem Exemplar Nr. 6 = Exemplare Nrn. 6, 7, 8 und 6	Vordruck 0747*) und Ergänzungsvordruck 0748*) (wie Teilsatz Nr. 7, soweit entweder ein Exemplar für die überwachende Zollstelle [Überwachungszollstelle] oder eine Einfuhrkontrollmeldung erforderlich ist – zusätzliches Exemplar Nr. 6 –)
9. Bestimmung (Eingang/Einfuhr) mit drei Exemplaren Nr. 6 = Exemplare Nrn. 6, 7, 8, 6 und 6	Vordruck 0779*) und Ergänzungsvordruck 0780*) (wie Teilsatz Nr. 7, soweit sowohl ein Exemplar für die überwachende Zollstelle [Überwachungszollstelle] als auch eine Einfuhrkontrollmeldung erforderlich ist – zwei zusätzliche Exemplare Nr. 6 –)
10. Bestimmung (Eingang/Einfuhr) = Exemplare Nrn. 6 und 8	Vordruck 0777*) und Ergänzungsvordruck 0778*) (Vereinfachte Zollanmeldung im vereinfachten Anmeldeverfahren – VAV – sowie zur Überführung von Waren in die aktive Veredelung oder das Umwandlungsverfahren)
11. Versendung/Ausfuhr + gemeinschaftliches/gemeinsames Versandverfahren = Exemplare Nrn. 1, 1, 2, 3, 4, 4 und 5	Vordruck 0739 und Ergänzungsvordruck 0740 (Kombination Teilsätze Nrn. 1 und 6)
12. Meldung zur Intrahandelsstatistik + T2L/T2LF = Exemplare Nrn. 2 und 4	Vordruck 0745*) und Ergänzungsvordruck 0746*) (Kombination Vordruck IN und Versandpapier T2L/T2LF)
13. Gemeinschaftliches/gemeinsames Versandverfahren + Bestimmung (Eingang/Einfuhr) = Exemplare Nrn. 1, 4, 5, 6, 7 und 8 mit zusätzlichem Exemplar Nr. 4	Vordruck 0741 und Ergänzungsvordruck 0742 (Kombination Teilsätze Nrn. 6 und 7)
14. Versendung/Ausfuhr + Bestimmung (Eingang/Einfuhr) = Exemplare Nrn. 1, 2, 3, 6, 7 und 8	Vordruck 0743 und Ergänzungsvordruck 0744 (Kombination Teilsätze Nrn. 1 und 7)
15. Erstattungs-Lagerung/-Veredelung = Exemplare Nrn. 6, 6, 6 und 8	Vordruck 0782*) und Ergänzungsvordruck 0764 (Zahlungserklärung für die Erstattungs-Lagerung/-Veredelung)

*) **Anmerkung:** Die mit einer durchgehenden x-Linie gekennzeichneten Felder dieses Vordrucks brauchen nicht ausgefüllt zu werden.

(28) Ist im Bestimmungsmitgliedstaat der Gemeinschaftscharakter von Waren nachzuweisen, ist dafür nach Maßgabe der Vorschriften über den zollrechtlichen Status der Waren, das Exemplar Nr. 4 des Einheitspapiers zu verwenden.

Nachweis des Gemeinschaftscharakters von Waren (Versandpapier T L 2/T2LF)

Den Anmeldern stehen hierfür insbesondere die Vordrucke 0769, ggf. mit Ergänzungsvordruck 0770 (Exemplar Nr. 4 auf der Grundlage des achtfachen Vordrucksatzes), sowie 0745*), ggf. mit Ergänzungsvordruck 0746*) (Kombination Meldung zur Intrahandelsstatistik + T2L / T2LF – Exemplare Nrn. 2 und 4 auf der Grundlage des achtfachen Vordrucksatzes) zur Verfügung.

*) **Anmerkung:** Die mit einer durchgehenden x-Linie gekennzeichneten Felder dieses Vordrucks brauchen nicht ausgefüllt zu werden.

(29) (entfallen)

3. Zusätzliche Exemplare oder Kopien für bestimmte Verfahren

(30) Ist eine Mineralölausfuhrmeldung (§ 15 AWV) – Vordruck „Mineralölausfuhrmeldung" – erforderlich, so kann dafür ein zusätzliches Stück oder eine Kopie des Exemplars Nr. 1 verwendet werden.

Zusätzliche Exemplare oder Kopien

Ist

- a) eine Einfuhrkontrollmeldung (§ 27 a AWV),
- b) beim freien Verkehr zur besonderen Verwendung (unter zollamtlicher Überwachung) ein weiteres Stück der Zollanmeldung

erforderlich, so ist dafür ein zusätzliches Stück oder eine Kopie des Exemplars Nr. 6 zu verwenden.

Der jeweilige Verwendungszweck des zusätzlichen Exemplars (z. B. „Einfuhrkontrollmeldung") ist im Feld B „Angaben für Verbuchungszwecke" deutlich sichtbar in Druckbuchstaben einzutragen; er kann auch eingedruckt werden.

(31) In den Fällen des Absatzes 30 Buchstaben a) und/oder b) kann auch der Vordruck 0747, ggf. mit Ergänzungsvordruck 0748 oder der Vordruck 0779, ggf. mit Ergänzungsvordruck 0780 verwendet werden (siehe Absatz 27 Nrn. 8 und 9).

Anmerkungen zu den Vordrucken 0735, 0736, 0741, 0742, 0747, 0748, 0779 und 0780:

Je nach Bedarf dienen die zusätzlichen Exemplare Nr. 6 als Einfuhrkontrollmeldung und/oder als weiteres Stück der Zollanmeldung für die überwachende Zollstelle (Überwachungszollstelle).

Bei Verwendung des Vordrucks 0747 ist die jeweilige Verwendung des zusätzlichen Exemplars Nr. 6 dadurch anzugeben, dass von den im Feld B bereits eingedruckten Verwendungszwecken der jeweils nichtzutreffende zu streichen ist.

(32) Im gemeinsamen Versandverfahren verlangen Deutschland, Österreich und die Schweiz bei ihren Durchgangszollstellen jeweils ein zusätzliches Exemplar Nr. 4 oder eine Kopie des Exemplars Nr. 4 der Versandanmeldung für statistische Zwecke (Artikel 12 des Übereinkommens EWG–EFTA „Gemeinsames Versandverfahren").

(32 a) Wegen der Verwendung zusätzlicher Exemplare der Versandanmeldung T2 beim Versand verbrauchsteuerpflichtiger Waren zwischen Mitgliedstaaten über EFTA-Länder siehe Absatz 5.

(32 b) Im gemeinschaftlichen Versandverfahren kann ein zusätzliches Exemplar Nr. 5 oder eine Kopie des Exemplars Nr. 5 der Versandanmeldung T als Alternativnachweis (Nachweis der Beendigung des Versandverfahrens) verwendet werden.

(33) Zusätzliche Exemplare oder Kopien müssen vom Anmelder unterzeichnet werden; sie werden von den Zollstellen in der gleichen Weise wie die Originale anerkannt, sofern ihre Beschaffenheit und Lesbarkeit als zufriedenstellend anerkannt wird.

Druck von Vordrucksätzen durch die Anmelder

(34) Die Anmelder können auch Vordrucksätze nach ihren jeweiligen betriebsinternen Bedürfnissen (z. B. Teilsätze mit einem zusätzlichen Exemplar als Ausstellerkopie) drucken lassen, sofern die für amtliche Zwecke verwendeten Exemplare dem Muster des Einheitspapiers entsprechen.

In den Exemplaren Nrn. 1, 2 und 3 ist, soweit sie als Ausfuhranmeldung oder als unvollständige/vereinfachte Ausfuhranmeldung verwendet werden, in der Kopfleiste die der Druckerei vom Bundesamt für Wirtschaft und Ausfuhrkontrolle (BAFA) zugeteilte Nummer einzudrucken. Die bei bestimmten Vordrucken vorgenommene Kennzeichnung von nicht auszufüllenden Feldern („xxx“) dient der Erleichterung für die Anmelder, ist aber nicht zwingend.

Herstellen und Ausfüllen des Vordrucks Einheitspapier in einem Arbeitsgang mittels Datenverarbeitungsanlagen

Wird der Vordruck selbst in einem Arbeitsgang hergestellt und gleichzeitig ausgefüllt (z. B. mittels Laserdrucker), so muss der auf diese Weise hergestellte Vordruck allen Formerfordernissen der Regelung über das Muster des Einheitspapiers (einschließlich derer betreffend die Rückseite des Vordrucks) entsprechen. Abweichungen von der Druckanweisung Einheitspapier (siehe VSF Z 38 95 Nr. 1) sind nur bei

- den Anforderungen an die Farbe, in der der Vordruck zu drucken ist,
- der Verwendung von Buchstaben in Schrägschrift für Felder mit Angaben für Drittländer und
- den Bestimmungen über die farbige Grundierung der Felder für das gemeinschaftliche/gemeinsame Versandverfahren

gestattet. Darüber hinaus kann für Anmeldungen zum gemeinschaftlichen/gemeinsamen Versandverfahren sowie zum Ausfuhrverfahren/zur Wiederausfuhr nicht selbstkopierendes Papier verwendet werden, wenn die Anmeldungen im Einzelblattverfahren (z. B. mit dem Laserdrucker) hergestellt und gleichzeitig ausgefüllt werden.

Wird die vereinfachte Zollanmeldung nach Vordruck 0777 mittels einer Datenverarbeitungsanlage in einem Arbeitsgang hergestellt und gleichzeitig ausgefüllt, so ist im Feld A eine Ordnungsnummer (sechsstellig) einzudrucken; wird die Ausfuhranmeldung auf diese Weise hergestellt und ausgefüllt, so ist in der Kopfleiste die vom BAFA zugeteilte Nummer einzudrucken.

Zugelassenen Ausführern kann nach Maßgabe der Druckanweisung Einheitspapier Abschnitt B (VSF Z 38 95) vom örtlich zuständigen Hauptzollamt genehmigt werden, auch den Sonderstempeleindruck in den Exemplaren Nr. 3 der Ausfuhranmeldungen mit einer Datenverarbeitungsanlage anzubringen. Dabei wird in Feld 1 des Sonderstempels der Bundesadler durch die Länderkennung „DE“ ersetzt.

Abweichend von Unterabsatz 3 Satz 1 können die Hauptzollämter den Anmeldern auf Antrag widerruflich genehmigen, bei der Herstellung und Ausfüllung der Vordrucke 0733 sowie 0737, 0747 und 0779 des Einheitspapiers in einem Arbeitsgang (mittels Laserdrucker) auf den Druck der Rückseite des Exemplars Nr. 3 bzw. Nr. 6 zu verzichten.

Abschnitt B – Verlangte Angaben

Verlangte Angaben

(35) Die Vordrucke sind so gestaltet, dass alle Angaben, die die Mitgliedstaaten verlangen dürfen, eingetragen werden können. Einige Felder müssen immer ausgefüllt werden, während andere nur dann auszufüllen sind, wenn der Mitgliedstaat, in dem die Förmlichkeiten erfüllt werden, dies verlangt.

(36) Abgesehen von besonderen Vereinfachungen sind in Deutschland in den für die einzelnen Verfahrensabschnitte abzugebenden Anmeldungen folgende Felder **nach Maßgabe der Bemerkungen in den Titeln II und III** auszufüllen:

Verzeichnis der für die Zollverfahren verlangten Angaben

Spalten:

A: Ausfuhr/Versendung

B: Überführung von Waren mit Vorfinanzierung in ein Zolllager im Hinblick auf ihre Ausfuhr

C: Wiederausfuhr im Anschluss an ein Zollverfahren mit wirtschaftlicher Bedeutung mit Ausnahme des Zolllagerverfahrens (aktive Veredelung, vorübergehende Verwendung, Umwandlungsverfahren)

D: Wiederausfuhr im Anschluss an ein Zolllagerverfahren

E: Passive Veredelung

F: Versandverfahren

G: Gemeinschaftscharakter von Waren

H: Überführung in den zollrechtlich freien Verkehr

I: Überführung in ein Zollverfahren mit wirtschaftlicher Bedeutung mit Ausnahme der passiven Veredelung und des Zolllagerverfahrens (aktive Veredelung im Nichterhebungsverfahren, vorübergehende Verwendung, Umwandlungsverfahren)

J: Überführung in ein Zolllagerverfahren des Typs A, B, C, E*) oder F

K: Überführung in ein Zolllagerverfahren des Typs D

*) **Anmerkung:** Sofern die Bewilligung für das Zolllager Typ E vorsieht, dass die Vorschriften für das Zolllager des Typs D anzuwenden sind, sind die verlangten Angaben der Spalte K zu entnehmen.

Symbole in den Feldern:

a: Minimalanforderungen

b: Maximalanforderungen

c: Fakultativ für die Beteiligten

Allgemeine Bemerkungen

Feld Nr.	A	B	C	D	E	F	G	H	I	J	K
1(1)	a	a	a	a	a			a	a	a	a
1(2)	a	a	a	a	a			a	a	a	a
1(3)						a	a				
2	a	a	a	a	a	b	a	a	a		
2 (Nr.)	a	a	a	a	a	b	a	b	b		
3	a	a	a	a	a	a	a	a	a	a	a
4	b		b		b	a	a	b	b		
5	a	a	a	a	a	a	a	a	a	a	a
6	b		b	b	b	b		b	b		
7	c	c	c	c	c	a		c	c	c	c
8	a	a	a	a	a	a		a	a	a	a
8 (Nr.)	b	b	b	b	b	b		a	a	a	a
12								b	b		
14	a	a	a	a	a		a	a	a	a	a
14 (Nr.)	a	a	a	a	a		a	a	a	a	a
15						a					
15a	b	b	b	b	b	a[1]		a	a	b	b
17						a					
17a	a	a	a	b	a	a[1]		b	b	b	b
17b								a	b	b	b
18 (Kennzeichen)	b		b		b	a		a	b		
18 (Staatszugehörigkeit)						a					
19	a	a	a	a	a	b		a	a	a	a
20	a		b		b			a	b		b
21 (Kennzeichen)	a					a					
21 (Staatszugehörigkeit)	a		a		a	a		a	a		
22 (Währung)	a		a		a			a	a		b
22 (Betrag)	a		a		a			c	c		c
23	b		b		b			b	b		
24	a		a		a			a	a		
25	a	a	a	b	a	b		a	a	b	b
26	a	a	a	b	a	b		a	a	b	b
27						b					
29	a	a	a	b	a			a	a	b	b
30	b	b	b	b	b	b		b	b	b	b
31	a	a	a	a	a	a	a	a	a	a	a
32	a	a	a	a	a	a	a	a	a	a	a
33(1)	a	a	a	a	a	a	a	a	a	a	a
33(2)								a	a	a	a
33(3)	a	a						a	a	a	a
33(4)	a	a						a	a	a	a
33(5)	b	b	b	b	b			a	a	a	a
34a	c	a	c	c	c			a	a	a	a

Feld Nr.	A	B	C	D	E	F	G	H	I	J	K
34b	a		a		a						
35	b	a	b	a	b	a	a	a	b	a	a
36								a	a		
37(1)	a	a	a	a	a			a	a	a	a
37(2)	a	a	a	a	a			a	a	a	a
38	a	a	a	a	a	a	a	a	a	a	a
39								b	b		
40	a	a	a	a	a	a	a	a	a	a	a
41	a	a	a	a	a			a	a	a	a
42								a	a		a
43								b	b		b
44	a	a	a	a	a	a	a	a	a	a	a
45								b	b		b
46	a	a	a	b	a			a	a	b	b
47 (Art)	bc		bc		bc			a	a		a
47 (Bemessungs-grundlage)	b	b	b		b			a	a	b	a
47 (Satz)	bc		bc		bc			bc	bc		
47 (Betrag)	bc		bc		bc			bc	bc		
47 (insgesamt)	bc		bc		bc			bc	bc		
47 (ZA)	b		b		b			b	b		
48	b		b		b			b	b		
49	b	a	b	a	b			b	b	a	a
50	c		c		c	a					
51						a					
52						a					
53						a					
54	a	a	a	a	a		a	a	a	a	a
55						a					
56						a					

1): in EDV-Verfahren

Hinweis: Dient die Anmeldung von Waren zur Überführung in ein Zollverfahren gleichzeitig der Beendigung eines Zollverfahrens mit wirtschaftlicher Bedeutung, so sind zusätzlich zu den Minimalanforderungen des betreffenden Verfahrens die Anmerkungen zu den Feldern 31, 44 und 49 (siehe Titel II und III) zu beachten.

Hinweis

Werden die Vordrucke u. a. als statistische Meldungen (Exemplare 2 und 7) verwendet, müssen grundsätzlich die unter „Maximalanforderungen" aufgeführten Angaben eingetragen werden.

Anmerkungen:

1) Hinsichtlich des Vordrucks 0763 ist die auf der Rückseite des Exemplars Nr. 3 für den Versand/Ausfuhr abgedruckte „Anleitung zur Verwendung und zum Ausfüllen des Vordrucks Ausfuhranmeldung (Zusatzblatt) für EG-Ausfuhrerstattungen" zu beachten.

2) Hinsichtlich des Vordrucks 0782 ist die auf der Rückseite des Exemplars Nr. 8 für den Empfänger abgedruckte „Anleitung zur Verwendung und zum Ausfüllen des Vordrucks Zahlungserklärung für die Erstattungs- Lagerung/-Veredelung" zu beachten.

Abschnitt C – Verwendung und Ausfüllen der Vordrucke

1. Verwendung der Vordrucke

Verwendung der Vordrucke (bei der Versendung/Ausfuhr

(37) Eine Anmeldung für die Versendung/Ausfuhr (Exemplare Nrn. 1, 2 und 3) darf nur Waren umfassen, die von einem Ausstellungspflichtigen (§ 23 AHStatDV) nach einem Bestimmungsland gleichzeitig mit demselben Beförderungsmittel aus dem Erhebungsgebiet bzw. Wirtschaftsgebiet ausgehen.

(beim Versand)

(38) In einer Anmeldung für das gemeinschaftliche Versandverfahren (Exemplare Nrn. 1, 4 und 5) dürfen nur Waren aufgeführt werden, die auf ein einziges Beförderungsmittel verladen worden sind oder verladen werden sollen und die dazu bestimmt sind, von derselben Abgangsstelle zu derselben Bestimmungsstelle befördert zu werden.

(beim Eingang/bei der Einfuhr)

(39) Eine Anmeldung für die Bestimmung (Eingang/Einfuhr) – Exemplare Nrn. 6, 7 und 8 – darf nur Waren für einen Ausstellungspflichtigen aus einem Versendungs-/Ausfuhrland umfassen, die gleichzeitig bei einer Anmeldestelle anzumelden, über eine Eingangszollstelle eingegangen und für ein Bundesland bestimmt sind; bei dem Eingang/der Einfuhr von See in einen deutschen Hafen, sofern die Waren dort anzumelden sind, außerdem nur Waren, die mit einem Schiff eingegangen sind.

Ferner darf in einer Anmeldung grundsätzlich nur zu einem Zollverfahren (Feld 37, erste zwei Stellen) angemeldet werden.

(bei durchgestellten Exemplaren)

(40) Durchgestellte Exemplare Nrn. 6, 7 und 8, die in einem anderen Mitgliedstaat ausgefertigt worden sind und den Voraussetzungen des vorstehenden Absatzes entsprechen, dürfen bei der Anmeldung für die Bestimmung (Eingang/Einfuhr) verwendet werden. Sie sind entsprechend Titel II Abschnitt III des Merkblattes zu ergänzen. Soweit erforderlich, kann die Zollstelle eine Übersetzung in die deutsche Sprache verlangen.

2. Ausfüllen der Vordrucke

Ausfüllen der Vordrucke (Verwendung im anderen Mitgliedstaat)

(41) In allen Fällen, in denen der gewählte Vordrucksatz mindestens ein Exemplar enthält, das in einem anderen Mitgliedstaat als dem verwendet werden soll, in dem der Vordruck ursprünglich ausgefüllt wurde, sind die Vordrucke mit Schreibmaschine oder mittels eines mechanografischen oder eines ähnlichen Verfahrens auszufüllen. Um das Ausfüllen mit der Schreibmaschine zu erleichtern, ist der Vordruck so einzuspannen, daß der erste Buchstabe der im Feld Nr. 2 einzutragenden Angaben im Positionskästchen in der linken oberen Ecke erscheint.

(bei Verwendung in Deutschland bzw. für das gVV)

(42) Auch in den Fällen, in denen alle Exemplare des gewählten Vordrucksatzes nur in Deutschland verwendet werden (beispielsweise die Ausfuhranmeldung, sofern die Ausfuhr nicht über das Gebiet eines anderen Mitgliedstaats der Gemeinschaft erfolgt) oder die dafür jeweils vorgesehenen Exemplare als Anmeldung zum gemeinschaftlichen Versandverfahren oder als Versandpapier T2L/T2LF verwendet werden, sollten sie mit Schreibmaschine oder mittels eines mechanografischen oder eines ähnlichen Verfahrens ausgefüllt werden. Werden sie handschriftlich ausgefüllt, so sind sie leserlich mit Tinte oder Kugelschreiber und in Druckbuchstaben auszufüllen.

(bei Änderungen usw.)

(43) Die Formulare dürfen weder Rasuren noch Übermalungen aufweisen. Etwaige Änderungen sind so vorzunehmen, dass die unzutreffenden Angaben gestrichen und ggf. die gewünschten Eintragungen hinzugefügt werden. Jede derartige Änderung muss von dem, der sie vorgenommen hat, bestätigt und von den zuständigen Behörden abgezeichnet werden. Diese Behörden können ggf. verlangen, dass eine neue Anmeldung abgegeben wird.

(mit Hilfe eines Reproduktionsverfahrens)

(44) Außerdem können die Vordrucke mit Hilfe eines Reproduktionsverfahrens anstelle eines der vorgenannten Verfahren ausgefüllt werden. Sie können auch mittels eines Reproduktionsverfahrens hergestellt und gleichzeitig ausgefüllt werden; dies gilt jedoch nur unter der Voraussetzung, dass die Bestimmungen über die Vordruckmuster, über das Vordruckpapier und -format, über die zu verwendende Sprache, über die Leserlichkeit, über das Verbot von Rasuren und Übermalungen sowie über Änderungen eingehalten werden.

Umfang

(45) Nur die mit einer Nummer versehenen Felder sind erforderlichenfalls auszufüllen. Die mit einem Großbuchstaben versehenen Felder sind ausschließlich amtlichen Eintragungen vorbehalten. Lediglich im Feld B kann bei nur in Deutschland verwendeten Exemplaren auf Besonderheiten bei der Verwendung des Exemplars hingewiesen werden (siehe z. B. Absatz 30).

Zollnummer

(46) In einer Anmeldung für die Versendung/Ausfuhr, den Versand und die Bestimmung (Eingang/Einfuhr) haben nachstehende Beteiligte eine Zollnummer einzutragen, sofern die Ausfüllung der betreffenden Felder vorgeschrieben ist:

Anmelder	Feld 14
Vertreter des Anmelders (i. S.v. Artikel 5 Abs. 2 Satz 1 Zollkodex)	Feld 14
Empfänger	Feld 8
Ausführer	Feld 2
Subunternehmer (i. S.v. Artikel 789 Zollkodex – DVO)	Feld 2
Hauptverpflichteter	Feld 50

Die Pflicht zur Angabe einer Zollnummer schließt auch ausländische Beteiligte ein.

Für den vorstehend genannten Beteiligtenkreis gelten folgende Besonderheiten:

– a) In Zollanmeldungen, die von der Post oder Express- und Kurierdiensten für ihre Kunden abgegeben werden, sind nur dann Zollnummern anzugeben, wenn der Beteiligte zum Vorsteuerabzug berechtigt ist. Das Gleiche gilt bei schriftlichen Zollanmeldungen im Reiseverkehr.

– b) Bis auf weiteres ist in Versandanmeldungen sowie bei der Ausfuhr (einschl. passive Veredelung) die Angabe der Zollnummer des Empfängers nicht erforderlich.

– c) Erfolgt die Ausfuhrlieferung durch den Ausführer unter Einbeziehung eines Subunternehmers i. S.v. Artikel 789 Zollkodex-DVO, ist die Angabe einer Zollnummer für den Subunternehmer (im Einheitspapier Feld 2) nicht erforderlich.

– d) Die genannten Beteiligten benötigen keine Zollnummer, wenn sie nur gelegentlich, d. h. voraussichtlich nicht mehr als drei Mal pro Jahr als Beteiligte bei der Abgabe von Zollanmeldungen auftreten.

Die Zollnummer wird auf Antrag kostenlos von der Koordinierenden Stelle ATLAS, Postfach 10 02 65. 76232 Karlsruhe (Tel. 07 21/79 09-0, Fax 07 21/79 09-1 10) vergeben. Einzelheiten, insbesondere der für die Antragstellung vorgesehene Vordruck, sind in der „Dienstvorschrift zur Vergabe und Verwendung der Zollnummer“, abgedruckt in der Vorschriftensammlung Bundesfinanzverwaltung (VSF) unter Z 30 70 Nr. 2, geregelt.

Die VSF kann bei jeder Zolldienststelle in Deutschland eingesehen werden.

Vor Zollnummern, die von der Koordinierenden Stelle ATLAS vergeben wurden, ist bündig und ohne Leerzeichen das Kennzeichen „DE“ zu setzen.

Unterschriftsleistung

(47) Je nach angemeldetem Zollverfahren sind die Exemplare

– Nr. 1 (für die Ausfuhr – Ausfuhranmeldung –, den Versand und die passive Veredelung),
– Nr. 2 (für die Versendung/Ausfuhr – Ausfuhranmeldung),
– Nr. 4 (als Nachweis des Gemeinschaftscharakters von Waren) oder
– Nr. 6 und Nr. 7 (für die Bestimmung – Eingang/Einfuhr –)

vom Anmelder handschriftlich zu unterzeichnen.

Vorschriften über den Einsatz von Datenverarbeitungsanlagen können Abweichendes regeln.

Im Zusammenhang mit den Förmlichkeiten bei der Versendung/Ausfuhr und bei der Bestimmung (Eingang/Einfuhr) übernimmt der Anmelder mit seiner Unterschrift (in Feld 54) nach den Rechtsvorschriften der Mitgliedstaaten die Verantwortung für

– die Richtigkeit der in der Zollanmeldung enthaltenen Angaben;
– die Echtheit der beigefügten Unterlagen;
– die Einhaltung aller Verpflichtungen im Zusammenhang mit der Überführung der Waren in das betreffende Zollverfahren.

Im gemeinschaftlichen Versandverfahren übernimmt der Hauptverpflichtete mit seiner Unterschrift oder ggf. der Unterschrift seines Vertreters (in Feld 50) die Verantwortung für alle Angaben in der Versandanmeldung.

Prüfung der Anmeldung durch den Anmelder

(48) Im Zusammenhang mit den Förmlichkeiten für das Ausfuhrverfahren sowie in bestimmten Fällen der Wiederausfuhr, für das gemeinschaftliche Versandverfahren und bei der Bestimmung (Eingang/Einfuhr) muss jeder Anmelder den Inhalt seiner Anmeldung genau prüfen. Insbesondere ist jede festgestellte Abweichung zwischen den anzumeldenden Waren und den Angaben, die sich ggf. schon auf den zu verwendenden Vordrucken befinden, unverzüglich der Zollstelle mitzuteilen. In einem derartigen Fall müssen für die Anmeldung neue Vordrucke verwendet werden.

Vorbehaltlich Titel III dürfen Felder, die nicht auszufüllen sind, keinerlei Angaben oder Zeichen aufweisen.*)

*) **Anmerkung:** Unberührt bleibt die in einigen Teilsätzen aus Vereinfachungsgründen eingedruckte Kennzeichnung von Feldern, deren Ausfüllen nicht notwendig ist.

Abschnitt D – Hinweise nach § 4 Abs. 3 des Bundesdatenschutzgesetzes und § 17 des Bundesstatistikgesetzes

Hinweise nach § 4 Abs. 3 des Bundesdatenschutzgesetzes und § 17 des Bundesstatistikgesetzes (Rechtsgrundlagen)

(49) Zu den Angaben in diesem Fragebogen ist der Anmelder nach folgenden Rechtsgrundlagen verpflichtet:

1. Verordnung (EWG) Nr. 2913/92 des Rates vom 12. Oktober 1992 zur Festlegung des Zollkodex der Gemeinschaften (ABl. EG Nr. L 302 S. 1, 1993 Nr. L 79 S. 84, 1996 Nr. L 97 S. 38), zuletzt geändert durch Artikel 1 der Verordnung (EG) Nr. 648/2005 des Europäischen Parlaments und des Rates vom 13. April 2005 (ABl. EU Nr. L 177 S. 13) – **Zollkodex** –,

   Verordnung (EWG) Nr. 2454/93 der Kommission vom 2. Juli 1993 mit **Durchführungsvorschriften** zu der Verordnung (EWG) Nr. 2913/92 des Rates zur Festlegung des Zollkodex der Gemeinschaften (ABl. EG 1993 Nr. L 253 S. 1, 1994 Nr. L 268 S. 32, 1996 Nr. L 180 S. 34, 1997 Nr. L 156 S. 59, 1999 Nr. L 111 S. 88), zuletzt geändert durch Verordnung (EG) Nr. 402/2006 der Kommission vom 8. März 2006 (ABl. EU Nr. L 70 S. 35) – **Zollkodex-DVO** – soweit in dieser Verordnung Angaben verlangt werden (siehe insbesondere Anhänge 37 und 38),

   Übereinkommen zwischen der Europäischen Wirtschaftsgemeinschaft und den EFTA-Ländern zur Vereinfachung der Förmlichkeiten im Warenverkehr (Beschluss des Rates vom 28. April 1987).

2. Übereinkommen zwischen der Europäischen Wirtschaftsgemeinschaft und den EFTA-Ländern über ein gemeinsames Versandverfahren (Beschluss des Rates vom 15. Juni 1987),

   Beschluss Nr. 4/92 des Kooperationsausschusses EWG–San Marino, Beschluss Nr. 1/2003 des Gemischten Ausschusses EG–Andorra.

3. § 5 Abs. 1 Nr. 3 und § 21 Abs. 2 Satz 1 Umsatzsteuergesetz in der Fassung der Bekanntmachung vom 21. Februar 2005 (BGBl. I S. 386), zuletzt geändert durch Artikel 8 des Gesetzes vom 22. August 2006 (BGBl. I S. 1970).

4. § 9 Abs. 2 Umsatzsteuer-Durchführungsverordnung in der Fassung der Bekanntmachung vom 21. Februar 2005 (BGBl. I S. 434), zuletzt geändert durch Artikel 9 des Gesetzes vom 22. August 2006 (BGBl. I S. 1970).

5. § 21 Tabaksteuergesetz – TabStG –, § 13 Abs. 1 Biersteuergesetz – BierStG –, § 147 Abs. 1 Branntweinmonopolgesetz – BranntwMonG –, § 17 Abs. 1 und § 23 Abs. 3 Schaumwein- und Zwischenerzeugnissteuergesetz – SchaumwZwStG –, §§ 19, 35 und 41 Energiesteuergesetz – EnergieStG –, § 13 Abs. 1 Kaffeesteuergesetz – KaffeeStG – in der jeweils geltenden Fassung,

   § 39 Abs. 6, § 47 Branntweinsteuerverordnung – BrStV –, §§ 43, 71 und 82 Energiesteuerverordnung – EnergieStV –; § 25 Abs. 5, §§ 33, 36 und 39 Abs. 3 Schaumwein- und Zwischenerzeugnissteuerverordnung – SchaumwZwStV –, § 20 Abs. 3, § 23 Tabaksteuerdurchführungsverordnung – TabStV –, § 20 Abs. 5, § 24 Biersteuerverordnung – BierStV –, § 13 Abs. 1 und 4 Kaffeesteuerverordnung – KaffeeStV – in der jeweils geltenden Fassung.

6. Außenwirtschaftsgesetz – AWG – in der Fassung der Bekanntmachung vom 26. Juni 2006 (BGBl. I S. 1386), i. V. m. Verordnung zur Durchführung des Außenwirtschaftsgesetzes – Außenwirtschaftsverordnung (AWV) – in der Fassung der Bekanntmachung vom 22. November 1993 (BGBl. I S. 1934, 2493), zuletzt geändert durch die Verordnung vom 10. Juli 2006 (BAnz. Nr. 132, S. 5093).

7. Verordnung (EG) Nr. 1172/95 des Rates vom 22. Mai 1995 über die Statistiken des Warenverkehrs der Gemeinschaft und ihrer Mitgliedstaaten mit Drittländern (ABl. EG Nr. L 118 S. 10), zuletzt geändert durch Anhang II Nr. 17 der Verordnung (EG) Nr. 1882/2003 des Europäischen Parlaments und des Rates vom 29. September 2003 (ABl. EU Nr. L 284 S. 1).

   Verordnung (EG) Nr. 1917/2000 der Kommission vom 7. September 2000 zur Durchführung der Verordnung (EG) Nr. 1172/95 des Rates im Hinblick auf die Außenhandelsstatistik (ABl. EG Nr. L 229 S. 14), zuletzt geändert durch die Verordnung (EG) Nr. 1949/2005 der Kommission vom 28. November 2005 (ABl. EU Nr. L 312 S. 10),

   Verordnung (EWG) Nr. 2658/87 des Rates vom 23. Juli 1987 über die zolltarifliche und statistische Nomenklatur sowie den Gemeinsamen Zolltarif (ABl. EG Nr. L 256 S. 1), zuletzt geändert durch Verordnung (EG) Nr. 996/2006 der Kommission vom 29. Juni 2006 (ABl. EU Nr. L 179 S. 26),

   Verordnung (EG) Nr. 638/2004 des Europäischen Parlaments und des Rates vom 31. März 2004 über die Gemeinschaftsstatistiken des Warenverkehrs zwischen Mitgliedstaaten und zur Aufhebung der Verordnung (EWG) Nr. 3330/91 des Rates (ABl. EU Nr. L 102 S. 1),

   Verordnung (EG) Nr. 1982/2004 der Kommission vom 18. November 2004 zur Durchführung der Verordnung (EG) Nr. 638/2004 des Europäischen Parlaments und des Rates über die Gemeinschaftsstatistiken des Warenverkehrs zwischen Mitgliedstaaten und zur Aufhebung der Verordnungen (EG) Nr. 1901/2000 und (EWG) Nr. 3590/92 der Kommission (ABl. EU Nr. L 343 S. 3), zuletzt geändert durch die Verordnung (EG) Nr. 1915/2005 der Kommission vom 24. November 2005 (ABl. EU Nr. L 307 S. 8)

Allgemeine Bemerkungen

Gesetz über die Statistik des grenzüberschreitenden Warenverkehrs (Außenhandelsstatistikgesetz – AHStatGes) in der im Bundesgesetzblatt Teil III, Gliederungsnummer 7402-1 veröffentlichten bereinigten Fassung, zuletzt geändert durch Artikel 120 der Verordnung vom 25. November 2003 (BGBl. I S. 2304),

Verordnung zur Durchführung des Gesetzes über die Statistik des grenzüberschreitenden Warenverkehrs (Außenhandelsstatistik-Durchführungsverordnung – AHStatDV) in der Fassung der Bekanntmachung vom 29. Juli 1994 (BGBl. I S. 1993), zuletzt geändert durch Verordnung vom 17. Dezember 2004 (BGBl. I S. 3525),

Bundesstatistikgesetz – BStatG – vom 22. Januar 1987 (BGBl. I S. 462, 565), zuletzt geändert durch Artikel 2 des Gesetzes vom 9. Juni 2005 (BGBl. I S. 1534).

Die unter Nrn. 1 bis 7 aufgeführten Vorschriften sind in der Vorschriftensammlung Bundesfinanzverwaltung (VSF) abgedruckt. Die Vorschriftensammlung kann bei jeder Zolldienststelle in Deutschland eingesehen werden.

Die Angaben zur Erfüllung der Versendungs-/Ausfuhrförmlichkeiten werden für Zwecke der Außenhandelsstatistik (Sie wird durch das Statistische Bundesamt erhoben und ausgewertet), des Zollrechts und des Außenwirtschaftsrechts, die Angaben für das gemeinschaftliche Versandverfahren aus zollrechtlichen Gründen, benötigt (Auswertung durch die Zollverwaltung und ggf. warenabhängig durch das Bundesamt für Wirtschaft und Ausfuhrkontrolle (BAFA) und die Bundesanstalt für Landwirtschaft und Ernährung). Die Angaben zur Erfüllung der Förmlichkeiten bei der Bestimmung (Eingang/Einfuhr) dienen zollrechtlichen, außenwirtschaftsrechtlichen und außenhandelsstatistischen Zwecken.

Die Außenhandelsstatistik dient dem Zweck, aktuelle Daten über den grenzüberschreitenden Warenverkehr Deutschlands in den vielfältigsten Gliederungen bereitzustellen. Solche Ergebnisse werden von den Gemeinschaftsorganen, den nationalen Regierungen, Wirtschafts- und Unternehmensverbänden, Instituten der Marktforschung und Marktbeobachtung sowie Unternehmen benötigt, um u. a. Analysen über die eigene internationale Wettbewerbsfähigkeit, die Import- und Exportabhängigkeit bei einzelnen Gütern und Branchen sowie über Preisentwicklungen im Außenhandel durchführen zu können. Folglich ist das Ziel der statistischen Beobachtung auch ausschließlich die Darstellung der tatsächlichen Warenbewegungen zwischen Deutschland und dem Ausland.

Die Auskunftsverpflichtung ergibt sich aus §§ 9, 4 und 7 AHStatGes in Verbindung mit §§ 15, 26 Abs. 4 Satz 1 BStatG. D. h. die Auskunftspflichtigen (z. B. der Einführer oder der Ausführer) haben die Waren im Rahmen der vorgeschriebenen Zollbehandlung mit dem jeweils zutreffenden statistischen Anmeldeschein entsprechend den vorgeschriebenen Erhebungsmerkmalen anzumelden und für eventuelle ergänzende statistische Auskünfte zur Verfügung zu stehen.

Die Zollstellen sind Anmeldestellen für die Außenhandelsstatistik (§ 5 AHStatG).

Widerspruch und Anfechtungsklage gegen die Aufforderung zur Auskunftserteilung haben gemäß § 15 Abs. 6 BStatG keine aufschiebende Wirkung.

Die erhobenen Einzelangaben werden nach § 16 BStatG grundsätzlich geheim gehalten. Nur in ausdrücklich gesetzlich geregelten Ausnahmefällen dürfen Einzelangaben übermittelt werden.

Eine Übermittlung der erhobenen Angaben ist nach § 11 AHStatGes in Verbindung mit §§ 16 Abs. 4 und § 26 Abs. 3 BStatG an oberste Bundes- und Landesbehörden in Form von Tabellen mit statistischen Ergebnissen zulässig, auch soweit Tabellenfelder nur einen einzigen Fall ausweisen.

Nach § 16 Abs. 6 BStatG ist es auch zulässig, den Hochschulen oder sonstigen Einrichtungen mit der Aufgabe unabhängiger wissenschaftlicher Forschung für die Durchführung wissenschaftlicher Vorhaben Einzelangaben zur Verfügung zu stellen, wenn diese so anonymisiert sind, dass sie nur mit einem unverhältnismäßig großen Aufwand an Zeit, Kosten und Arbeitskraft dem Befragten oder Betroffenen zugeordnet werden können.

Nach Artikel 22 der Verordnung (EG) Nr. 1172/95 werden die aufbereiteten statistischen Ergebnisse verbreitet. Auf Antrag des Ausführers oder Einführers, der beim Statistischen Bundesamt zu stellen ist, werden jedoch die statistischen Ergebnisse, die seine indirekte Identifizierung erlauben, nicht verbreitet, oder sie werden zusammengefasst, damit bei ihrer Verbreitung die statistische Geheimhaltung gewahrt bleibt.

Nach § 47 des Gesetzes gegen Wettbewerbsbeschränkungen (GWB) in der Fassung der Bekanntmachung vom 15. Juli 2005 (BGBl. I S. 2114), zuletzt geändert durch Artikel 1 des Gesetzes vom 1. September 2005 (BGBl. I S. 2676), werden der Monopolkommission für die Begutachtung der Entwicklung der Unternehmenskonzentration zusammengefasste Einzelangaben über die Vomhundertanteile der größten Unternehmensgruppen, Unternehmen, Betriebe oder fachlichen Teile von Unternehmen des jeweiligen Wirtschaftsbereichs übermittelt. Hierbei dürfen die zusammengefassten Einzelangaben nicht weniger als drei Einheiten betreffen und keine Rückschlüsse auf zusammengefasste Angaben von weniger als drei Einheiten ermöglichen.

Die Pflicht zur Geheimhaltung besteht auch für Personen, die Empfänger von Einzelangaben sind. Name und Anschrift der Auskunftspflichtigen sowie Ort, Datum und Unterschrift sind **Hilfsmerkmale,** die lediglich der technischen Durchführung der Erhebung dienen.

Die Hilfsmerkmale Name und Anschrift werden zur Führung des Unternehmensregisters für statistische Verwendungszwecke **(Statistikregister)** verwendet. Rechtsgrundlagen hierfür sind § 13 BStatG und die Verordnung (EWG) Nr. 2186/93 des Rates vom 22. Juli 1993 über die innergemeinschaftliche Koordinierung des Aufbaus von Unternehmensregistern für statistische Verwendungszwecke (ABl. EG Nr. L 196 S. 1) geändert durch Anhang II Nr. 15 der Verordnung (EG) Nr. 1882/2003 des Europäischen Parlaments und des Rates vom 29. September 2003 (ABl. EU Nr. L 284 S. 1).

Zwei Jahre nach Ablauf des Berichtsjahres, in dem die Meldungen abgegeben worden sind, werden die Fragebögen **vernichtet** (Artikel 34 der Verordnung (EG) Nr. 1917/2000).

Soweit bestimmte Felder in Deutschland nicht auszufüllen sind, ist dies bei den Bemerkungen zu den einzelnen Feldern ausgeführt. Ob und inwieweit diese Felder für Erfordernisse anderer Mitgliedstaaten auszufüllen sind, richtet sich nach deren nationalen Vorschriften.

In den Bemerkungen zu den einzelnen Feldern ist bei jeder Feldnummer die Rechtsgrundlage durch Angabe der jeweiligen Nummer des Abschnitts D vermerkt.

Titel II – Bemerkungen zu den einzelnen Feldern

Abschnitt I – Förmlichkeiten bei der Versendung/Ausfuhr und beim Versand

Hinweise:

Hinweise

1. Zur Erfüllung der Förmlichkeiten beim Versand (Exemplare Nrn. 1, 4 und 5) brauchen nur Felder mit einem grünen Grund ausgefüllt zu werden.
2. Dieser Abschnitt ist auch für die Ausfüllung des Versandpapiers T2L/T2LF maßgebend. Im Versandpapier T2L/T2LF brauchen nur die auf dem Exemplar Nr. 4 des Einheitspapiers in Feld „Wichtiger Hinweis" genannten Felder ausgefüllt zu werden.
3. Hinsichtlich des Vordrucks 0763 ist die auf der Rückseite des Exemplars Nr. 3 für den Versender/Ausführer abgedruckte „Anleitung zur Verwendung und zum Ausfüllen des Vordrucks Ausfuhranmeldung (Zusatzblatt) für EG-Ausfuhrerstattungen" zu beachten.

Feld 1
Anmeldung

In die Unterfelder sind folgende Kurzbezeichnungen bzw. Codes einzutragen:

1. **Erstes Unterfeld**

(Auszufüllen bei der Versendung/Ausfuhr).

Folgende Kurzbezeichnungen sind zu verwenden:

EU: Im Warenverkehr zwischen der Gemeinschaft und den EFTA-Ländern*) für

– eine Anmeldung zur Ausfuhr von Gemeinschaftswaren bzw. Wiederausfuhr von Nichtgemeinschaftswaren aus dem Zollgebiet der Gemeinschaft nach einem EFTA-Land.

EX: – Im Warenverkehr zwischen der Gemeinschaft und anderen Drittländern als den EFTA-Ländern für eine Anmeldung zur Ausfuhr von Gemeinschaftswaren bzw. Wiederausfuhr von Nichtgemeinschaftswaren aus dem Zollgebiet der Gemeinschaft nach einem anderen Drittland als einem EFTA-Land,

– im Warenverkehr zwischen den Mitgliedstaaten der Gemeinschaft für eine Anmeldung zur Versendung von Nichtgemeinschaftswaren.

CO: Im Warenverkehr zwischen den Mitgliedstaaten der Gemeinschaft für

– eine Anmeldung zur Versendung von Gemeinschaftswaren, die während einer Übergangszeit nach dem Beitritt neuer Mitgliedstaaten besonderen Maßnahmen unterliegen,

– eine Anmeldung zur Überführung von Waren mit Vorfinanzierung in ein Zolllager oder in eine Freizone,

– eine Anmeldung von Gemeinschaftswaren in ein Lagerverfahren,

– eine Anmeldung zur Versendung von Gemeinschaftswaren i. R. d. Warenverkehrs zwischen Teilen des Zollgebiets der Gemeinschaft, in denen die Vorschriften der Richtlinie 77/388/EWG anwendbar sind und solchen Teilen dieses Gebiets, in denen diese Vorschriften nicht gelten sowie im Rahmen des Warenverkehrs zur Versendung zwischen Teilen dieses Gebiets, in denen diese Vorschriften nicht anwendbar sind.

*) **Anmerkung:** Siehe Titel I – Allgemeine Bemerkungen – Absatz 12 a.

2. **Zweites Unterfeld**

(Auszufüllen bei der Versendung/Ausfuhr).

Folgende Codes sind zu verwenden:

A – für eine Ausfuhranmeldung (normales Verfahren, Artikel 62 ZK)

B – für eine unvollständige Ausfuhranmeldung (vereinfachtes Verfahren, Artikel 76 Abs. 1 Buchstabe a) ZK)

C – für eine vereinfachte Ausfuhranmeldung (vereinfachtes Verfahren, Artikel 76 Abs. 1 Buchstabe b) ZK)

X – für eine ergänzende Ausfuhranmeldung eines unter B definierten vereinfachten Verfahrens

Y – für eine ergänzende Ausfuhranmeldung eines unter C definierten vereinfachten Verfahrens

Z – für eine ergänzende Ausfuhranmeldung im Rahmen eines vereinfachten Verfahrens gemäß Artikel 76 Abs. 1 Buchstabe c) ZK (Anschreibung der Waren in der Buchführung)

Hinweis:
Im elektronischen Ausfuhrsystem ATLAS-Ausfuhr werden an dieser Stelle abweichende Codierungen verwendet – für Einzelheiten siehe das unter www.zoll.de eingestellte EDIFACT-Implementierungshandbuch in der jeweils geltenden Fassung.

Hinweis zur Verwendung des Codes „Z“:
Zugelassene Ausführer haben den Code „Z“ auch auf dem Exemplar Nr. 3 der Ausfuhranmeldung einzutragen.

3. **Drittes Unterfeld**

(Nur auszufüllen beim Versand oder Nachweis des Gemeinschaftscharakters).

Folgende Kurzbezeichnungen sind zu verwenden:

T 1 – Waren, die im externen gemeinschaftlichen Versandverfahren befördert werden sollen,

T 2 – Waren, die gemäß Artikel 163 oder 165 Zollkodex, außer im Falle des Artikels 340 c Abs. 1 Zollkodex-DVO im internen gemeinschaftlichen Versandverfahren befördert werden sollen,

T 2 F – Waren, die gemäß Artikel 340 c Abs. 1 Zollkodex-DVO im internen gemeinschaftlichen Versandverfahren befördert werden sollen,

T – Gemischte Sendungen gemäß Artikel 351 Zollkodex-DVO,

T 2 L – Versandpapier zum Nachweis des Gemeinschaftscharakters der Waren,

T 2 LF – Versandpapier zum Nachweis des Gemeinschaftscharakters von Waren mit Bestimmung in einem Teil des Zollgebiets der Gemeinschaft, in dem die Richtlinie 77/388/EWG des Rates keine Anwendung findet.

Beispiele zur Ausfüllung des Feldes Nr. 1:

EX	A	

(= Endgültige Ausfuhr von Gemeinschaftswaren in ein anderes Drittland als ein EFTA-Land).

		T 1

(= Versand von Nichtgemeinschaftswaren im externen gemeinschaftlichen Versandverfahren).

Rechtsgrundlage: Titel I Abschnitt D Nrn. 1, 2, 6 und 7.

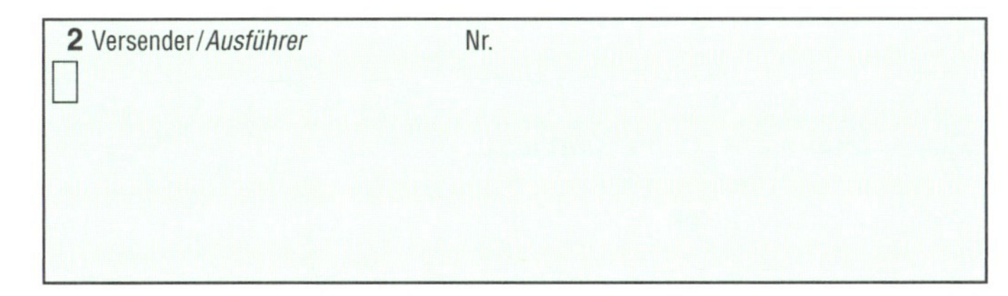
2 Versender/*Ausführer* Nr.

Feld 2 Versender/ Ausführer

Als Versender/Ausführer ist die Person anzugeben, für deren Rechnung die Versendungs-/Ausfuhranmeldung abgegeben wird und die zum Zeitpunkt der Annahme dieser Anmeldung Eigentümer der Waren ist oder eine ähnliche Verfügungsberechtigung besitzt (Art. 788 Zollkodex-DVO). Dies gilt sowohl bei genehmigungsfreien als auch bei genehmigungspflichtigen Ausfuhren. Bei passiver Veredelung ist grundsätzlich der Bewilligungsinhaber der Ausführer. In anderen Fällen ist die Anmeldung zur Überführung in die passive Veredelung auf Rechnung des Bewilligungsinhabers abzugeben.

Ist der Eigentümer oder in ähnlicher Weise Verfügungsberechtigte gemäß den Bestimmungen des Ausfuhrrechtsgeschäftes außerhalb der Gemeinschaft ansässig, so gilt der in der Gemeinschaft ansässige Beteiligte des Rechtsgeschäftes als Ausführer. Wer als Subunternehmer i. S. v. Artikel 789 Zollkodex-DVO tätig wird, ist neben dem Ausführer als 2. Person anzugeben. Wer lediglich als Spediteur oder Frachtführer oder in einer ähnlichen Stellung bei dem Verbringen von Waren tätig wird, ist nicht Versender/Ausführer.

Einzutragen sind Name und Vorname bzw. Firma und vollständige Anschrift (Hausadresse).

Rechts neben Namen und Anschrift des Versenders/Ausführers ist unter „Nr." die Zollnummer einzutragen (siehe Absatz 46 der Allgemeinen Bemerkungen).

Vor Zollnummern, die von der Koordinierenden Stelle ATLAS vergeben wurden, ist bündig und ohne Leerzeichen das Kennzeichen „DE" zu setzen.

Bei Ausfuhr mit unvollständiger/vereinfachter Ausfuhranmeldung durch einen Subunternehmer (Subunternehmer i. S. d. Artikels 789 ZK-DVO) ist zusätzlich auch dessen Name und Vorname bzw. Firma und vollständige Anschrift (Hausadresse) sowie die Zollnummer einzutragen.

Beim Versand erfolgt nur eine Anmeldung „Versender/Ausführer", wenn eine Kopie der Versandanmeldung für Umsatzsteuerzwecke genutzt werden soll.

Rechtsgrundlage: Titel I Abschnitt D Nrn. 1, 2, 4 und 7.

3 Vordrucke

Feld 3 Vordrucke

Anzugeben ist die lfd. Nummer in Verbindung mit der Gesamtzahl der verwendeten Vordrucksätze (z. B. EU und EU/c, EX und EX/c oder CO und CO/c zusammen). **Beispiel:** Werden ein Vordruck EX und zwei Vordrucke EX/c vorgelegt, so ist der Vordruck EX mit 1/3, der erste Vordruck EX/c mit 2/3 und der zweite Vordruck EX/c mit 3/3 zu bezeichnen.

Bezieht sich die Anmeldung nur auf eine Warenposition (d. h. nur ein einziges Feld „Warenbezeichnung" ist auszufüllen), wird im Feld Nr. 5 lediglich die Ziffer 1, im Feld Nr. 3 aber nichts angegeben.

Werden anstelle eines Vordrucksatzes mit 8 Exemplaren zwei Vordrucksätze mit je 4 Exemplaren verwendet, so gelten die beiden als ein Vordrucksatz.

Bei Verwendung von Ergänzungsvordrucken BIS

- sind die nicht verwendeten Felder Nr. 31 „Packstücke und Warenbezeichnung" so durchzustreichen, dass jede spätere Benutzung ausgeschlossenen ist;

- wenn das dritte Unterfeld des Feldes Nr. 1 die Kurzbezeichnung „T" enthält, sind die Felder Nrn. 32 „Positions-Nr.", 33 „Warennummer", 35 „Rohmasse (Kg)", 38 „Eigenmasse (Kg)", 40 „Summarische Anmeldung/Vorpapier" und 44 „Besondere Vermerke/Vorgelegte Unterlagen/Bescheinigungen und Genehmigungen" der ersten Warenposition der Versandanmeldung durchzustreichen; das erste Feld Nr. 31 „Packstücke und Warenbezeichnung" dieser Versandanmeldung darf nicht für die Angabe der Zeichen und Nummern, Anzahl und Art der Packstücke und der Warenbezeichnung verwendet werden. Im ersten Feld Nr. 31 der Versandanmeldung ist jeweils die Anzahl der Ergänzungsvordrucke mit der entsprechenden Kurzbezeichnung T1bis, T2bis oder T2Fbis einzutragen.

Rechtsgrundlage: Titel I Abschnitt D Nrn. 1, 2 und 7.

noch **Versendung / Ausfuhr und Versand**

Feld 4 Ladelisten

4 Ladelisten

(Auszufüllen beim Versand und Ausfuhr von Marktordnungswaren mit Ausfuhrerstattung).

Anzugeben ist die Anzahl der ggf. verwendeten und beigefügten Ladelisten.

Ladelisten und Ergänzungsvordrucke (z. B. T 1 BIS) dürfen nicht nebeneinander verwendet werden.

Rechtsgrundlage: Titel I Abschnitt D Nrn. 1 und 2.

Feld 5 Positionen

5 Positionen

Anzugeben ist die Gesamtzahl der vom Anmelder auf allen verwendeten Vordrucken z. B. EU und EU/c, EX und EX/c oder CO und CO/c (oder Ladelisten) angemeldeten Warenpositionen. Die Anzahl der Warenpositionen entspricht der Zahl der Felder „Warenbezeichnung“, die ausgefüllt sein müssen.

Rechtsgrundlage: Titel I Abschnitt D Nrn. 1, 2 und 7.

Feld 6 Packstücke insgesamt

6 Packst. insgesamt

(In Deutschland nicht auszufüllen).

Feld 7 Bezugsnummer

7 Bezugsnummer

(Auszufüllen beim Versand; bei Versendung/Ausfuhr Ausfüllung freigestellt).

Es handelt sich um die Nummer, die der Anmelder der betreffenden Sendung aus innerbetrieblichen Gründen gegeben hat.

Rechtsgrundlage: Titel I Abschnitt D Nrn. 1 und 2.

Feld 8 Empfänger

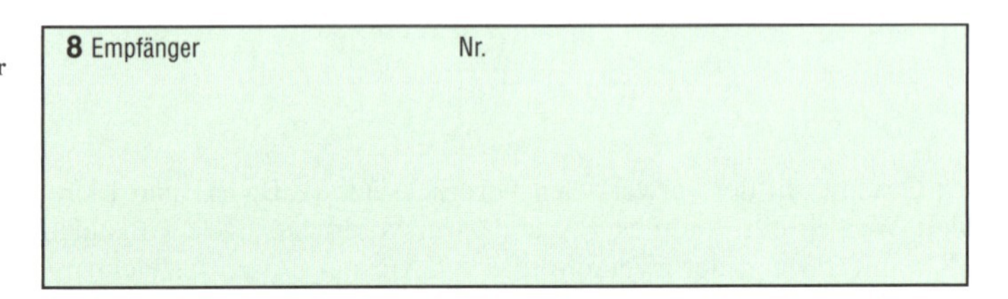

Anzugeben sind Name und Vorname bzw. Firma und vollständige Anschrift der Person (Personen), der (denen) die Waren auszuliefern sind. Bei der Versendung/Ausfuhr ist dies in aller Regel der im Bestimmungsland der Sendung (siehe Feld Nr. 17a) ansässige Endempfänger. Im Falle der passiven Veredelung/Ausbesserung entspricht diese Person dem drittländischen Veredeler. Ist der im Bestimmungsland der Sendung ansässige Endempfänger nicht bekannt, so ist der letzte dem Anmelder bekannte Empfänger im Bestimmungsland anzugeben. Bei Ausfuhr kann die Angabe „Verschiedene – 00200“ eingetragen werden, sofern die einzelnen Empfänger in einer Anlage aufgeführt werden. Jedem der verschiedenen Empfänger ist die für ihn bestimmte Position der Ausfuhranmeldung zuzuordnen. Die Regelung ist auf Empfänger in demselben Bestimmungsland beschränkt (§ 4c Nr. 3 i.V.m. § 9 Abs. 1 AWV) und gilt nicht im elektronischen Ausfuhrsystem ATLAS-Ausfuhr.

Wenn das Einheitspapier ausschließlich als Anmeldung zum gemeinschaftlichen Versandverfahren verwendet wird, braucht dieses Feld nicht ausgefüllt zu werden, wenn der Empfänger außerhalb der Gemeinschaft oder eines EFTA-Landes ansässig ist.

Bis auf weiteres ist die Angabe der Zollnummer nicht erforderlich.

Rechtsgrundlage: Titel I Abschnitt D Nrn. 1, 2 und 6.

Feld 9 Verantwortlicher für den Zahlungsverkehr

9 Verantwortlicher für den Zahlungsverkehr Nr.

(Nicht auszufüllen).

10 *Erstes Best. Land*

Feld 10 Erstes Bestimmungsland

(Nicht auszufüllen).

11 *Handelsland*

Feld 11 Handelsland

(Nicht auszufüllen).

13 *G. L. P.*

Feld 13 Gemeinsame Landwirtschaftspolitik

(Nicht auszufüllen).

14 Anmelder/Vertreter	Nr.

Feld 14 Anmelder/ Vertreter

(Nur bei Versendung/Ausfuhr auszufüllen).

Anzugeben sind Name und Vorname bzw. Firma und vollständige Anschrift des Anmelders (Anmelder i. S. des Artikels 4 Nr. 18 Zollkodex) und/oder ggf. des Bevollmächtigten (Vertreter).

Zur Bezeichnung des Anmelders oder des Status seines Vertreters ist einer der folgenden Codes vor den Namen und die vollständige Anschrift zu setzen.

1 Anmelder

2 Vertreter (direkte Vertretung im Sinne von Art. 5 Abs. 2 erster Gedankenstrich Zollkodex)

3 Vertreter (indirekte Vertretung im Sinne von Art. 5 Abs. 2 zweiter Gedankenstrich Zollkodex)

Wird dieser Code auf Papier ausgedruckt, so ist er in eckige Klammer zu setzen ([1], [2] oder [3]).

Sind Anmelder und Ausführer identisch, ist „Ausführer – 00400", sind Anmelder und Versender identisch, ist „Versender – 00300" anzugeben.
Die Angabe des Statuscodes [1] ist bei Verwendung dieser besonderen Vermerke nicht erforderlich. Sie sind nicht zu verwenden, wenn der Ausführer oder Versender sich vertreten lässt.

Unter „Nr." ist die Zollnummer des Anmelders und/oder ggf. seines Vertreters anzugeben (siehe Absatz 46 der Allgemeinen Bemerkungen). Wenn durch einen der beiden besonderen Vermerke auf den im Feld 2 genannten Ausführer oder Versender verwiesen wird, ist die erneute Angabe der Zollnummer entbehrlich.

Vor Zollnummern, die von der Koordinierenden Stelle ATLAS vergeben wurden, ist bündig und ohne Leerzeichen das Kennzeichen „DE" zu setzen.

Beispiele:

1. Ausführer ist Anmelder: (1 Beteiligter = Ausführer)

Feld 2: Name und Anschrift des Ausführers, Zollnummer

Feld 14: Ausführer – 00400

2. Der Ausführer lässt sich durch einen Dritten (z. B. Spediteur) direkt vertreten: (2 Beteiligte: Ausführer und Spediteur)

Feld 2: Name und Anschrift des Ausführers, Zollnummer

Feld 14: [2] Name und Anschrift des Vertreters, Zollnummer

Anmerkung: Als Versender im Sinne des Merkblatts zum Einheitspapier wird der Beteiligte bezeichnet, der im Warenverkehr mit Gebieten, in denen die 6. MwStRL keine Anwendung findet, die Funktion eines Ausführers ausübt.

Rechtsgrundlage: Titel I Abschnitt D Nrn. 1 und 7.

Feld 15 Versendungs-/ Ausfuhrland

15 Versendungs-/*Ausfuhrland*

(Nur beim Versand auszufüllen und Ausfuhr von Marktordnungswaren mit Ausfuhrerstattung).

Anzugeben ist das Land, von dem aus die Waren versendet/ausgeführt werden bzw. versandt worden sind (Versendungsland). Bei Waren, die aus dem Ausland kommend, von Deutschland aus ohne vorherige zoll- oder steuerrechtliche Überführung in den freien Verkehr oder ein Zollverfahren im gemeinschaftlichen Versandverfahren ins Ausland weiterbefördert werden (sog. Durchfuhr), ist im Feld 15 also nicht „Deutschland", sondern das Versendungsland, von dem aus die Waren nach hier befördert wurden, anzugeben. Sind die Waren vor ihrer Ankunft im Erhebungsgebiet in ein oder mehrere Länder verbracht worden und haben dort andere als mit der Beförderung zusammenhängende Aufenthalte oder Rechtsgeschäfte stattgefunden, so gilt als Versendungsland das letzte Land, in dem solche Aufenthalte oder Rechtsgeschäfte stattgefunden haben. In allen anderen Fällen stimmt das Versendungsland mit dem Ursprungsland überein.

Rechtsgrundlage: Titel I Abschnitt D Nrn. 1 und 2.

Felder 15 a und 15 b Versendungs-/ Ausfuhrland Code

15 Vers./*Ausf.* L. Code
a | b

(Nicht auszufüllen).

Feld 16 Ursprungsland

16 Ursprungsland

(Auszufüllen bei Ausfuhr von Marktordnungswaren mit Ausfuhrerstattung).

Bei Erstattungswaren, die nicht ausländischen Ursprungs sind, ist das Ursprungsland „Deutschland" anzugeben. Beinhaltet die Ausfuhranmeldung mehrere Warenpositionen verschiedenen Ursprungs, so ist im Feld 16 der Vermerk „Verschiedene" und im Feld 31 jeder jeweiligen Warenposition das jeweilige Ursprungsland in Worten anzugeben.

Feld 17 Bestimmungsland

17 Bestimmungsland

(Auszufüllen beim Versand und Ausfuhr von Marktordnungswaren mit Ausfuhrerstattung).

Es ist stets das Land anzugeben, in dem die Waren gebraucht oder verbraucht, bearbeitet oder verarbeitet werden sollen. In den übrigen Fällen gilt als Bestimmungsland das letzte bekannte Land, in das die Waren verbracht werden sollen.

Wird z. B. eine zur Ausfuhr bestimmte Ware zunächst im gemeinschaftlichen Versandverfahren in einen anderen Mitgliedstaat befördert, um von dort aus in ein Drittland ausgeführt zu werden, ist also stets das betreffende Drittland (= Bestimmungsland) anzumelden.

Rechtsgrundlage: Titel I Abschnitt D Nrn. 1 und 2.

Felder 17 a und 17 b Bestimmungsland Code

17 Bestimm. L. Code
a | b

(Feld 17 a: Auszufüllen bei der Versendung/Ausfuhr,
Feld 17 b: Nicht auszufüllen).

Im Feld Nr. 17 a ist das Bestimmungsland nach dem ISO-alpha-2-Code für Länder **(Anhang 1 A)** anzugeben.

Rechtsgrundlage: Titel I Abschnitt D Nrn. 1 und 7.

Feld 18 Kennzeichen und Staatszugehörigkeit des Beförderungsmittels beim Abgang

18 Kennzeichen und Staatszugehörigkeit des Beförderungsmittels beim Abgang

(Auszufüllen beim Versand und Ausfuhr von Marktordnungswaren mit Ausfuhrerstattung).

Beide Unterfelder dieses Feldes sind vollständig auszufüllen.

Abweichend von Absatz 1 entfällt bei Beförderungen im Eisenbahnverkehr die Angabe der Staatszugehörigkeit (2. Unterfeld).

Bei Warenbeförderungen in Containern, die von Straßenfahrzeugen befördert werden sollen, kann dieses Feld beim Abgang leer bleiben, wenn aus logistischen Gründen zum Zeitpunkt der Erstellung der Versandanmeldung Kennzeichen und Staatszugehörigkeit nicht bekannt sind (siehe auch Feld Nr. 55).

Anzugeben sind ggf. **Kennzeichen** oder **Name** des Beförderungsmittels/der Beförderungsmittel (Lastkraftwagen, Schiff, Waggon, Flugzeug), auf dem die Waren bei ihrer Gestellung bei der Zollstelle, bei der die Versandförmlichkeiten erfüllt werden, unmittelbar verladen sind sowie die **Staatszugehörigkeit** dieses Beförderungsmittels (oder – bei mehreren Beförderungsmitteln – die Staatszugehörigkeit des ziehenden bzw. schiebenden Beförderungsmittels) mit dem ISO-alpha-2-Code für Länder **(Anhang 1 A).**

Beispiel: Wenn Zugmaschine und Anhänger verschiedene Kennzeichen tragen, so sind die Kennzeichen von Zugmaschine und Anhänger und die Staatszugehörigkeit der Zugmaschine anzugeben.

Je nach Beförderungsmittel sind zur Kennzeichnung folgende Angaben möglich:

Beförderungsmittel	Kennzeichnung
Beförderung auf dem Seeweg und auf Binnenwasserstraßen	Schiffsname
Beförderung auf dem Luftweg	Nummer und Datum des Fluges (Liegt die Flugnummer nicht vor, so ist die Zulassungsnummer des Flugzeuges anzugeben)
Beförderung auf der Straße	Kennzeichen des Fahrzeugs
Beförderung im Eisenbahnverkehr	Waggonnummer

Anmerkung: Kennzeichen oder Name sind im **ersten Unterfeld** anzugeben; die Staatszugehörigkeit ist im **zweiten Unterfeld** anzugeben.

Rechtsgrundlage: Titel I Abschnitt D Nrn. 1 und 2.

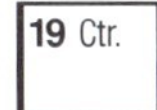

Feld 19 Container

(Auszufüllen bei der Versendung/Ausfuhr).

Einzutragen sind unter Benutzung des nachstehenden Gemeinschaftscodes und nach Kenntnis im Zeitpunkt der Erfüllung der Versendungs-/Ausfuhrförmlichkeiten die Angaben, die vermutlich den Gegebenheiten beim Überschreiten der Außengrenze der Gemeinschaft entsprechen.

0 – Nicht in Containern beförderte Waren

1 – In Containern beförderte Waren

Die Angabe entfällt bei Beförderungen im Postverkehr, durch fest installierte Transporteinrichtungen (z. B. Rohrleitungen) oder bei eigenem Antrieb. In Zweifelsfällen ist der Code 0 einzutragen.

Anmerkung: Ein Container (Behälter) ist ein Beförderungsmittel (Möbeltransportbehälter, abnehmbarer Tank, abnehmbare Karosserie oder ein anderes ähnliches Gerät), das

1. ein ganz oder teilweise geschlossenes Behältnis zur Aufnahme von Gütern darstellt,
2. von dauerhafter Beschaffenheit und daher genügend widerstandsfähig ist, um wiederholt verwendet werden zu können,
3. besonders dafür gebaut ist, die Beförderung von Gütern durch ein oder mehrere Beförderungsmittel ohne Umladung des Inhalts zu erleichtern,
4. so gebaut ist, dass eine einfache Handhabung möglich ist, insbesondere bei Umladung von einem Beförderungsmittel auf ein anderes,
5. so gebaut ist, dass es leicht beladen und entladen werden kann und einen Rauminhalt von mindestens einem Kubikmeter hat.

Beladbare Plattformen (Flats) sind den Containern (Behältern) gleichgestellt.

Der Begriff Container (Behälter) umfasst Zubehör- und Ausrüstungsteile, die für die jeweilige Behälterart üblich sind, wenn sie mit den Behältern zusammen befördert werden. Der Begriff Container (Behälter) umfasst weder Fahrzeuge oder deren Zubehör und Ersatzteile noch Umschließungen.

Rechtsgrundlage: Titel I Abschnitt D Nrn. 1 und 7.

Feld 20 Lieferbedingung

20 Lieferbedingung

(Nur bei der Versendung/Ausfuhr auszufüllen).

Anzugeben ist die Lieferbedingung (Angabe, aus der bestimmte Klauseln des Geschäftsvertrages ersichtlich werden) entsprechend **Anhang 2.**

Im ersten Unterfeld des Feldes wird der Incoterm-Code eingetragen, **im zweiten Unterfeld** der darauf bezogene Ort, **das dritte Unterfeld** bleibt frei.

Lieferbedingungen, die in Anhang 2 nicht aufgeführt sind, werden mit ihrem vollen Wortlaut im zweiten Unterfeld eingetragen (z. B. frei Haus verzollt, versteuert); das erste Unterfeld erhält dann die Eintragung „XXX".

Rechtsgrundlage: Titel I Abschnitt D Nrn. 1, 6 und 7.

Feld 21 Kennzeichen und Staatszugehörigkeit des grenzüberschreitenden aktiven Beförderungsmittels

21 Kennzeichen und Staatszugehörigkeit des grenzüberschreitenden aktiven Beförderungsmittels

Erstes Unterfeld:

In jedem Fall ist nach Kenntnis im Zeitpunkt der Erfüllung der Versendungs-/Ausfuhr- oder Versandförmlichkeiten anzugeben die **Art** (Lastkraftwagen, Schiff, Waggon, Flugzeug) des mutmaßlichen aktiven Beförderungsmittels, das beim Überschreiten der Außengrenze der Gemeinschaft benutzt wird.

Das **Kennzeichen** des mutmaßlichen aktiven Beförderungsmittels, das beim Überschreiten der Außengrenze der Gemeinschaft benutzt wird, ist nur bei Beförderungen im Seeverkehr (Schiffsname) und nur bei Erfüllung der Versendungs-/Ausfuhrförmlichkeiten anzugeben.

Zweites Unterfeld:

Die **Staatszugehörigkeit** des mutmaßlichen aktiven Beförderungsmittels, das beim Überschreiten der Außengrenze der Gemeinschaft benutzt wird, ist anzugeben.

Bei Beförderungen im Postverkehr, im Eisenbahnverkehr, durch festinstallierte Transporteinrichtungen (z. B. Rohrleitungen) oder eigenen Antrieb entfällt die Angabe der Staatszugehörigkeit.

Für die Bezeichnung der Staatszugehörigkeit ist der ISO-alpha-2-Code für Länder **(Anhang 1 A)** maßgebend. Kann die Staatszugehörigkeit nicht ermittelt werden, ist der Code „QU" einzutragen.

Anmerkung: Handelt es sich um Huckepackverkehr oder werden mehrere Beförderungsmittel benutzt, ist aktives Beförderungsmittel dasjenige, das für den Antrieb der Zusammenstellung sorgt (Beispiele: Im Falle „Lastkraftwagen auf Seeschiff" ist das Schiff das aktive Beförderungsmittel; im Falle „Zugmaschine mit Auflieger" ist die Zugmaschine das aktive Beförderungsmittel).

Rechtsgrundlage: Titel I Abschnitt D Nrn. 1, 2 und 7.

Feld 22 Währung und in Rechnung gestellter Gesamtbetrag

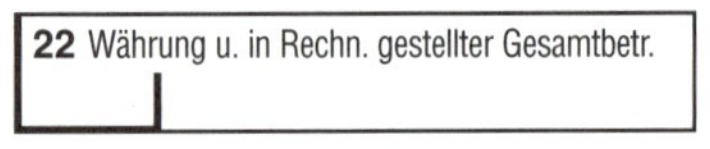

(Nur bei der Versendung/Ausfuhr auszufüllen).

Anzugeben sind die Währung (1. Unterfeld), auf die der Geschäftsvertrag lautet, unter Benutzung des ISO-alpha-3-Codes für Währungen **(siehe Anhang 1 B)** und der für alle angemeldeten Waren in dieser Währung in Rechnung gestellte Betrag (2. Unterfeld). In Fällen kostenloser Lieferung ist „unentgeltlich" einzutragen.

Rechtsgrundlage: Titel I Abschnitt D Nrn. 1, 6 und 7.

Feld 23 Umrechnungskurs

23 Umrechnungskurs

(Nicht auszufüllen).

Feld 24 Art des Geschäfts

(Nur bei der Versendung/Ausfuhr auszufüllen).

In diesem Feld ist die Art des Geschäfts (Angabe, aus der bestimmte Klauseln des Geschäftsvertrages wie z.B. Verkauf oder Kommission ersichtlich werden) mit der Schlüsselnummer entsprechend **Anhang 3** anzugeben.

Rechtsgrundlage: Titel I Abschnitt D Nrn. 1 und 7.

Feld 25 Verkehrszweig an der Grenze

25 Verkehrszweig an der Grenze

(Nur bei der Versendung/Ausfuhr auszufüllen).

Hier ist unter Benutzung eines der nachfolgenden Codes die Art des Verkehrszweiges entsprechend dem mutmaßlichen aktiven Beförderungsmittel anzugeben, mit dem die Waren das Zollgebiet der Gemeinschaft verlassen.

1 – Seeverkehr
2 – Eisenbahnverkehr
3 – Straßenverkehr
4 – Luftverkehr
5 – Postsendungen
7 – Fest installierte Transporteinrichtungen[1]
8 – Binnenschifffahrt
9 – Eigener Antrieb[2]

Anmerkungen:
1) z. B. Rohrleitungen.
2) Beförderungsmittel, die selbst Gegenstand eines Handelsgeschäfts sind und mit eigener Kraft die Grenze des Erhebungs-/Wirtschaftsgebietes überschreiten.

Rechtsgrundlage: Titel I Abschnitt D Nrn. 1 und 7.

Feld 26 Inländischer Verkehrszweig

(Nur bei der Versendung/Ausfuhr auszufüllen).

Hier ist unter Benutzung eines der nachfolgenden Codes die Art des Verkehrszweiges entsprechend dem Beförderungsmittel anzugeben, auf dem die Waren bei ihrer Gestellung bei der Zollstelle, bei der die Versendungs-/Ausfuhrförmlichkeiten erfüllt werden, unmittelbar verladen sind. Dieses Feld ist nicht auszufüllen, wenn die Ausfuhrformalitäten bei der Ausgangszollstelle erfüllt werden und bei der Wiederausfuhr der Waren im Zolllagerverfahren.

1 – Seeverkehr
2 – Eisenbahnverkehr
3 – Straßenverkehr
4 – Luftverkehr
5 – Postsendungen
7 – Fest installierte Transporteinrichtungen[1]
8 – Binnenschifffahrt
9 – Eigener Antrieb[2]

Anmerkungen:
1) z. B. Rohrleitungen.
2) Beförderungsmittel, die selbst Gegenstand eines Handelsgeschäfts sind und mit eigener Kraft den Ort der Gestellung verlassen.

Rechtsgrundlage: Titel I Abschnitt D Nrn. 1 und 7.

Feld 27 Ladeort

27 Ladeort

(Nicht auszufüllen).

Feld 28 Finanz- und Bankangaben

28 Finanz- und Bankangaben

(Nicht auszufüllen).

Feld 29 Ausgangszollstelle

29 Ausgangszollstelle

(Nur bei der Versendung/Ausfuhr auszufüllen).

Anzugeben ist die als Ausgangszollstelle vorgesehene Zollstelle, über die die Waren das Zollgebiet der Gemeinschaft verlassen sollen; einzutragen ist die Schlüsselnummer gemäß **Anhang 4.** Sofern sich die Ausgangszollstelle in einem anderen Mitgliedstaat befindet, wird die Angabe nicht verlangt. Dies gilt nicht, wenn die Ausfuhranmeldung elektronisch mit ATLAS-Ausfuhr abgegeben wird.

Vor die Schlüsselnummer ist der Zusatz „DE00“ zu setzen.

Bei der Versendung/Ausfuhr durch die Post ist die Schlüsselnummer DE009901, bei Beförderungen durch Rohrleitungen die Bezeichnung und die Nummer der Rohrleitung anzugeben.

Rechtsgrundlage: Titel I Abschnitt D Nrn. 1 und 6.

Feld 30 Warenort

30 Warenort

(Nicht auszufüllen).

Feld 31 Packstücke und Warenbezeichnung; Zeichen und Nummern; Container Nr.; Anzahl und Art

31 Packstücke und Warenbezeichnung	Zeichen und Nummern · Container Nr. · Anzahl und Art

Einzutragen sind Zeichen und Nummern, Anzahl und Art der Packstücke oder – bei unverpackten Waren – die Anzahl der in der Anmeldung erfassten Gegenstände bzw. die Angabe „lose“; die übliche Handelsbezeichnung der Waren ist in allen Fällen einzutragen.

Die Art der Packstücke ist anhand der Verpackungscodes (**Anhang 8**) anzugeben.

Für die Versendungs-/Ausfuhrförmlichkeiten muss die Bezeichnung die zum Erkennen der Waren erforderlichen Angaben enthalten; ist das Feld Nr. 33 (Warennummer) auszufüllen, so muss diese Bezeichnung so genau sein, dass die Einreihung der Ware in das „Warenverzeichnis für die Außenhandelsstatistik“ möglich ist. Dieses Feld muss ferner die für etwaige spezifische Regelungen (Verbrauchsteuern, Verbote und Beschränkungen für den Warenverkehr über die Grenze usw.) verlangten Angaben enthalten.

In dieses Feld sind auch etwaige Zusätze nach einschlägigen Verordnungen einzutragen, z.B.:

- Analyseverfahren nach Artikel 51 und Anhang IV der VO (EG) Nr. 1043/2005 oder
- Interventionserzeugnisse mit Erstattung – VO (EWG) Nr. 3002/92.

Werden die Waren in Containern befördert, so sind die Nummern der Container in diesem Feld anzugeben.

Bei Personenkraftwagen ist auch die Fahrgestell-Nummer (auch Fahrzeugidentifizierungsnummer – VIN [Vehicle Identification Number]) anzugeben.

Bei der Ausfuhr von Chemikalien empfiehlt es sich die CAS-Nummer (CAS = Chemical Abstract Service) anzugeben. Ist die CAS-Nummer nicht bekannt oder ist die Zuordnung zu einer CAS-Nummer nicht möglich, ist die Angabe entbehrlich.

Wird das Einheitspapier als Anmeldung zum gemeinschaftlichen Versandverfahren verwendet, muss dieses Feld neben der handelsüblichen Bezeichnung der Waren die für die Identifizierung der Waren erforderlichen Angaben enthalten. Ist Feld 33 „Warennummer“ auszufüllen, muss die Einreihung anhand der Angaben in Feld Nr. 31 nachprüfbar sein.

Enthält ein Packstück mehrere Warenarten, so ist in die Felder 31 der weiteren Positionen des Einheitspapiers einer der nachstehenden Vermerke einzutragen, wobei auf das Packstück zu verweisen ist, das in dem zugehörigen ersten Feld 31 beschrieben wird:

Beipack zu Pos. Nr. ...

Rechtsgrundlage: Titel I Abschnitt D Nrn. 1, 2, 5 und 7.

Feld 32 Positions-Nr.

(Auszufüllen wenn sich die Anmeldung auf mehr als eine Warenposition bezieht).

Anzugeben ist die fortlaufende Nummer der betreffenden angemeldeten Warenposition im Verhältnis zu allen auf den verwendeten Vordrucken (z. B. EU und EU/c, EX und EX/c, CO und CO/c oder T1 und T1 bis) angemeldeten Positionen – vgl. Feld Nr. 5 –.

Bezieht sich die Anmeldung nur auf eine Warenposition, ist dieses Feld nicht auszufüllen, da die Ziffer 1 im Feld Nr. 5 angegeben sein muss.

Bei der Ausfuhr von Nicht-Anhang I-Waren, für die Ausfuhrerstattung beantragt wird, die der gleichen Warennummer zugeordnet werden, aber unterschiedliche Zusammensetzungen aufweisen, dürfen die Waren nicht in einer Warenposition zusammengefasst werden.

Rechtsgrundlage: Titel I Abschnitt D Nrn. 1, 2 und 7.

Feld 33 Waren-nummer

33 Warennummer

(Auszufüllen bei der Versendung/Ausfuhr; im Versand nur,

- *wenn die Versandanmeldung von derselben Person zusammen mit oder im Anschluss an eine Zollanmeldung erstellt wird, in der die Warennummer angegeben ist, oder*
- *wenn sich die Versandanmeldung auf in Anhang 44 c aufgeführte Waren bezieht, oder*
- *wenn dies im Gemeinschaftsrecht vorgesehen ist und*
- *im Falle von Titel I Abs. 5).*

Anzugeben ist die Warennummer des Warenverzeichnisses für die Außenhandelsstatistik der zutreffenden Warenposition.

Die fünf Unterfelder des Feldes Nr. 33 sind wie folgt auszufüllen:

Erstes Unterfeld (Kombinierte Nomenklatur)

Hier sind die **acht Stellen der Warennummer nach dem Warenverzeichnis für die Außenhandelsstatistik** einzutragen.

Zweites Unterfeld (TARIC)

(Auszufüllen bei der Ausfuhr von Marktordnungswaren, wenn es in einschlägigen Vorschriften verlangt wird).

Drittes Unterfeld (1. Zusatzcode)

(Auszufüllen bei der Ausfuhr von Marktordnungswaren, wenn es in einschlägigen Vorschriften verlangt wird).

Viertes Unterfeld (2. Zusatzcode)

(Bei der Ausfuhr von Marktordnungswaren mit Ausfuhrerstattung sind die letzten Stellen der Nummern der MO-Warenliste einzutragen).

Fünftes Unterfeld (Nationale Angaben)

(Nicht auszufüllen).

Rechtsgrundlage: Titel I Abschnitt D Nrn. 1, 2, 5 und 7.

Feld 34a und 34b Ursprungsland Code

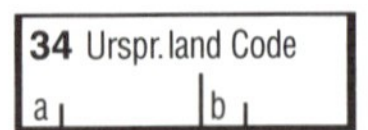

(Feld 34a: Nicht auszufüllen,
Feld 34b: Nur bei der Versendung/Ausfuhr auszufüllen).

Im **Feld Nr. 34 b** ist für Waren, die nicht ausländischen Ursprungs sind, die zutreffende Schlüsselnummer des Ursprungsbundeslandes nach folgendem Verzeichnis anzugeben:

01 – Schleswig-Holstein
02 – Hamburg
03 – Niedersachsen
04 – Bremen
05 – Nordrhein-Westfalen
06 – Hessen
07 – Rheinland-Pfalz
08 – Baden-Württemberg
09 – Bayern
10 – Saarland
11 – Berlin
12 – Brandenburg
13 – Mecklenburg-Vorpommern
14 – Sachsen
15 – Sachsen-Anhalt
16 – Thüringen

Bei Waren ausländischen Ursprungs ist die Schlüsselzahl „99“ einzutragen.

Rechtsgrundlage: Titel I Abschnitt D Nrn. 1, 6 und 7.

Feld 35 Rohmasse (kg)

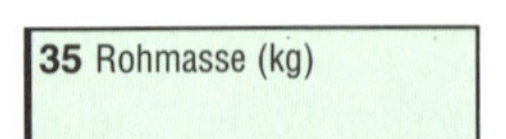

(Auszufüllen bei der Wiederausfuhr unter gleichzeitiger Beendigung des Zolllagerverfahrens, bei der Ausfuhr von Marktordnungswaren mit Ausfuhrerstattung und beim Versand).

Anzugeben ist die Rohmasse der in dem entsprechenden Feld Nr. 31 beschriebenen Ware der betreffenden Position, ausgedrückt in Kilogramm. Bei einer Rohmasse von mehr als einem Kilogramm ist bei Dezimalstellen unter 0,5 auf volle Kilogramm abzurunden und bei Dezimalstellen von 0,5 oder mehr auf volle Kilogramm aufzurunden.

Unter Rohmasse versteht man die Masse der Ware mit sämtlichen Umschließungen mit Ausnahme von Beförderungsmaterial und insbesondere Behältern (Containern).

In einer Anmeldung, die mehrere Warenpositionen enthält, genügt es, die gesamte Rohmasse nur im ersten Feld Nr. 35 anzugeben; die übrigen Felder Nr. 35 der ggf. beigefügten Ergänzungsvordrucke werden dann nicht ausgefüllt.

Rechtsgrundlage: Titel I Abschnitt D Nrn. 1 und 2.

Feld 37 VERFAHREN

(Nur bei der Versendung/Ausfuhr auszufüllen).

Anzugeben ist die zollrechtliche Bestimmung, zu der die Waren bei der Versendung/Ausfuhr angemeldet werden, unter Benutzung eines vierstelligen nummerischen oder ggf. siebenstelligen alphanummerischen Codes entsprechend **Anhang 6.**

Der Code ist jeweils aus einem vierstelligen Gemeinschaftscode (die ersten zwei Stellen für die angemeldete zollrechtliche Bestimmung; die nächsten zwei Stellen für die vorangegangene zollrechtliche Bestimmung) und einem ggf. weiteren dreistelligen Code – z.B. für eine Ausfuhr zu militärischen Zwecken – zusammenzusetzen. Die vier Ziffern des Gemeinschaftscode sind in das **erste Unterfeld** einzutragen; der weitere dreistellige Code ist im **zweiten Unterfeld** anzufügen. Sofern keiner der Codes aus Anhang 6 – Abschnitt B zutreffend ist, ist das **zweite Unterfeld** nicht auszufüllen.

Beispiel: Endgültige Ausfuhr einer in der Bundesrepublik Deutschland hergestellten Ware, welche sich nicht in einem vorangegangenen Zollverfahren befunden hat.

1. Bildung des Gemeinschaftscodes (Anhang 6 Abschnitt A):

– a) Angemeldetes Verfahren: 10
(1. und 2. Ziffer)

– b) Vorangegangenes Verfahren: 00
(3. und 4. Ziffer)

2. Weiterer Code (Anhang 6 Abschnitt B):

Sofern keiner der Codes hinsichtlich der Ausfuhr zutrifft, bleibt das zweite Unterfeld offen.

Somit einzutragen:

37 VERFAHREN	
1000	

Wenn aber z.B. eine Ausfuhr zu militärischen Zwecken erfolgt, ist im zweiten Unterfeld der Code F51 einzutragen.

Somit einzutragen:

37 VERFAHREN	
1000	F51

Anmerkung:
Der Anhang 6 enthält unter Abschnitt C Teil I eine Liste der häufigsten Verfahrenscodes bei der Versendung/Ausfuhr.

Rechtsgrundlage: Titel I Abschnitt D Nrn. 1 und 7.

38 Eigenmasse (kg)

Feld 38 Eigenmasse (kg)

(Auszufüllen bei der Versendung/Ausfuhr; im Versand nur wenn dies im Gemeinschaftsrecht vorgesehen ist.)

Anzugeben ist die Eigenmasse der in dem entsprechenden Feld Nr. 31 beschriebenen Ware der betreffenden Position, ausgedrückt in Kilogramm. Bei einer Eigenmasse von mehr als einem Kilogramm ist bei Dezimalstellen unter 0,5 auf volle Kilogramm abzurunden und bei Dezimalstellen von 0,5 oder mehr auf volle Kilogramm aufzurunden. Bei einer Eigenmasse von weniger als 500 Gramm ist auf „0“ und ab 500 Gramm auf 1 kg zu runden.

Unter Eigenmasse versteht man die Masse der Ware ohne alle Umschließungen.

Rechtsgrundlage: Titel I Abschnitt D Nrn. 1, 2 und 7.

Feld 39 Kontingent

39 *Kontingent*

(Nicht auszufüllen).

Feld 40 Summarische Anmeldung/ Vorpapier

40 Summarische Anmeldung/Vorpapier

Unter Verwendung der im **Anhang 9** vorgesehenen Codes sind die Bezugsnummern der Papiere für das Verfahren, das ggf. der Ausfuhr in ein Drittland oder der Versendung in einen Mitgliedsstaat unmittelbar vorausging oder eine vereinfachte Anmeldung anzugeben.

Erläuterungen zur Versendung/Ausfuhr

Bei der Versendung/Ausfuhr sind nur dann Vorpapiere anzugeben, wenn es auch ein Vorverfahren gegeben hat. Bei der Ausfuhr mit Verfahrenscode 1000 ist daher auch kein Vorpapier anzugeben. Sofern in diesem Fall auch keine summarische oder vereinfachte Anmeldung anzugeben ist, bleibt das Feld offen.

Beispiele:

Endgültige Ausfuhr mit unvollständiger Anmeldung:

- in unvollständiger Anmeldung keine Angaben
- in ergänzender Anmeldung z.B.: „Y-EX-123456" („Y" als Hinweis auf die ursprüngliche unvollständige Anmeldung, „EX" wenn Vorpapier auf Grundlage des Einheitspapiers, „123456" als Nummer der unvollständigen Ausfuhranmeldung).

Endgültige Ausfuhr mit vereinfachter Anmeldung:

- in unvollständiger Anmeldung keine Angaben
- in ergänzender Anmeldung z.B.: „Y-EX-123456" („Y" als Hinweis auf die ursprüngliche vereinfachte Anmeldung, „EX" wenn Vorpapier auf Grundlage des Einheitspapiers, „123456" als Nummer der vereinfachten Ausfuhranmeldung).

Endgültige Ausfuhr im Anschreibeverfahren:

- in Exemplar Nr. 3 EP z.B.: „Y-CLE-20051018-5" („Y" als Hinweis auf die ursprüngliche Anmeldung, „CLE" als Codierung für die Anschreibung in der Buchführung, „20051018" als Datum – Tag der Anschreibung, „5" als Referenznummer der Anschreibung – z.B. Auftragsnummer, Kommissions- oder Rechnungsnummer)
- in ergänzender Anmeldung keine Angaben (da bereits in Exemplar Nr. 3 angegeben).

Rechtsgrundlage: Titel I Abschnitt D Nrn. 1, 2 und 4.

Feld 41 Besondere Maßeinheit

41 Besondere Maßeinheit

(Nur bei der Versendung/Ausfuhr auszufüllen).

Anzugeben ist für jede Position der Zahlenwert für die im Warenverzeichnis für die Außenhandelsstatistik vorgegebene Besondere Maßeinheit. Die Bezeichnung der Maßeinheit selbst ist nicht anzugeben (Beispiel: bei „1000 Stück" ist der Zahlenwert „1000" anzugeben).

Rechtsgrundlage: Titel I Abschnitt D Nrn. 1 und 7.

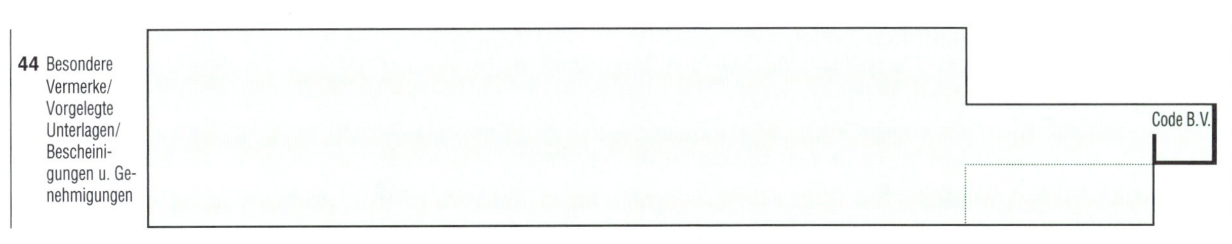

Feld 44 Besondere Vermerke/ Vorgelegte Unterlagen/Bescheinigungen und Genehmigungen

Einzutragen sind die nach den jeweiligen Vorschriften, Zulassungen, Bewilligungen usw. erforderlichen Angaben sowie die Bezugsangaben aller mit der Anmeldung vorgelegten Unterlagen einschließlich etwaiger Kontrollexemplare T5. Das Unterfeld „Code Besondere Vermerke“ (Code B.V.) ist bis auf weiteres nicht auszufüllen.

Für besondere Vermerke ist ein fünfstelliger Code einzutragen **(Anhang 10)**. Dieser Code wird hinter dem betreffenden Vermerk angebracht.

Die zwingend nach dem Zollrecht oder sonstigen Vorschriften zusammen mit der Anmeldung vorzulegenden Unterlagen, Bescheinigungen und Bewilligungen sind in Form eines vierstelligen Codes anzugeben **(Anhang 11)**, auf den – sofern vorhanden – entweder eine Kennnummer oder ein sonstiger eindeutiger Hinweis folgt. Bei der Versendung/Ausfuhr sind daher grundsätzlich z.B. Rechnungen oder Handelspapiere nicht anzugeben. In codierter Form ist auch anzugeben, wenn keine Unterlage, Bescheinigung oder Bewilligung vorzulegen ist, da die Ware nicht von bestimmten Gemeinschaftsbeschränkungen erfasst wird (z.B. „Y901“, wenn es sich nicht um eine Dual-Use-Ware nach der VO (EG) Nr. 1334/2000 handelt).

Im Feld Nr. 44 sind insbesondere auch zu vermerken

- im vereinfachten gemeinschaftlichen Ausfuhrverfahren der Vermerk **„Vereinfachte Ausfuhr – 30100“** bei der Unvollständigen Ausfuhranmeldung nach Art. 280 ZK-DVO oder der Vermerk **„vereinfachte Ausfuhr [Bewilligungsnummer] [Bezeichnung der bewilligenden Zollstelle] – 30200“** beim Anschreibeverfahren nach Art. 283 ff. ZK-DVO,
- die Angabe **„RET-EXP – 30400“,** wenn der Anmelder oder sein Vertreter die Rückgabe des Exemplars Nr. 3 der Ausfuhranmeldung wünscht,
- der Name des betreffenden zwischenstaatlichen Gemeinschaftsprogramms (vgl. Feld Nr. 24),
- die Ausfuhranmeldung (Zusatzblatt) für EG-Ausfuhrerstattungen (Vordruck 0763),
- Nummer, Datum und Gültigkeitsdauer der Ausfuhrgenehmigung bzw. der Ausfuhrlizenz, bei Anwendung einer Allgemeinen Genehmigung deren Nummer und Datum. Sofern der in Feld 2 vermerkte Ausführer nicht identisch ist mit dem Inhaber der Ausfuhrgenehmigung, so ist zusätzlich noch der Name mit vollständiger Anschrift des Genehmigungsinhabers anzugeben,
- Name und vollständige Anschrift der Überwachungszollstelle, wenn die Anmeldung von Waren zur Wiederausfuhr bei gleichzeitiger Beendigung eines Zolllagerverfahrens bei einer anderen als der Überwachungszollstelle abgegeben wird,
- Genehmigungen und Bescheinigungen nach den VuB-Vorschriften,
- im Falle des Titels I Absatz 5 je nach Warenart:
  Unversteuertes Bier/Unversteuerte Erzeugnisse/Unversteuertes Mineralöl/Unversteuerter Schaumwein/Unversteuerte Zwischenerzeugnisse/Unversteuerter Wein/Unversteuerte Tabakwaren,
- Nummer und Datum von Bewilligungen, insbesondere bei Beendigung eines Zollverfahrens mit wirtschaftlicher Bedeutung,
- die Nummer der Genehmigung nach dem Kriegswaffenkontrollgesetz (zusätzlich zur Nummer der nach anderen Rechtsvorschriften zu erteilenden Genehmigungen),
- die Nummer und das Datum der Genehmigung nach § 5 Abs. 1 Außenwirtschaftsverordnung für sonstige Rüstungsgüter nach Teil I Abschnitt A der Ausfuhrliste,
- bei Ausfuhranmeldungen, deren „Statistischer Wert“ auch Waren erfasst, die keine Kriegswaffen/keine sonstigen Rüstungsgüter (Teil I Abschnitt A der Ausfuhrliste) sind, ist der Ausfuhrwert der Kriegswaffen/Rüstungsgüter zusätzlich einzutragen,
- die Seriennummer/Zertifikatnummer, die ausstellende Behörde, Datum der Ausstellung und die Gültigkeitsdauer des Kimberley-Zertifikats für Rohdiamanten,
- Nummer und Datum der Genehmigung des Statistischen Bundesamtes bei der Verwendung entsprechender Warennummern aus Kapitel 98 und ggf. Kapitel 99 des Warenverzeichnisses für die Außenhandelsstatistik.

Bei passiver Veredelung sind hier anzugeben:

- ggf. die Bewilligung (Hauptzollamt, Datum, Geschäftszeichen);
- die vorgesehenen Veredelungsvorgänge; Bezeichnung der Veredelungserzeugnisse, Codenummer (ggf. nach den Angaben in der Bewilligung);
- die voraussichtliche Frist für die Einfuhr der Veredelungserzeugnisse (siehe Unterfeld);
- bei einem Antrag mittels Zollanmeldung zur Ausbesserung mit vorzeitiger Einfuhr die voraussichtliche Frist für die Ausfuhr der auszubessernden Waren (siehe Unterfeld);
- bei einem Antrag mittels Zollanmeldung zur Ausbesserung ggf. der Grund für die unentgeltliche Veredelung (z. B. Garantie); siehe auch Feld Nr. 24;

– **nur bei Marktordnungswaren** die folgende Erklärung:
„Eine Ausfuhranmeldung (Zusatzblatt) für EG-Ausfuhrerstattungen (Vordruck 0763) ist nicht abgegeben worden und wird nicht abgegeben werden.“

Bei Versand von ausfuhrerstattungsfähigen Marktordnungswaren mit Versandanmeldung T 2 in EFTA-Länder oder über EFTA-Länder in andere Drittländer ist hier die nachfolgende Erklärung abzugeben:

„Eine Ausfuhranmeldung (Zusatzblatt) für EG-Ausfuhrerstattungen (Vordruck 0763) ist nicht abgegeben und wird nicht abgegeben“.

Rechtsgrundlage: Titel I Abschnitt D Nrn. 1, 2, 4, 5, 6 und 7.

Feld 46 Statistischer Wert

46 Statistischer Wert

(Nur bei der Versendung/Ausfuhr auszufüllen).

Anzugeben ist der Betrag des sich nach den geltenden Gemeinschaftsregeln bzw. innerstaatlichen Regeln ergebenden Statistischen Wertes (Grenzübergangswert) in vollen Euro.

Statistischer Wert ist der auf den Ausstellungspflichtigen bezogene Rechnungspreis für den Verkauf der Waren im Ausfuhrgeschäft, sofern dieser einerseits alle Vertriebskosten für die Waren im Landverkehr, Luftverkehr und Binnenschiffsverkehr frei Grenze des Erhebungs-/Wirtschaftsgebietes, im Seeverkehr fob Einladehafen des Erhebungs-/Wirtschaftsgebietes und im Postverkehr frei Einlieferungspostanstalt umfasst, andererseits aber keine darüber hinausgehenden Vertriebskosten enthält. In den Statistischen Wert dürfen keinesfalls Erstattungen oder Ausfuhrabgaben einbezogen werden. Bei anders gestellten Rechnungspreisen ist der Statistische Wert der auf der Basis von Satz 1 umgerechnete Rechnungspreis.

Bei der Versendung/Ausfuhr nach Lohnveredelung gilt als Statistischer Wert der bei dem Eingang/der Einfuhr angemeldete Statistische Wert der unveredelten Waren zuzüglich aller im Erhebungs-/Wirtschaftsgebiet für die Veredelung und für die Beförderung der Waren vom Grenzort bei dem Eingang/der Einfuhr bis zum Grenzort bei der Versendung/Ausfuhr entstandenen Kosten einschließlich des Wertes der Zutaten und des auf die veredelten Waren entfallenden Wertes verwendeter Vorlagen des Auftraggebers sowie der Kosten des Verpackens und der Umschließungen, auch wenn diese durch den Auftraggeber zur Verfügung gestellt werden.

Fehlt im Zeitpunkt der Anmeldung eine Grundlage für die Bildung des Statistischen Wertes, so ist er unter Berücksichtigung der o. g. Grundsätze zu schätzen.

Rechtsgrundlage: Titel I Abschnitt D Nrn. 1 und 7.

Feld 47 Abgabenberechnung

47 Abgaben-berechnung	Art	Bemessungsgrundlage	Satz	Betrag	ZA
	Summe:				

(Nicht auszufüllen).

Feld 48 Zahlungsaufschub

48 Zahlungsaufschub

(Nicht auszufüllen).

Feld 49 Bezeichnung des Lagers

49 Bezeichnung des Lagers

(Nur bei der Versendung/Ausfuhr aus Zoll- oder Freilager auszufüllen).

Das Zolllager des Typs C, D, E oder F oder das Freilager ist durch die Angabe der Lagernummer zu bezeichnen.

Rechtsgrundlage: Titel I Abschnitt D Nr. 1.

Feld 50 Hauptverpflichteter

Anzugeben sind Name und Vorname bzw. Firma sowie vollständige Anschrift des **Hauptverpflichteten** und die diesem zugeteilte Zollnummer (siehe Absatz 46 der Allgemeinen Bemerkungen). Unter „Nr.“ ist die Zollnummer des Hauptverpflichteten einzutragen. Ggf. sind Name und Vorname bzw. Firma des bevollmächtigten Vertreters anzugeben, der für den Hauptverpflichteten unterzeichnet.

Das bei der Abgangsstelle verbleibende Exemplar Nr. 1 muss vom Hauptverpflichteten handschriftlich unterzeichnet werden. Handelt es sich bei dem Anmelder um eine juristische Person, so hat der Unterzeichner als Vertreter des Hauptverpflichteten neben seiner Unterschrift seinen Namen und Vornamen sowie seine Stellung innerhalb der Firma anzugeben.

Hat der Ausführer oder sein Vertreter durch die Angabe „RET-EXP – 30400“ in Feld Nr. 44 oder auf andere Weise bekundet, dass er die Rückgabe des Exemplars Nr. 3 der Ausfuhranmeldung bei der Ausgangszollstelle wünscht, und ist es nicht möglich, das Exemplar Nr. 3 der Ausfuhranmeldung der Person zurückzugeben, die es vorgelegt hat, kann er hier Name und Anschrift einer **Mittelsperson** mit Sitz im Bezirk der Ausgangszollstelle angeben, der das Exemplar Nr. 3 zur Weiterleitung an den Anmelder zurückzugeben ist. Der Angabe der Mittelsperson ist folgende Überschrift voranzustellen:

„Mittelsperson nach Art. 793 Abs. 3 ZK-DVO!“.

Rechtsgrundlage: Titel I Abschnitt D Nrn. 1 und 2.

Feld 51 Vorgesehene Durchgangszollstellen (und Land)

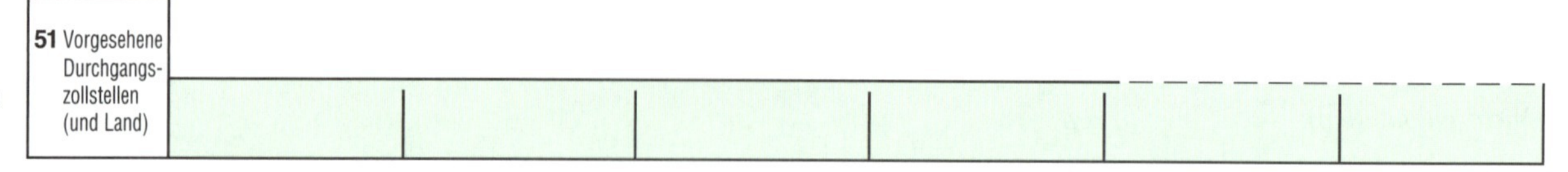

(Nur beim Versand auszufüllen).

Anzugeben ist die **Eingangszollstelle** jedes EFTA-Landes, dessen Gebiet berührt werden soll.

Bei der Beförderung über mindestens ein EFTA-Land in einen anderen Mitgliedstaat ist zusätzlich die **Eingangszollstelle** des Mitgliedstaates, über die die Waren wieder in das Zollgebiet der Gemeinschaft verbracht werden, anzumelden.

Bei Beförderungen über mindestens ein Drittland, das kein EFTA-Land ist, sind auch die **Ausgangszollstelle** (beim Eingang in ein Drittland) **und die (Wieder-)Eingangszollstelle** in einen Mitgliedstaat oder ein EFTA-Land (beim Ausgang aus einem Drittland) anzumelden. Das gilt auch bei Beförderungen über die Hohe See.

Nach dem Namen der Durchfuhrzollstelle ist das betreffende Land nach dem nachstehenden ISO-Alpha-2-Code anzugeben.

Durchgangszollstellen sind mit ihrer Zuständigkeit „TRA" in der **„Liste der für gemeinschaftliche/gemeinsame Versandverfahren zuständigen Zollstellen"** mit Angaben zur geographischen Lage aufgeführt. Diese Liste ist im Internet unter www.europa.eu.int/comm/taxation_customs/dds/de/csrdhome.htm *oder* www.zoll.de auch in deutscher Sprache abrufbar.

Anstelle von Namen und Land kann auch der in dieser Liste angegebene 8-stellige Code angegeben werden, der für deutsche Zollstellen dem **Anhang 4** entspricht.

I. Mitgliedstaaten der EU

Belgien	BE
Dänemark	DK
Deutschland	DE
Finnland	FI
Frankreich	FR
Griechenland	GR
Irland	IE
Italien	IT
Luxemburg	LU
Niederlande	NL
Österreich	AT
Portugal	PT
Schweden	SE
Spanien	ES
Vereinigtes Königreich	GB
Estland	EE
Lettland	LV
Litauen	LT
Malta	MT
Polen	PL
Slowakische Republik	SK
Slowenien	SI
Tschechische Republik	CZ
Ungarn	HU
Zypern	CY
Bulgarien	BG
Rumänien	RO

II. EFTA-Länder im Sinne des Übereinkommens EWG–EFTA „Gemeinsames Versandverfahren"

Island	IS
Norwegen	NO
Schweiz	CH

III. Sonstige

Andorra	AD
San Marino	SM

Rechtsgrundlage: Titel I Abschnitt D Nrn. 1 und 2.

Feld 52 Sicherheit

52 Sicherheit nicht gültig für	Code

(Nur beim Versand auszufüllen).

Dieses Feld ist zweizeilig.

Anzugeben ist **(in der oberen Zeile)** die Form der Sicherheitsleistung für das betreffende Verfahren nach dem nachstehend aufgeführten Gemeinschaftscode, ggf. mit der Nummer der Bürgschaftsbescheinigung oder der Bescheinigung über die Befreiung von der Sicherheitsleistung und der Angabe des Namens der Stelle der Bürgschaftsleistung.

Ist eine Gesamtbürgschaft oder Einzelbürgschaft nicht für alle EFTA-Länder oder nicht für Andorra oder San Marino gültig, sind in dem Teil „nicht gültig für ...“ **(untere Zeile)** das (die) betreffende(n) Land (Länder) nach dem zu Feld Nr. 51 aufgeführten Ländercode anzugeben.

Folgende Codes sind zu verwenden und im rechten Teilfeld einzutragen:

Sachverhalt	Code	Andere erforderliche Angaben
Befreiung von der Sicherheitsleistung (Artikel 380 Abs. 3 Zollkodex-DVO)	0	– Nummer der Bescheinigung über die Befreiung von der Sicherheitsleistung
Gesamtbürgschaft	1	– Nummer der Bürgschaftsbescheinigung – Stelle der Bürgschaftsleistung
Einzelsicherheit durch Bürgschaftsleistung	2	– Hinweis auf die Bürgschaftsurkunde – Stelle der Bürgschaftsleistung
Einzelsicherheit in Form einer Barsicherheit	3	
Einzelsicherheit in Form von Sicherheitstiteln	4	Nummer des Einzelsicherheitstitels
Befreiung von der Sicherheitsleistung (Artikel 95 Zollkodex)	6	
Befreiung von der Sicherheitsleistung für bestimmte öffentliche Einrichtungen	8	
Einzelsicherheit nach Anhang 47 a Punkt 3 Zollkodex-DVO	9	– Hinweis auf die Bürgschaftsurkunde – Stelle der Bürgschaftsleistung

Rechtsgrundlage: Titel I Abschnitt D Nrn. 1 und 2.

Feld 53 Bestimmungsstelle (und Land)

53 Bestimmungsstelle (und Land)

(Nur beim Versand auszufüllen).

Anzugeben ist die Stelle, bei der die Waren zur Beendigung des gemeinschaftlichen Versandverfahrens zu gestellen sind. Die Bestimmungsstellen sind mit ihrer Zuständigkeit „DES“ in der **„Liste der für gemeinschaftliche/gemeinsame Versandverfahren zuständigen Zollstellen“** aufgeführt. Die Liste ist im Internet unter www.europa.eu.int/comm/taxation_customs/dds/de/csrdhome.htm *oder* www.zoll.de auch in deutscher Sprache abrufbar. Das Land der Bestimmungsstelle ist nach dem zu Feld Nr. 51 aufgeführten Ländercode (Mitgliedstaat oder EFTA-Land) anzugeben. Hinsichtlich der Verwendung des 8-stelligen Zollstellencodes siehe die Erläuterungen zu Feld Nr. 51.

Rechtsgrundlage: Titel I Abschnitt D Nrn. 1 und 2.

Feld 54 Ort und Datum; Unterschrift und Name des Anmelders / Vertreters

54 Ort und Datum:

Unterschrift und Name des Anmelders/Vertreters:

(Nur bei der Versendung/Ausfuhr auszufüllen).

Die Exemplare Nrn. 1 und 2 müssen vom Anmelder bzw. Bevollmächtigten (Vertreter) handschriftlich unterzeichnet werden. Auf dem Exemplar Nr. 3 muss diese Unterschrift in Durchschrift erscheinen. Neben seiner Unterschrift hat der Anmelder bzw. Vertreter seinen Namen und Vornamen anzugeben. Handelt es sich bei dem Anmelder bzw. Vertreter um eine juristische Person, so hat der Unterzeichner neben seiner Unterschrift und seinem Namen und Vornamen auch seine Stellung innerhalb der Firma anzugeben.

Vorschriften über den Einsatz von Datenverarbeitungssystemen können Abweichendes regeln.

Zur Vermeidung unnötiger Verzögerungen bei etwaigen Rückfragen wird die Angabe der Telefonnummer des Anmelders/Vertreters empfohlen.

Rechtsgrundlage: Titel I Abschnitt D Nrn. 1, 3 und 7.

Abschnitt II – Förmlichkeiten während der Beförderung im gemeinschaftlichen Versandverfahren

Förmlichkeiten während der Beförderung im Versandverfahren

Es kann vorkommen, dass zwischen dem Zeitpunkt des Abgangs der Waren von der Versendungs- und/oder Abgangsstelle und dem Zeitpunkt ihres Eintreffens bei der Bestimmungsstelle gewisse Eintragungen auf den die Waren begleitenden Exemplaren des Einheitspapiers vorgenommen werden müssen. Diese Eintragungen betreffen Ereignisse während der Beförderung und sind im Verlauf des Versandverfahrens von dem Beförderer vorzunehmen, der für das Beförderungsmittel verantwortlich ist, auf das die Waren unmittelbar verladen wurden; sie können leserlich handschriftlich mit Tinte oder Kugelschreiber in Druckbuchstaben vorgenommen werden.

Die in den Exemplaren Nrn. 4 und 5 vorzunehmenden Eintragungen beziehen sich auf folgende Fälle:

1. **Umladungen:** Auszufüllen ist das Feld Nr. 55:

Feld 55 Umladungen

55 Umladung	Ort und Land:	Ort und Land:
	Kennz. und Staatsz. d. n. Bef.mittels:	Kennz. und Staatsz. d. n. Bef.mittels:
	Ctr. ☐ (1) Kennz. d. neuen Containers:	Ctr. ☐ (1) Kennz. d. neuen Containers:
	(1) Einzutragen ist 1 wenn JA oder 0 wenn NEIN.	(1) Einzutragen ist 1 wenn JA oder 0 wenn NEIN.

Die ersten drei Zeilen dieses Feldes sind vom Beförderer auszufüllen, wenn die Waren im Verlauf des betreffenden Versandverfahrens von einem Beförderungsmittel auf ein anderes oder aus einem Container in einen anderen umgeladen werden. Dabei sind für die Angabe der Staatszugehörigkeit des Beförderungsmittels die Codes zu Feld Nr. 51 zu verwenden. Bei der Verwendung von Containern gelten die zu Feld Nr. 19 angegebenen Codes *(siehe Fußnote 1 in Feld Nr. 55).*

Der Beförderer muss sich vor der Umladung mit den zuständigen Behörden ins Benehmen setzen.

Diese können zulassen, dass die Umladung ohne ihre Aufsicht vorgenommen wird.

In jedem Fall muss der Beförderer die Versandanmeldung mit den entsprechenden Vermerken versehen und zum Anbringen des Sichtvermerks der Zollbehörden unter Vorführung der Sendung vorlegen.*)

*) **Anmerkung:** Den Hauptverpflichteten kann beim Vorliegen besonderer Voraussetzungen bewilligt werden, Umladungen ohne Sichtvermerk der Zollbehörde zu vermerken.

2. **Andere Ereignisse:** Auszufüllen ist das Feld Nr. 56:

Feld 56 Andere Ereignisse während der Beförderung; Sachverhalt und getroffene Maßnahmen

56 Andere Ereignisse während der Beförderung Sachverhalt und getroffene Maßnahmen

Dieses Feld ist nach Maßgabe der Verpflichtungen im Rahmen des gemeinschaftlichen Versandverfahrens auszufüllen.

Sind jedoch Waren auf einem Auflieger verladen und findet während des Transports nur eine Auswechslung der Zugmaschine statt (mithin ohne Behandlung oder Umladung der Waren), so sind in diesem Fall Kennzeichen und Staatszugehörigkeit (Code siehe Feld Nr. 51) der neuen Zugmaschine anzugeben. In derartigen Fällen ist ein Sichtvermerk der zuständigen Behörden nicht erforderlich.

Dies gilt auch, wenn Feld 18 bei einem Container-Transport zunächst nicht ausgefüllt war.

Rechtsgrundlage: Titel I Abschnitt D Nrn. 1 und 2.

Abschnitt III – Förmlichkeiten bei der Bestimmung (Eingang/Einfuhr)

Hinweis:

Hinweis

1. Bei der Überführung von Waren in den freien Verkehr zur besonderen Verwendung (unter zollamtlicher Überwachung) ist ggf. die abweichende einfuhrumsatzsteuerrechtliche Überführung in den freien Verkehr in Feld Nr. 44 anzumelden. Das Gleiche gilt bei der Überführung von Waren in die aktive Veredelung – Verfahren der Zollrückvergütung –.

2. Hinsichtlich des Vordrucks 0782 ist die auf der Rückseite des Exemplars Nr. 8 für den Empfänger abgedruckte „Anleitung zur Verwendung und zum Ausfüllen des Vordrucks Zahlungserklärung für die Erstattungs-Lagerung/-Veredelung" zu beachten.

Feld 1
Anmeldung

In die Unterfelder sind folgende Kurzbezeichnungen bzw. Codes einzutragen:

1. **Erstes Unterfeld**

Folgende Kurzbezeichnungen sind zu verwenden:

EU: Im Warenverkehr zwischen der Gemeinschaft und den EFTA-Ländern*) für

- eine Anmeldung zur Überführung von aus einem EFTA-Land in das Zollgebiet der Gemeinschaft eingeführten Waren (Gemeinschafts- oder Nichtgemeinschaftswaren) in den zollrechtlich oder zoll- und steuerrechtlich freien Verkehr oder zu einer anderen zollrechtlichen Bestimmung im Bestimmungsmitgliedstaat.

IM:

- Im Warenverkehr zwischen der Gemeinschaft und anderen Drittländern als den EFTA-Ländern für eine Anmeldung zur Überführung von aus anderen Drittländern als den EFTA-Ländern in das Zollgebiet der Gemeinschaft eingeführten Waren (Gemeinschafts- oder Nichtgemeinschaftswaren) in den zollrechtlich oder zoll- und steuerrechtlich freien Verkehr oder zu einer anderen zollrechtlichen Bestimmung im Bestimmungsmitgliedstaat,
- im Warenverkehr zwischen den Mitgliedstaaten der Gemeinschaft für eine Anmeldung zur Überführung von aus einem Mitgliedstaat eingegangenen Nichtgemeinschaftswaren in den zollrechtlich oder zoll- und steuerrechtlich freien Verkehr oder zu einer anderen zollrechtlichen Bestimmung im Bestimmungsmitgliedstaat.

CO: Im Warenverkehr zwischen den Mitgliedstaaten der Gemeinschaft für

- eine Anmeldung zur Überführung von Gemeinschaftswaren in den steuerrechtlich freien Verkehr oder zu einer anderen zollrechtlichen Bestimmung im Bestimmungsmitgliedstaat (siehe Titel I Absatz 3),
- eine Anmeldung zur Überführung von Gemeinschaftswaren in ein Zolllagerverfahren.

Anmerkung: Bei der Anmeldung von Nichtgemeinschaftswaren zur Versendung nach einem anderen Mitgliedstaat der Gemeinschaft ist im ersten Unterfeld des Feldes Nr. 1 des Einheitspapiers die Kurzbezeichnung „EX" einzutragen (siehe auch Abschnitt I zu Feld Nr. 1). Wird das Einheitspapier in einem solchen Fall als durchgestelltes Papier (Vordrucksatz mit 8 Exemplaren) verwendet, so hat der Anmelder im Bestimmungsmitgliedstaat in den Exemplaren Nrn. 6, 7 und 8 des Einheitspapiers für die Bestimmung (Eingang) die Kurzbezeichnung „EX" zu streichen und durch die Kurzbezeichnung „IM" zu ersetzen. Diese Änderung ist vom Anmelder zu bestätigen.

*) **Anmerkung:** Siehe Titel I – Allgemeine Bemerkungen – Absatz 12a.

noch **Bestimmung**

2. **Zweites Unterfeld**

Folgende Codes sind zu verwenden:

A – für eine Zollanmeldung (normales Verfahren, Artikel 62 ZK)

B – für eine unvollständige Zollanmeldung (vereinfachtes Verfahren, Artikel 76 Abs. 1 Buchstabe a) ZK

C – für eine vereinfachte Zollanmeldung (vereinfachtes Verfahren, Artikel 76 Abs. 1 Buchstabe b) ZK)

D – für die Abgabe einer Zollanmeldung (gemäß Code A) bevor der Anmelder die Waren gestellen kann

E – für die Abgabe einer vereinfachten Zollanmeldung (gemäß Code B) bevor der Anmelder die Waren gestellen kann

F – für die Abgabe einer vereinfachten Zollanmeldung (gemäß Code C) bevor der Anmelder die Waren gestellen kann

X – für eine ergänzende Anmeldung eines unter B definierten vereinfachten Verfahrens

Y – für eine ergänzende Anmeldung eines unter C definierten vereinfachten Verfahrens

Z – für eine ergänzende Zollanmeldung im Rahmen eines vereinfachten Verfahrens gemäß Artikel 76 Abs. 1 Buchstabe c) ZK (Anschreibung der Waren in der Buchführung)

3. **Drittes Unterfeld**

(Nicht auszufüllen).

Rechtsgrundlage: Titel I Abschnitt D Nrn. 1, 3 und 7.

Feld 2 Versender/ Ausführer

2 Versender/*Ausführer* Nr.

Anzugeben sind Name und Vorname bzw. Firma und vollständige Anschrift des Verkäufers (die Bemerkungen in Abschnitt I zu Feld 2 gelten entsprechend) der Waren. Die Angabe einer Zollnummer ist jedoch nicht erforderlich.

Rechtsgrundlage: Titel I Abschnitt D Nrn. 1 und 3.

Feld 3 Vordrucke

3 Vordrucke

Anzugeben ist die lfd. Nummer in Verbindung mit der Gesamtzahl der verwendeten Vordrucksätze (z. B. EU und EU/c, IM und IM/c bzw. CO und CO/c zusammen). **Beispiel:** Werden ein Vordruck IM und zwei Vordrucke IM/c vorgelegt, so ist der Vordruck IM mit 1/3, der erste Vordruck IM/c mit 2/3 und der zweite Vordruck IM/c mit 3/3 zu bezeichnen.

Bezieht sich die Anmeldung nur auf eine Warenposition (d. h. nur ein einziges Feld „Warenbezeichnung“ ist auszufüllen), wird im Feld Nr. 5 lediglich die Ziffer 1 angegeben, das Feld Nr. 3 aber nicht ausgefüllt.

Rechtsgrundlage: Titel I Abschnitt D Nrn. 1 und 7.

4 Ladelisten

Feld 4 Ladelisten

(Nicht auszufüllen).

5 Positionen

Feld 5 Positionen

Anzugeben ist die Gesamtzahl der vom Beteiligten auf allen verwendeten Vordrucken EU und EU/c, IM und IM/c oder CO und CO/c angemeldeten Warenpositionen. Die Anzahl der Warenpositionen entspricht der Zahl der Felder „Packstücke und Warenbezeichnung" (Feld Nr. 31), die ausgefüllt sein müssen.

Rechtsgrundlage: Titel I Abschnitt D Nrn. 1 und 7.

6 Packst. insgesamt

Feld 6 Packstücke insgesamt

(In Deutschland nicht auszufüllen).

7 Bezugsnummer

Feld 7 Bezugs-nummer

(Ausfüllung freigestellt).

Es handelt sich um die Nummer, die der Beteiligte der betreffenden Sendung aus innerbetrieblichen Gründen gegeben hat.

Rechtsgrundlage: Titel I Abschnitt D Nr. 1.

8 Empfänger	Nr.

Feld 8 Empfänger

Anzugeben sind Name und Vorname bzw. Firma und vollständige Anschrift der Person (Personen), der (denen) die Waren auszuliefern sind.

Anmerkung: Bei dem Empfänger i.S.d. hier einschlägigen EG-Rechts handelt es sich nach dem nationalen Recht um den Einführer im Sinne von § 14 Abs. 1 Außenhandelsstatistik-Durchführungsverordnung – AHStatDV und § 23 Abs. 1 i.V.m. § 21 b Abs. 1 AWV. In der Regel handelt es sich bei dem Einführer um den im Wirtschaftsgebiet/Gemeinschaftsgebiet ansässigen Vertragspartner des Einfuhrvertrags.

Einzutragen sind Name und Vorname bzw. Firma und vollständige Anschrift. Rechts neben Namen und Anschrift des Empfängers ist unter „Nr." die Zollnummer einzutragen (siehe Absatz 46 der Allgemeinen Bemerkungen). Vor Zollnummern, die von der Koordinierenden Stelle ATLAS vergeben wurden, ist bündig und ohne Leerzeichen das Kennzeichen „DE" zu setzen. Sofern sich an die Einfuhr unmittelbar eine steuerbefreiende innergemeinschaftliche Lieferung anschließt (§ 5 Abs. 1 Nr. 3 UStG; Verfahrenscode 42 in Feld 37), ist zusätzlich die Umsatzsteuer-Identifikationsnummer und das zuständige Finanzamt des Empfängers als Schuldner der Einfuhrumsatzsteuer oder dessen Fiskalvertreters anzugeben.

Bei Sammelsendungen kann in dieses Feld „Verschiedene – 00200" eingetragen und der Anmeldung ein Verzeichnis der Empfänger mit deren Namen und Anschriften sowie deren Zollnummer beigefügt werden. Bei sich unmittelbar anschließenden steuerbefreienden innergemeinschaftlichen Lieferungen (§ 5 Abs. 1 Nr. 3 UStG; Verfahrenscode 42 in Feld 37) sind zusätzlich die Umsatzsteuer-Identifikationsnummer und das zuständige Finanzamt des jeweiligen Empfängers oder dessen Fiskalvertreters anzugeben.

Bei Überführung von Waren in ein Zolllagerverfahren (Typ C, D oder E) sind Name und Vorname sowie die vollständige Anschrift des Einlagerers anzugeben, soweit dieser nicht der Anmelder ist.

Rechtsgrundlage: Titel I Abschnitt D Nrn. 1, 3, 6 und 7.

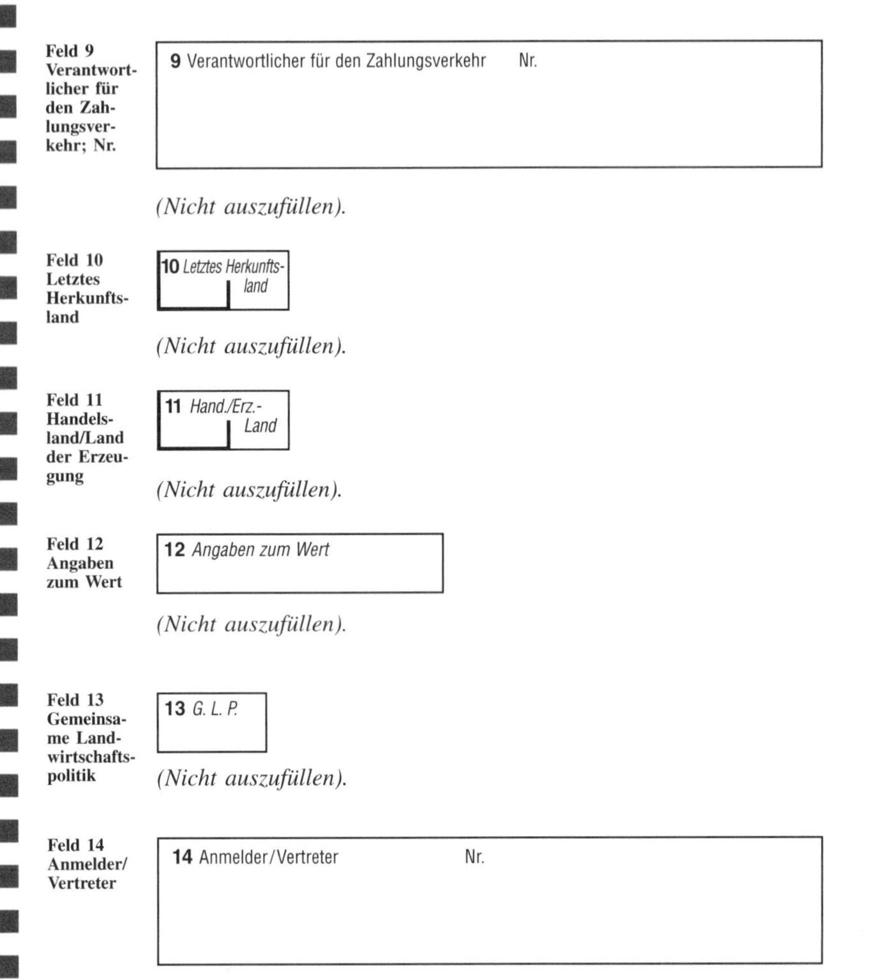

Feld 14 Anmelder/Vertreter

14 Anmelder/Vertreter Nr.

Anzugeben sind Name und Vorname bzw. Firma und vollständige Anschrift des Anmelders (Anmelder i. S. des Artikels 4 Nr. 18 Zollkodex) und/oder ggf. des Bevollmächtigten (Vertreter).

Zur Bezeichnung des Anmelders oder des Status seines Vertreters ist einer der folgenden Codes vor den Namen und die vollständige Anschrift zu setzen.

1 Anmelder

2 Vertreter (direkte Vertretung im Sinne von Art. 5 Abs. 2 erster Gedankenstrich Zollkodex)

3 Vertreter (indirekte Vertretung im Sinne von Art. 5 Abs. 2 zweiter Gedankenstrich Zollkodex)

Wird dieser Code auf Papier ausgedruckt, so ist er in eckige Klammer zu setzen ([1], [2] oder [3]).

Sind Anmelder und Empfänger/Einführer identisch, ist „Empfänger – 00500“ anzugeben.
Die Angabe des Statuscodes [1] ist bei Verwendung des besonderen Vermerks nicht erforderlich. Dieser ist nicht zu verwenden, wenn der Empfänger sich vertreten lässt.

Sofern der Anmelder mit Verfahrenscode 42 (im Feld 37) Einfuhrumsatzsteuerfreiheit für Gegenstände anmeldet, die im Anschluss an die Einfuhr unmittelbar zur Ausführung innergemeinschaftlicher Lieferungen verwendet werden (§ 5 Abs. 1 Nr. 3 UStG, siehe auch VSF Z 82 50 Nr. 1 Abs. 17), hat er zusätzlich die Umsatzsteuer-Identifikationsnummer und das zuständige Finanzamt des Schuldners der Einfuhrumsatzsteuer oder dessen Fiskalvertreters einzutragen.

Unter „Nr.“ ist die Zollnummer des Anmelders und/oder ggf. seines Vertreters anzugeben (siehe Absatz 46 der Allgemeinen Bemerkungen). Wenn durch den besonderen Vermerk auf den im Feld 8 genannten Empfänger/Einführer verwiesen wird, ist die erneute Angabe der Zollnummer entbehrlich.

Vor Zollnummern, die von der Koordinierenden Stelle ATLAS vergeben wurden, ist bündig und ohne Leerzeichen das Kennzeichen „DE“ zu setzen.

Beispiele:

1. Empfänger/Einführer ist Anmelder: (1 Beteiligter = Empfänger)

Feld 8: Name und Anschrift des Empfängers, Zollnummer
Feld 14: Empfänger – 00500

2. Der Empfänger lässt sich durch einen Dritten (z. B. Spediteur) direkt vertreten: (2 Beteiligte: Empfänger und Spediteur)

Feld 8: Name und Anschrift des Empfängers, Zollnummer
Feld 14: [2] Name und Anschrift des Vertreters, Zollnummer

Rechtsgrundlage: Titel I Abschnitt D Nrn. 1, 3 und 7.

Feld 15 Versendungs-/Ausfuhrland

15 Versendungs-/*Ausfuhrland*

(Nicht auszufüllen).

Felder 15a und 15b Versendungs-/Ausfuhrland Code

15 Vers./*Ausf.* L. Code
a | b

(Feld 15a: Auszufüllen; Feld 15 b: Nicht auszufüllen).

Es ist der ISO-alpha-2-Code für Länder (**Anhang 1 A**) für das Land anzugeben, aus dem die Waren versendet/ausgeführt worden sind.

Ist die Ware vor ihrer Ankunft im Erhebungs-/Wirtschaftsgebiet in ein oder mehrere Länder verbracht worden und haben dort andere als mit der Beförderung zusammenhängende Aufenthalte oder Rechtsgeschäfte stattgefunden, so gilt als Versendungs-/Ausfuhrland das letzte Land, in dem solche Aufenthalte oder Rechtsgeschäfte stattgefunden haben.

Erläuterungen:

- Bei Waren mit Ursprung in den USA, die in Kanada einem Aufenthalt oder Rechtsgeschäft unterworfen wurden, der/das nicht mit der Beförderung im Zusammenhang stand (z.B. Kauf mit Einlagerung), ist bei der Einfuhr in das Erhebungs-/Wirtschaftsgebiet Kanada Versendungs-/Ausfuhrland.
- Bei Waren mit Ursprung in einem Drittland, die in einem anderen Mitgliedstaat in den zollrechtlich freien Verkehr überführt wurden, ist dieser Mitgliedstaat Versendungs-/Ausfuhrland, sofern die Waren unmittelbar aus diesem Mitgliedstaat in das Erhebungs-/Wirtschaftsgebiet verbracht werden.
- Die Bearbeitung oder Verarbeitung im Rahmen einer aktiven Veredelung stellt immer ein Rechtsgeschäft dar, das nicht mit der Beförderung im Zusammenhang steht. Als Versendungs-/Ausfuhrland ist das Land der Bearbeitung oder Verarbeitung anzumelden, wenn dieses Land das letzte Land ist, in dem ein solches Rechtsgeschäft stattgefunden hat.
- Bei der Überführung von Drittlandswaren aus einem Zolllagerverfahren (einschl. Freizone) z.B. in den zollrechtlich freien Verkehr ist als Versendung-/Ausfuhrland das Land anzugeben, aus dem die Waren nach Deutschland versandt wurden.

Rechtsgrundlage: Titel I Abschnitt D Nrn. 1, 3 und 7.

Feld 16 Ursprungsland

16 Ursprungsland

(Nicht auszufüllen).

Feld 17 Bestimmungsland

17 Bestimmungsland

(Nicht auszufüllen).

noch **Bestimmung**

Felder 17a und 17b Bestimmungsland Code

17 Bestimm. L. Code
a | b

(Feld 17 a: Nicht auszufüllen, Feld 17 b: Auszufüllen).

Im Feld 17 b ist das Zielland anzugeben. Zielland ist das Bundesland in Deutschland, in dem die Sendung verbleiben soll (z. B. Hessen). Hierfür sind folgende Schlüsselnummern zu verwenden:

01 – Schleswig-Holstein
02 – Hamburg
03 – Niedersachsen
04 – Bremen
05 – Nordrhein-Westfalen
06 – Hessen
07 – Rheinland-Pfalz
08 – Baden-Württemberg
09 – Bayern
10 – Saarland
11 – Berlin
12 – Brandenburg
13 – Mecklenburg-Vorpommern
14 – Sachsen
15 – Sachsen-Anhalt
16 – Thüringen

Waren, die nicht für Deutschland, sondern von vornherein für das Ausland bestimmt sind, werden unter Schlüsselnummer 25 angemeldet.

Rechtsgrundlage: Titel I Abschnitt D Nrn. 1 und 7.

Feld 18 Kennzeichen und Staatszugehörigkeit des Beförderungsmittels bei der Ankunft

18 Kennzeichen und Staatszugehörigkeit des Beförderungsmittels bei der Ankunft

Anzugeben ist das Kennzeichen oder der Name des Beförderungsmittels (der Beförderungsmittel) – Lastkraftwagen, Schiff, Waggon – auf dem die Waren bei ihrer Gestellung bei der Zollstelle, bei der die Förmlichkeiten im Bestimmungsmitgliedstaat erfüllt werden, unmittelbar verladen sind. Wenn die Waren in fest installierten Transporteinrichtungen (z. B. Rohrleitungen) befördert werden, ist kein Kennzeichen anzugeben. Im Luftverkehr genügt es, wenn das Wort „Flugzeug" angegeben wird.

Die Angabe der Staatszugehörigkeit (2. Unterfeld) ist nicht erforderlich.

Rechtsgrundlage: Titel I Abschnitt D Nrn. 1 und 3.

Feld 19 Container

Anzugeben ist nach dem folgenden Gemeinschaftscode die Situation beim Überschreiten der Außengrenze der Gemeinschaft:

0 – Nicht in Containern beförderte Waren

1 – In Containern beförderte Waren

Die Angabe entfällt bei Beförderungen im Postverkehr, durch festinstallierte Transporteinrichtungen (z. B. Rohrleitungen) oder bei eigenem Antrieb.

Kann bei Übergängen aus einem Zolllager oder einer Freizone in den zollrechtlich oder zoll- und steuerrechtlich freien Verkehr (einschließlich des freien Verkehrs zur besonderen Verwendung [unter zollamtlicher Überwachung]), in die aktive Veredelung oder in das Umwandlungsverfahren die Containereigenschaft nicht mehr festgestellt werden, so sind die Angaben zu machen, die vermutlich den Gegebenheiten beim Überschreiten der Außengrenze der Gemeinschaft entsprochen haben. In Zweifelsfällen ist der Code 0 einzutragen.

Zur Definition des Begriffes „Container" siehe Abschnitt I zu Feld 19.

Rechtsgrundlage: Titel I Abschnitt D Nrn. 1 und 7.

Feld 20 Lieferbedingung

(Auszufüllen bei der Überführung in den zollrechtlich freien Verkehr sowie der aktiven Veredelung).

Anzugeben ist die Lieferbedingung (Angabe, aus der bestimmte Klauseln des Geschäftsvertrages ersichtlich werden) entsprechend **Anhang 2.**

Im ersten Unterfeld des Feldes wird der Incoterm-Code eingetragen, **im zweiten Unterfeld** der darauf bezogene Ort, **das dritte Unterfeld** bleibt frei.

Lieferbedingungen, die in Anhang 2 nicht aufgeführt sind, werden mit ihrem vollen Wortlaut im zweiten Unterfeld eingetragen (z. B. frei Haus verzollt, versteuert); das erste Unterfeld erhält dann die Eintragung XXX.

Rechtsgrundlage: Titel I Abschnitt D Nrn. 1 und 7.

Feld 21 Kennzeichen und Staatszugehörigkeit des grenzüberschreitenden aktiven Beförderungsmittels

21 Kennzeichen und Staatszugehörigkeit des grenzüberschreitenden aktiven Beförderungsmittels

Erstes Unterfeld:

In jedem Fall ist anzugeben die **Art** (Lastkraftwagen, Schiff, Waggon, Flugzeug) des aktiven Beförderungsmittels, das beim Überschreiten der Außengrenze der Gemeinschaft benutzt wird.

Das **Kennzeichen** des aktiven Beförderungsmittels, das beim Überschreiten der Außengrenze der Gemeinschaft benutzt wird, ist nur bei Beförderungen im Seeverkehr (Schiffsname) anzugeben.

Zweites Unterfeld:

Einzutragen ist die **Staatszugehörigkeit** des aktiven Beförderungsmittels, das beim Überschreiten der Außengrenze der Gemeinschaft benutzt wird.

Bei Beförderungen im Postverkehr, im Eisenbahnverkehr, durch fest installierte Transporteinrichtungen (z. B. Rohrleitungen) oder eigenem Antrieb entfällt die Angabe der Staatszugehörigkeit.

Für die Bezeichnung der Staatszugehörigkeit ist der ISO-alpha-2-Code für Länder **(Anhang 1 A)** maßgebend. Kann die Staatszugehörigkeit nicht ermittelt werden, so ist der Code „QU“ einzutragen.

Anmerkungen:

1. Handelt es sich um Huckepackverkehr oder werden mehrere Beförderungsmittel benutzt, ist aktives Beförderungsmittel dasjenige, das für den Antrieb der Zusammenstellung sorgt (Beispiele: Im Fall „Lastkraftwagen auf Seeschiff“ ist das Schiff das aktive Beförderungsmittel; im Falle „Zugmaschine mit Auflieger“ ist die Zugmaschine das aktive Beförderungsmittel).

2. Können bei Übergängen aus einem Zolllager oder einer Freizone in den zollrechtlich oder zoll- und steuerrechtlich freien Verkehr (einschließlich des freien Verkehrs zur besonderen Verwendung [unter zollamtlicher Überwachung]), in die aktive Veredelung oder in das Umwandlungsverfahren die Art, das Kennzeichen und die Staatszugehörigkeit des grenzüberschreitenden aktiven Beförderungsmittels nicht mehr festgestellt werden, so sind mutmaßliche Angaben zu Feld Nr. 21 zu machen.

Rechtsgrundlage: Titel I Abschnitt D Nrn. 1 und 7.

Feld 22 Währung und in Rechnung gestellter Gesamtbetrag

22 Währung u. in Rechn. gestellter Gesamtbetr.

Anzugeben sind die Währung (1. Unterfeld), auf die der Geschäftsvertrag lautet, unter Benutzung des ISO-alpha-3-Codes für Währungen (**Anhang 1 B**) und der für alle angemeldeten Waren in dieser Währung in Rechnung gestellte Betrag (2. Unterfeld). Lautet die Rechnung auf Euro, so ist der Code EUR zu verwenden. In Fällen kostenloser Lieferung ist „unentgeltlich" einzutragen.

Rechtsgrundlage: Titel I Abschnitt D Nrn. 1, 3 und 7.

Feld 23 Umrechnungskurs

23 Umrechnungskurs

Es ist der geltende Wechselkurs für die Umrechnung der Rechnungswährung in Euro anzugeben.

Rechtsgrundlage: Titel I Abschnitt D Nrn. 1 und 3.

Feld 24 Art des Geschäfts

24 Art des Geschäfts

In diesem Feld ist die Art des Geschäfts (Angabe, aus der bestimmte Klauseln des Geschäftsvertrages wie Kauf, Kommission usw. ersichtlich werden) mit der Schlüsselnummer entsprechend **Anhang 3** anzugeben.

Rechtsgrundlage: Titel I Abschnitt D Nrn. 1 und 7.

Feld 25 Verkehrszweig an der Grenze

25 Verkehrszweig an der Grenze

Hier ist unter Benutzung des nachfolgenden Codes die Art des Verkehrszweiges entsprechend dem aktiven Beförderungsmittel anzugeben, mit dem die Waren in das Zollgebiet der Gemeinschaft verbracht worden sind.

1 – Seeverkehr
2 – Eisenbahnverkehr
3 – Straßenverkehr
4 – Luftverkehr
5 – Postsendungen
7 – Fest installierte Transporteinrichtungen[1])
8 – Binnenschifffahrt
9 – Eigener Antrieb[2])

Anmerkungen:
1) z. B. Rohrleitungen.
2) Beförderungsmittel, die selbst Gegenstand eines Handelsgeschäftes sind und mit eigener Kraft die Außengrenze der Gemeinschaft überschreiten.

Kann bei Übergängen aus einem Zolllager in den zollrechtlich oder zoll- und steuerrechtlich freien Verkehr (einschließlich des freien Verkehrs zur besonderen Verwendung [unter zollamtlicher Überwachung]), in die aktive Veredelung oder in das Umwandlungsverfahren der Verkehrszweig an der Grenze nicht mehr festgestellt werden, so ist der mutmaßliche Verkehrszweig anzugeben.

Rechtsgrundlage: Titel I Abschnitt D Nrn. 1 und 7.

26 Inländischer Verkehrszweig

Feld 26 Inländischer Verkehrszweig

Hier ist unter Benutzung eines der nachfolgenden Codes die Art des Verkehrszweiges entsprechend dem Beförderungsmittel anzugeben, auf dem die Waren bei ihrer Gestellung bei der Zollstelle, bei der die Förmlichkeiten im Bestimmungsmitgliedstaat erfüllt werden, unmittelbar verladen sind. Dieses Feld ist nicht auszufüllen, wenn die Einfuhrformalitäten bei der Eingangszollstelle erfüllt werden und bei Überführung der Waren in das Zolllagerverfahren.

1 – Seeverkehr
2 – Eisenbahnverkehr
3 – Straßenverkehr
4 – Luftverkehr
5 – Postsendungen
7 – Fest installierte Transporteinrichtungen[1])
8 – Binnenschifffahrt
9 – eigener Antrieb[2])

Anmerkungen:
1) z. B. Rohrleitungen.
2) Beförderungsmittel, die selbst Gegenstand eines Handelsgeschäfts sind und mit eigener Kraft den Ort der Gestellung erreichen.

Rechtsgrundlage: Titel I Abschnitt D Nrn. 1 und 7.

27 Entladeort

Feld 27 Entladeort

(Nicht auszufüllen).

28 Finanz- und Bankangaben

Feld 28 Finanz- und Bankangaben

(Nicht auszufüllen).

29 Eingangszollstelle

Feld 29 Eingangszollstelle

In diesem Feld ist die Eingangszollstelle, über die die Waren in das Zollgebiet der Gemeinschaft verbracht worden sind, mit der Schlüsselnummer gemäß **Anhang 4** anzugeben. Sofern sich die Eingangszollstelle in einem anderen Mitgliedstaat befindet, wird die Angabe nicht verlangt.

Vor die Schlüsselnummer ist der Zusatz „DE00“ zu setzen.

Bei Beförderungen durch die Post ist die Schlüsselnummer DE009901, bei Beförderungen in Rohrleitungen die Bezeichnung und die Nummer der Rohrleitung anzugeben.

Rechtsgrundlage: Titel I Abschnitt D Nrn. 1 und 3.

noch **Bestimmung**

Feld 30 Warenort

30 Warenort

(Nur auf Verlangen der Zollstelle auszufüllen).

Anzugeben ist der Ort, an dem sich die Waren befinden.

Rechtsgrundlage: Titel I Abschnitt D Nrn. 1 und 3.

Feld 31 Packstücke und Warenbezeichnung; Zeichen und Nummern; Container Nr.; Anzahl und Art

Einzutragen sind Zeichen und Nummern, Anzahl und Art der Packstücke oder – bei unverpackten Waren – die Anzahl der in der Anmeldung erfassten Gegenstände bzw. die Angabe „lose“ sowie in beiden Fällen die zum Erkennen der Waren erforderlichen Angaben.

Die Art der Packstücke ist anhand der Verpackungscodes **(Anhang 8)** anzugeben.

Unter Warenbezeichnung ist die übliche Handelsbezeichnung der Ware zu verstehen, die so genau sein muss, dass die sofortige und eindeutige Identifizierung und die Einreihung der Ware in den Zolltarif möglich ist. Lässt diese Bezeichnung nicht eindeutig erkennen, von welcher Art die Ware ist und zu welcher Codenummer sie gehört, so ist sie noch durch Angaben über die Art des Materials, die Art der Bearbeitung, den Verwendungszweck oder andere die Warenart bezeichnende Merkmale zu ergänzen.

Dieses Feld muss ferner die für etwaige spezifische Regelungen (Einfuhrumsatzsteuer, Verbrauchsteuern, Währungsausgleichsbeträge, Verbote und Beschränkungen für den Warenverkehr über die Grenze, Menge in dem für die Abgabenerhebung erforderlichen Maßstab – anderer Maßstab als Felder Nrn. 35 und 38 – usw.) verlangten Angaben enthalten. Hier ist der/sind die sich aus der entsprechenden Liste im Teil II des Elektronischen Zolltarifs ergebenen Verbrauchsteuer-Codes einzutragen, soweit nicht der Vordruck 0467 (Anmeldung der Angaben über Verbrauchsteuern) verwendet wird.

Reicht bei verbrauchsteuerpflichtigen Waren das Feld für Angaben steuerrechtlicher Art nicht aus, so ist dafür der Vordruck 0467 zu verwenden.

Wird die Ware in Containern befördert, so sind die Nummern der Container in diesem Feld anzugeben.

Enthält ein Packstück mehrere Warenarten, so ist in die Felder 31 des Einheitspapiers einer der nachstehenden Vermerke einzutragen, wobei auf das Packstück zu verweisen ist, das in dem zugehörigen ersten Feld 31 beschrieben wird:

- Parte del Bulto No...
- Del af Boks Nr...
- Teil aus Packstück Nr...
- Meros Dematos ...
- Part Case No...
- Extrait du Coils No...
- Parte de Collo No...
- Dul von Colli No...
- Parte do Volume No...

Diese vorläufige Absprache tritt am 1. September 1988 in Kraft und wird gegenstandslos, sobald die in ihr enthaltene Bestimmung in die Gemeinschaftsvorschriften übernommen worden sind.

Es wird darauf hingewiesen, dass diese Absprache nur für die Mitgliedstaaten der Europäischen Gemeinschaft gilt. Die EFTA-Länder erkennen jedoch die so ausgefüllten Einheitspapiere an.

Rechtsgrundlage: Titel I Abschnitt D Nrn. 1, 3, 5, 6 und 7.

Feld 32 Positions-Nr.

Anzugeben ist die fortlaufende Nummer der betreffenden angemeldeten Warenposition im Verhältnis zu allen auf den verwendeten Vordrucken EU und EU/c, IM und IM/c oder CO und CO/c angemeldeten Positionen – vgl. Feld Nr. 5 –.

Bezieht sich die Anmeldung nur auf eine Warenposition, so ist dieses Feld nicht auszufüllen, da die Ziffer 1 im Feld Nr. 5 angegeben sein muss.

Rechtsgrundlage: Titel I Abschnitt D Nrn. 1 und 7.

33 Warennummer				

Feld 33 Warennummer

In das erste Unterfeld sind die ersten acht Stellen der Codenummer einzutragen (Kombinierte Nomenklatur). In das zweite Unterfeld sind die neunte und zehnte Stelle der Codenummer einzutragen (TARIC). In das dritte Unterfeld ist ggf. ein vierstelliger Zusatzcode einzutragen, auf den im EZT-Fenster „Einfuhrmaßnahmen“ im Feld ZC hingewiesen wird (erster Zusatzcode). In das vierte Unterfeld ist ggf. ein weiterer vierstelliger Zusatzcode einzutragen, auf den im EZT-Fenster „Einfuhrmaßnahmen“ hingewiesen wird (zweiter Zusatzcode). In das fünfte Unterfeld ist die elfte Stelle der Codenummer einzutragen (nationale Angabe).

Erstes Unterfeld (Kombinierte Nomenklatur)

Hier sind die **ersten acht Stellen der Codenummer** einzutragen.

Zweites Unterfeld (TARIC)

Hier sind die **neunte und zehnte Stelle der Codenummer** einzutragen.

Drittes Unterfeld (1. Zusatzcode)

Hier ist **ggf. ein vierstelliger Zusatzcode** einzutragen, auf den im EZT-Fenster „Einfuhrmaßnahmen“ im Feld ZC hingewiesen wird.

Viertes Unterfeld (2. Zusatzcode)

Hier ist **ggf. ein weiterer vierstelliger Zusatzcode** einzutragen, auf den im EZT-Fenster „Einfuhrmaßnahmen“ im Feld ZC hingewiesen wird.

Fünftes Unterfeld (Nationale Angaben)

Hier ist **nur die elfte Stelle der Codenummer** einzutragen. Die Eintragung ist linksbündig vorzunehmen.

Rechtsgrundlage: Titel I Abschnitt D Nrn. 1, 3, 5, 6 und 7.

Felder 34 a und 34 b Ursprungsland Code

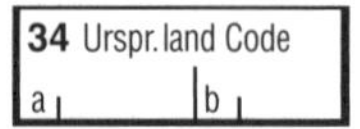

(Feld Nr. 34 a: Auszufüllen; Feld Nr. 34 b: Nicht auszufüllen).

Im Feld Nr 34a ist das Ursprungsland nach dem ISO-alpha-2-Code für Länder (**Anhang 1 A**) anzugeben.

1. Ursprungsland ist das Land, in dem die Waren vollständig gewonnen oder hergestellt worden sind. Waren an der Herstellung einer Ware zwei oder mehr Länder beteiligt, so ist Ursprungsland das Land, in dem die Ware der letzten wesentlichen und wirtschaftlich gerechtfertigten Be- oder Verarbeitung unterzogen worden ist, sofern diese in einem dazu eingerichteten Unternehmen vorgenommen worden ist und zur Herstellung eines neuen Erzeugnisses geführt hat oder eine bedeutende Herstellungsstufe darstellt (vgl. Artikel 23 Abs. 2 und Artikel 24 Zollkodex).
2. Das nach Nummer 1 ermittelte Ursprungsland ist bei Präferenzwaren dann anzugeben, wenn es von dem nach den präferentiellen Regeln ermittelten Ursprungsland abweicht. In diesem Fall ist das nach den präferentiellen Regeln ermittelte Ursprungsland in Feld Nr. 44 anzugeben.
3. **Anstelle des Ursprungslandes ist anzugeben**
   - bei Kunstgegenständen, Sammlungsstücken, Briefmarken für Sammlerzwecke und Antiquitäten das Versendungs-/Ausfuhrland,
   - bei Waren, die in ein Land eingeführt, dort in den freien Verkehr getreten und anschließend so verwendet worden sind, dass sie der Wirtschaft dieses Landes zuzurechnen sind, dieses Land,
   - bei im Ausland hergestellten Gemischen oder Gemengen von Waren aus verschiedenen Ursprungsländern, bei denen der Anteil der Waren aus diesen Ländern an dem Gemisch oder Gemenge nicht feststellbar ist, das Land, in dem das Gemisch oder Gemenge hergestellt worden ist,
   - bei Waren, deren Ursprungsland nicht bekannt ist, das Versendungs-/Ausfuhrland.

Bei der (Wieder-)Einfuhr von Waren mit Gemeinschaftsursprung (z.B. Rückwaren) ist der Code **EU** anzugeben.

Rechtsgrundlage: Titel I Abschnitt D Nrn. 1, 3 und 7.

Feld 35 Rohmasse (kg)

35 Rohmasse (kg)

Anzugeben ist die Rohmasse der in dem entsprechenden Feld Nr. 31 beschriebenen Ware der betreffenden Position, ausgedrückt in Kilogramm. Bei einer Rohmasse von mehr als einem Kilogramm ist bei Dezimalstellen unter 0,5 auf volle Kilogramm abzurunden und bei Dezimalstellen von 0,5 oder mehr auf volle Kilogramm aufzurunden.

Unter Rohmasse versteht man die Masse der Ware mit sämtlichen Umschließungen mit Ausnahme von Beförderungsmaterial und Behältern (Containern).

Die Rohmasse kann für alle in einer Anmeldung aufgeführten Waren in einer Summe angegeben werden; die Felder Nr. 35 der ggf. beigefügten Ergänzungsvordrucke EU/c, IM/c oder CO/c bleiben dann frei.

Rechtsgrundlage: Titel I Abschnitt D Nr. 1.

Feld 36 Präferenz

36 Präferenz

Mit dem hier anzugebenden Code wird die zutreffende Abgabenbegünstigung gemäß Artikel 20 Abs. 4 Zollkodex beantragt.

Anzugeben ist die Abgabenbegünstigung, deren Voraussetzungen zum Zeitpunkt der Abgabe der Zollanmeldung erfüllt sind, unter Benutzung eines dreistelligen nummerischen Codes entsprechend **Anhang 5.** In den Fällen, in denen ein beantragtes Zollkontingent erschöpft ist, gilt der gestellte Antrag für die Anwendung jeder anderen bestehenden Präferenz, soweit für deren Anwendung die Voraussetzungen erfüllt sind.

Wird keine Abgabenbegünstigung beantragt, so ist hier der Code >>100<< anzugeben.

Anmerkung:
Der Anhang 5 enthält unter Abschnitt B eine Liste der gebräuchlichsten Codes für die Beantragung einer Abgabenbegünstigung.

Rechtsgrundlage: Titel I Abschnitt D Nrn. 1, 3 und 7.

Feld 37 VERFAHREN

Anzugeben ist die zollrechtliche Bestimmung, zu der die Waren bei der Bestimmung (Eingang/Einfuhr) angemeldet werden, unter Benutzung eines vierstelligen nummerischen oder ggf. siebenstelligen alphanummerischen Codes entsprechend **Anhang 6.**

Der Code ist jeweils aus einem vierstelligen Gemeinschaftscode (die ersten zwei Stellen für die angemeldete zollrechtliche Bestimmung; die nächsten zwei Stellen für die vorangegangene zollrechtliche Bestimmung) und einem ggf. weiteren dreistelligen Code, mit dem u.a. eine bestimmte Zollbefreiung beantragt wird, zusammenzusetzen. Die vier Ziffern des Gemeinschaftscodes sind in das **erste Unterfeld** einzutragen; der weitere dreistellige Code ist im **zweiten Unterfeld** anzufügen. Sofern keiner der Codes aus Anhang 6 – Abschnitt B zutreffend ist, ist das **zweite Unterfeld** nicht auszufüllen.

Beispiel: Abfertigung einer aus den USA nach Deutschland eingeführten Ware (Nichtgemeinschaftsware) zum zoll- und steuerrechtlich freien Verkehr ohne steuerbefreiende Lieferung nach § 5 Abs. 1 Nr. 3 oder Nr. 4 UStG; die Ware hat sich nicht in einer vorangegangenen zollrechtlichen Bestimmung befunden.

1. Bildung des Gemeinschaftscodes (Anhang 6 Abschnitt A):

– a) Angemeldetes Verfahren: 40
(1. und 2. Ziffer)

– b) Vorangegangenes Verfahren: 00
(3. und 4. Ziffer)

2. Weiterer Code (Anhang 6 Abschnitt B)

Sofern keiner der Codes hinsichtlich der Ausfuhr zutrifft, bleibt das zweite Unterfeld offen.

Somit einzutragen: **37** VERFAHREN 4000 |

Wenn aber z.B. für die Ware als Muster eine außertarifliche Zollbefreiung beantragt wird, ist im zweiten Unterfeld der Code C30 einzutragen.

Somit einzutragen: **37** VERFAHREN 4000 | C30

Anmerkung:
Der Anhang 6 enthält unter Abschnitt C Teil I eine Liste der häufigsten Verfahrenscodes bei der Bestimmung (Eingang/Einfuhr).

Rechtsgrundlage: Titel I Abschnitt D Nrn. 1, 3 und 7.

38 Eigenmasse (kg)

Feld 38 Eigenmasse (kg)

Anzugeben ist die Eigenmasse der in dem entsprechenden Feld Nr. 31 beschriebenen Ware der betreffenden Position, ausgedrückt in Kilogramm. Bei einer Eigenmasse von mehr als einem Kilogramm ist bei Dezimalstellen unter 0,5 auf volle Kilogramm abzurunden und bei Dezimalstellen von 0,5 oder mehr auf volle Kilogramm aufzurunden. Bei einer Eigenmasse von weniger als 500 Gramm ist auf „0" und ab 500 Gramm auf 1 kg zu runden.

Unter Eigenmasse versteht man die Masse der Ware ohne alle Umschließungen.

Rechtsgrundlage: Titel I Abschnitt D Nrn. 1, 3 und 7.

39 Kontingent

Feld 39 Kontingent

Bei Zollkontingentswaren wird die vierstellige Nummer des Zollkontingents aus dem Anhang ZK (Zollkontingente) des Elektronischen Zolltarifs eingetragen. Eine Eintragung der Nummer ist nur erforderlich, wenn ein bestimmtes Kontingent beantragt wird.

Rechtsgrundlage: Titel I Abschnitt D Nr. 1.

Feld 40 Summarische Anmeldung/ Vorpapier

40 Summarische Anmeldung/Vorpapier

Unter Verwendung der im **Anhang 9** vorgesehenden Codes sind die Bezugsnummern der gegebenenfalls verwendeten summarischen Anmeldung, einer vereinfachten Anmeldung oder der etwaigen Vorpapiere anzugeben.

Rechtsgrundlage: Titel I Abschnitt D Nrn. 1 und 3.

Feld 41 Besondere Maßeinheit

41 Besondere Maßeinheit

Anzugeben ist für jede Position der Zahlenwert für die im Warenverzeichnis für die Außenhandelsstatistik vorgegebene Besondere Maßeinheit. Die Bezeichnung der Maßeinheit selbst ist nicht anzugeben (Beispiel: bei „1000 Stück“ ist der Zahlenwert „1000“ anzugeben).

Rechtsgrundlage: Titel I Abschnitt D Nrn. 1 und 7.

Feld 42 Artikelpreis

42 *Artikelpreis*

Anzugeben ist der Rechnungspreis der zu dieser Position in Feld Nr. 31 angemeldeten Waren. Dieser ist in der Währung anzugeben, die auch im Feld Nr. 22 (1. Unterfeld) genannt wurde. Sofern die Zollanmeldung nur eine Position umfasst, braucht das Feld nicht ausgefüllt zu werden.

Feld 43 Bewertungsmethode Code

43 *B. M.* *Code*

(Nicht auszufüllen).

Feld 44 Besondere Vermerke/ Vorgelegte Unterlagen/Bescheinigungen und Genehmigungen

Einzutragen sind die aufgrund der im Bestimmungsmitgliedstaat ggf. anwendbaren spezifischen Regelungen erforderlichen Angaben sowie die Bezugsangaben aller mit der Anmeldung vorgelegten Unterlagen einschließlich etwaiger Kontrollexemplare T 5. Das Unterfeld „Code Besondere Vermerke“ (Code B. V.) ist nicht auszufüllen.

Für besondere Vermerke ist ein fünfstelliger Code einzutragen **(Anhang 10)**. Dieser Code wird hinter dem betreffenden Vermerk angebracht.

Beispiel: Zur Beendigung der vorübergehenden Verwendung werden Waren in ein Nichterhebungsverfahren (z.B. das Zolllagerverfahren) übergeführt (Artikel 583 Zollkodex-DVO). In Feld Nr. 44 ist daher Folgendes einzutragen: „VV-Waren – 10500“.

Die zusammen mit der Anmeldung vorgelegten Unterlagen, Bescheinigungen und Bewilligungen sind in Form eines vierstelligen Codes anzugeben, auf den – sofern vorhanden – entweder eine Kennnummer oder ein sonstiger eindeutiger Hinweis folgt **(Anhang 11)**.

Im Feld Nr. 44 sind insbesondere auch zu vermerken:

- bei der Überführung von Waren in den zollrechtlich freien Verkehr zur besonderen Verwendung (unter zollamtlicher Überwachung) ggf. der abweichende Antrag auf einfuhrumsatzsteuerrechtliche Überführung in den freien Verkehr,
- etwaige besondere verbrauchsteuerrechtliche Anträge (z.B. das Verbringen verbrauchsteuerpflichtiger Waren unter Steueraussetzung in ein Steuerlager, vgl. Anmerkung zu Code 45 in Anhang 6),
- die Verwendung der „Anmeldung der Angaben über Verbrauchsteuern“ (Vordruck 0467),
- der Name des betreffenden zwischenstaatlichen Produktionsprogramms (vgl. Feld Nr. 24),
- Nummer und Datum der Einfuhrgenehmigung (EG), Einfuhrlizenz (EL) oder des Überwachungsdokuments (ÜD),

- Nummer und Datum der Genehmigung des Statistischen Bundesamtes bei der Verwendung entsprechender Warennummern aus dem Kapitel 99 des Warenverzeichnisses für die Außenhandelsstatistik,
- sofern bei der Einfuhr von Waren zu einem Zolllagerverfahren mit der Zollanmeldung (z.B. Vordruck 0747) die außenwirtschaftsrechtliche Einfuhrabfertigung beantragt wird, Nummer und Datum des ÜD oder der EG – wenn keine ÜD oder keine EG erforderlich ist – der Buchstabe „E",
- wenn die zu erhebende Einfuhrumsatzsteuer in voller Höhe als Vorsteuer abgezogen werden kann: „Hinsichtlich aller angemeldeten Waren zum vollen Vorsteuerabzug berechtigt.",
- die Art (z.B. EUR.1, ATR oder Ursprungserklärung) und ggf. die Nummern vorgelegter Präferenznachweise,
- das nach den präferentiellen Regeln ermittelte Ursprungsland, wenn es von dem in Feld Nr. 34a angemeldeten Ursprungsland abweicht,
- Nummer und Datum von Bewilligungen,*)

***) Anmerkung:**
Bei Überführung in ein Zollverfahren mit wirtschaftlicher Bedeutung (ohne Zolllagerverfahren) ist in Fällen des Artikels 508 Abs. 1 Zollkodex-DVO ein Hinweis auf den gestellten Antrag, ansonsten in Fällen, bei denen die Bewilligung durch Annahme der Zollanmeldung erteilt wird (Artikel 505 Buchstabe b Zollkodex-DVO), sind die in Artikel 499 zweiter Unterabsatz Zollkodex-DVO genannten Angaben zu machen.

- Datum und Nummer des Anteilscheins,
- die Überwachungszollstelle mit Name und vollständiger Anschrift (z.B. bei Abgabe einer Anmeldung von Waren zur Überführung in die Zolllagerverfahren bei einer anderen Zollstelle als der Überwachungszollstelle),
- bei Verwendung als summarische Anmeldung ggf. vorhandene Nämlichkeitsmittel,
- Art und Bezeichnung der ggf. in Bezug auf VuB beizulegenden Dokumente und Bescheinigungen,
- die Nummer der Genehmigung nach dem Kriegswaffenkontrollgesetz (zusätzlich zur Nummer der nach anderen Rechtsvorschriften zu erteilenden Genehmigungen),
- die Zertifikatnummer, die ausstellende Behörde, das Datum der Ausstellung und die Gültigkeitsdauer des Kimberley-Zertifikats für Rohdiamanten,
- bei Überführung in den zoll- und steuerrechtlich freien Verkehr mit Luftfahrttauglichkeitsbescheinigung: „Einfuhr mit Luftfahrttauglichkeitsbescheinigung – 10100". Dies gilt auch bei Anwendung eines vereinfachten Verfahrens/Verwendung von Ersatzpapieren,
- in den Fällen, in denen sich an die Einfuhr unmittelbar eine steuerbefreiende innergemeinschaftliche Lieferung anschließt (Verfahrenscode 42 in Feld 37; § 5 Abs. 1 Nr. 3 UStG, siehe auch VSF Z 82 50 Nr. 1 Abs. 17): Name oder Firma, Anschrift sowie Umsatzsteuer-Identifikationsnummer des Erwerbers im Bestimmungsmitgliedstaat,
- wenn Waren im Anschluss an die Einfuhr unmittelbar in ein Umsatzsteuerlager eingelagert werden (steuerbefreiende Lieferung gem. § 5 Abs. 1 Nr. 4 UStG; Verfahrenscode 45 in Feld 37): Name oder Firma und Anschrift des Lagerhalters, die Bewilligungsnummer des Umsatzsteuerlagers sowie das bewilligende Finanzamt.

Rechtsgrundlage: Titel I Abschnitt D Nrn. 1, 3, 5, 6 und 7.

Feld 45 Berichtigung

45 *Berichtigung*

(Nicht auszufüllen).

Feld 46 Statistischer Wert

46 Statistischer Wert

Anzugeben ist der Betrag des sich nach den geltenden Gemeinschaftsregeln bzw. innerstaatlichen Regeln ergebenden Statistischen Wertes (Grenzübergangswert) in vollen Euro.

Statistischer Wert ist der auf den Ausstellungspflichtigen bezogene Rechnungspreis für den Kauf der Ware, sofern dieser einerseits alle Vertriebskosten für die Waren im Landverkehr, Luftverkehr und Binnenschiffsverkehr „frei deutsche Grenze", im Seeverkehr „cif deutscher Entladehafen" und im Postverkehr „frei Bestimmungspostanstalt" umfasst, andererseits aber keine darüber hinausgehenden Vertriebskosten enthält. Zum Statistischen Wert gehören auch die Kosten, die für die Lagerung und für die Erhaltung der Waren im Ausland entstanden sind, und zwar auch dann, wenn der Empfänger/Einführer diese Kosten zu tragen hat. In den Statistischen Wert dürfen keinesfalls die in der Bundesrepublik Deutschland oder in einem anderen Mitgliedstaat entrichteten Zölle einbezogen werden. Bei anders gestellten Rechnungspreisen ist der Statistische Wert der auf der Basis von Satz 1 umgerechnete Rechnungspreis.

Bei dem Eingang/der Einfuhr nach passiver Veredelung gilt als Statistischer Wert der bei der Versendung/Ausfuhr angemeldete Statistische Wert der unveredelten Waren (Waren der vorübergehenden Ausfuhr) zuzüglich aller im Ausland für die Veredelung und für die Beförderung der Waren vom Grenzort bei der Versendung/Ausfuhr bis zum Grenzort bei dem Eingang/der Einfuhr entstandenen Kosten einschließlich des Wertes der Zutaten und des auf die Veredelungserzeugnisse entfallenden Wertes verwendeter Vorlagen des Auftraggebers sowie der Kosten des Verpackens und der Umschließungen, auch wenn diese durch den Auftraggeber zur Verfügung gestellt werden.

Fehlt im Zeitpunkt der Anmeldung eine Grundlage für die Bildung des Statistischen Wertes, so ist er unter Berücksichtigung der o. g. Grundsätze zu schätzen.

Rechtsgrundlage: Titel I Abschnitt D Nr. 7.

Feld 47 Abgabenberechnung

47 Abgabenberechnung	Art	Bemessungsgrundlage	Satz	Betrag	ZA
	Summe:				

In der Spalte **„Art“** ist für die Abgabenart der entsprechende Code aus **Anhang 7** anzugeben.

In der Spalte **„Bemessungsgrundlage“** ist für jede Abgabenart die Bemessungsgrundlage in einer Summe einzutragen (z. B. für den Zoll der ggf. aus der „Anmeldung der Angaben über den Zollwert“ – Vordruck 0464 – zu übernehmende Zollwert; für Verbrauchsteuern die Angaben aus Feld Nr. 31 oder der „Anmeldung der Angaben über Verbrauchsteuern“ – Vordruck 0467 –; für die Einfuhrumsatzsteuer der Zollwert, bei Einfuhr nach passiver Veredelung statt dessen das Veredelungsentgelt, sowie die Kosten für die Vermittlung der Lieferung und die Beförderungskosten bis zum ersten Bestimmungsort im Gemeinschaftsgebiet bzw. bis zu einem weiteren Bestimmungsort im Gemeinschaftsgebiet, sofern dieser im Zeitpunkt des Entstehens der Einfuhrumsatzsteuer bereits feststeht). Einzelangaben sind im Feld Nr. 31 zu vermerken.

In die Bemessungsgrundlage für die Einfuhrumsatzsteuer etwa einzubeziehende Zoll- und Verbrauchsteuerbeträge brauchen nicht angegeben zu werden.

Bei Selbstberechnung sind in den Spalten **„Satz“** und **„Betrag“** der Abgabensatz und -betrag anzugeben. Die Selbstberechnung gilt als Steuerfestsetzung unter Vorbehalt der Nachprüfung im Sinne des § 168 Satz 1 Abgabenordnung.

Für die Spalte **„ZA“ (=Zahlungsart)** sind folgende Buchstaben zu verwenden:

A – Barzahlung

C – Verrechnungsscheck (Banküberweisung)

D – Andere

E – Zahlungsaufschub

F – Lastschriftverfahren

Anmerkung: Wenn keine Abgaben erhoben werden (z. B. bei Rückwaren), sind Eintragungen in diesem Feld nicht erforderlich. Das Gleiche gilt für die Eintragungen bezüglich des Zolls bei Waren, die tariflich oder aufgrund einer Präferenz zollfrei sind, es sei denn, es handelt sich um Zollkontingents- oder sonstige überwachungspflichtige Waren.

Rechtsgrundlage: Titel I Abschnitt D Nrn. 1, 3 und 5.

Feld 48 Zahlungsaufschub

48 Zahlungsaufschub

Dieses Feld ist nur bei Zahlungsaufschub auszufüllen. Neben der Nummer des Aufschubkontos ist kenntlich zu machen, ob der Zahlungsaufschub für eigene (E) oder fremde (F) Abgabenschulden des Aufschubnehmers in Anspruch genommen werden soll. Werden hierbei mehrere Aufschubkonten berührt, können die Konto-Nummern auch in Feld B angegeben werden.

Der Antrag auf Zahlungsaufschub ist mit dieser Eintragung wirksam gestellt, wenn die Unterschrift in Feld 54 von einem auf der Rückseite des Aufschubnehmerausweises aufgeführten Unterschriftsberechtigten geleistet wurde. Anderenfalls ist der Antrag auf Zahlungsaufschub stets auf einem gesonderten Blatt zu stellen.

Rechtsgrundlage: Titel I Abschnitt D Nrn. 1, 3 und 5.

Feld 49 Bezeichnung des Lagers

49 Bezeichnung des Lagers

Das Lager (Zolllager des Typs C, D, E, F oder Freilager) ist durch die Angabe der Lagernummer (Kennnummer) zu bezeichnen.

Rechtsgrundlage: Titel I Abschnitt D Nrn. 1 und 3.

Feld 50 Hauptverpflichteter (bevollmächtigter Vertreter; Ort und Datum; Unterschrift)

50 Hauptverpflichteter	Nr.	Unterschrift:
vertreten durch Ort und Datum:		

(Nicht auszufüllen).

Feld 51 Vorgesehene Durchgangszollstellen (und Land)

51 Vorgesehene Durchgangszollstellen (und Land)						

(Nicht auszufüllen).

Feld 52 Sicherheit

52 Sicherheit nicht gültig für	Code

(Nicht auszufüllen).

Feld 53 Bestimmungsstelle (und Land)

53 Bestimmungsstelle (und Land)

(Nicht auszufüllen).

Feld 54 Ort und Datum; Unterschrift und Name des Anmelders/Vertreters

54 Ort und Datum:
Unterschrift und Name des Anmelders/Vertreters:

Die Exemplare Nrn. 6 und 7 müssen vom Anmelder bzw. Bevollmächtigten (Vertreter, ggf. Untervertreter) handschriftlich unterzeichnet werden; neben seiner Unterschrift hat der Anmelder bzw. Vertreter seinen Namen und Vornamen anzugeben. Handelt es sich bei dem Anmelder bzw. Vertreter um eine juristische Person, so hat der Unterzeichner neben seiner Unterschrift und seinem Namen und Vornamen auch seine Stellung innerhalb der Firma anzugeben.

Vorschriften über den Einsatz von Datenverarbeitungsanlagen können Abweichendes regeln.

Zur Vermeidung unnötiger Verzögerungen bei etwaigen Rückfragen wird die Angabe der Telefonnummer des Anmelders/ Vertreters empfohlen.

Rechtsgrundlage: Titel I Abschnitt D Nrn. 1, 3, 5 und 7.

Titel III – Bemerkungen zu den Ergänzungsvordrucken EU/c, EX/c, IM/c, CO/c, T 1 BIS, T 2 BIS, T 2 F BIS, T 2 L BIS und T 2 LF BIS

A. Die Ergänzungsvordrucke dürfen nur verwendet werden, wenn mehrere Warenpositionen anzumelden sind (vgl. Feld Nr. 5). Sie dürfen nur in Verbindung mit einem Vordruck EU, EX, IM, CO, T 1, T 2, T 2 F BIS, T 2 L oder T 2 LF vorgelegt werden.

Bezüglich der Verwendung der Vordrucke EU, IM oder CO wird auf Titel I Abschnitt C Absatz 39 letzter Satz besonders hingewiesen.

B. Die Bemerkungen unter den Titeln I und II gelten auch für die Ergänzungsvordrucke.

Jedoch

- muss das erste Unterfeld des Feldes Nr. 1 die Kurzbezeichnung EU/c, EX/c, IM/c bzw. CO/c und das dritte Unterfeld des Feldes Nr. 1 die Kurzbezeichnung T 1 BIS, T 2 BIS, T 2 F BIS, T 2 L BIS bzw. T 2 LF BIS enthalten. Die Kurzbezeichnungen im ersten Unterfeld des Feldes Nr. 1 sind nicht erforderlich, wenn das Einheitspapier ausschließlich als Anmeldung zum gemeinschaftlichen Versandverfahren (Exemplare Nrn. 1, 4, 5 und 7) oder als Versandpapier T 2 L/T 2 LF (Exemplar Nr. 4) verwendet wird;
- sind im Feld Nr. 2/8 der Name und ggf. die Kenn-Nummer der betreffenden Person zu vermerken;
- betrifft bei Selbstberechnung der Teil „Zusammenfassung“ im Feld Nr. 47 die endgültige Zusammenfassung sämtlicher Positionen aus den verwendeten Vordrucken EU, EX, IM bzw. CO und EU/c, EX/c, IM/c bzw. CO/c. Diese Zusammenfassung braucht daher nur in den letzten der einem Vordruck EU, EX, IM bzw. CO beigefügten Vordrucke EU/c, EX/c, IM/c bzw. CO/c eingetragen zu werden, um einerseits den Betrag je Abgabenart und andererseits den Gesamtbetrag der geschuldeten Abgaben aufzuzeigen.

C. Bei Verwendung von Ergänzungsvordrucken sind die nicht verwendeten Felder „Packstücke und Warenbezeichnung“ so durchzustreichen, dass jede spätere Benutzung ausgeschlossen ist.

Anhang 1 A – Länderverzeichnis für die Außenhandelsstatistik – ISO-alpha-2-Code für Länder

(Stand: Januar 2006)

Land	Code
Afghanistan	AF
Ägypten	EG
Albanien	AL
Algerien	DZ
Amerikanisch-Samoa	AS
Amerikanische Jungferninseln	VI
Amerikanische Überseeinseln, kleinere	UM
Andorra	AD
Angola	AO
Anguilla	AI
Antarktis	AQ
Antigua und Barbuda	AG
Äquatorialguinea	GQ
Arabische Republik Syrien	SY
Argentinien	AR
Armenien	AM
Aruba	AW
Aserbaidschan	AZ
Äthiopien	ET
Australien	AU
Bahamas	BS
Bahrain	BH
Bangladesch	BD
Barbados	BB
Belarus	BY
Belgien	BE
Belize	BZ
Benin	BJ
Bermuda	BM
Besetzte palästinensische Gebiete	PS
Bhutan	BT
Bolivien	BO
Bosnien und Herzegowina	BA
Botsuana	BW
Bouvetinsel	BV
Brasilien	BR
Britische Jungferninseln	VG
Britisches Territorium im Indischen Ozean	IO
Brunei Darussalam	BN
Bulgarien	BG
Burkina Faso	BF
Burundi	BI
Ceuta	XC
Chile	CL
Cookinseln	CK
Costa Rica	CR
Côte d'Ivoire	CI
Dänemark	DK
Demokratische Republik Kongo	CD
Demokratische Volksrepublik Korea (Nordkorea)	KP
Demokratische Volksrepublik Laos	LA
Deutschland	DE
Dominica	DM
Dominikanische Republik	DO
Dschibuti	DJ
Ecuador	EC
Ehemalige Jugoslawische Republik Mazedonien	MK
El Salvador	SV
Eritrea	ER
Estland	EE
Falklandinseln	FK
Färöer	FO
Fidschi	FJ
Finnland	FI
Föderierte Staaten von Mikronesien	FM
Frankreich	FR
Französisch-Polynesien	PF
Französische Südgebiete	TF
Gabun	GA
Gambia	GM
Georgien	GE
Ghana	GH
Gibraltar	GI
Grenada	GD
Griechenland	GR
Grönland	GL
Guam	GU
Guatemala	GT
Guinea	GN
Guinea-Bissau	GW
Guyana	GY
Haiti	HT
Heard und McDonaldinseln	HM
Honduras	HN
Hongkong	HK
Indien	IN
Indonesien	ID
Irak	IQ
Irland	IE
Islamische Republik Iran	IR
Island	IS
Israel	IL
Italien	IT
Jamaika	JM
Japan	JP
Jemen	YE
Jordanien	JO
Kaimaninseln	KY
Kambodscha	KH
Kamerun	CM
Kanada	CA
Kap Verde	CV
Kasachstan	KZ
Katar	QA
Kenia	KE
Kirgisistan	KG
Kiribati	KI
Kokosinseln (Keelinginseln)	CC
Kolumbien	CO
Komoren	KM
Kosovo	XK
Kroatien	HR
Kuba	CU
Kuwait	KW
Lesotho	LS
Lettland	LV
Libanon	LB
Liberia	LR
Libysch-Arabische Dschamahirija	LY
Liechtenstein	LI
Litauen	LT
Luxemburg	LU
Macau	MO
Madagaskar	MG
Malawi	MW
Malaysia	MY
Malediven	MV
Mali	ML
Malta	MT
Marokko	MA
Marshallinseln	MH
Mauretanien	MR
Mauritius	MU
Mayotte	YT
Melilla	XL
Mexiko	MX
Mongolei	MN
Montenegro	XM
Montserrat	MS
Mosambik	MZ
Myanmar	MM
Namibia	NA
Nauru	NR
Nepal	NP
Neukaledonien	NC
Neuseeland	NZ
Nicaragua	NI
Niederlande	NL
Niederländische Antillen	AN
Niger	NE
Nigeria	NG
Niue	NU
Nördliche Marianen	MP
Norfolkinsel	NF
Norwegen	NO
Oman	OM
Österreich	AT

noch – **Länderverzeichnis für die Außenhandelsstatistik – ISO-alpha-2-code für Länder**

Land	Code
Pakistan	PK
Palau	PW
Panama	PA
Papua-Neuguinea	PG
Paraguay	PY
Peru	PE
Philippinen	PH
Pitcairn-Inseln	PN
Polen	PL
Portugal	PT
Republik Kongo	CG
Republik Korea (Südkorea)	KR
Republik Moldau	MD
Ruanda	RW
Rumänien	RO
Russische Föderation	RU
Salomonen	SB
Sambia	ZM
Samoa	WS
San Marino	SM
São Tomé und Príncipe	ST
Saudi-Arabien	SA
Schiffs- und Luftfahrzeugbedarf (Lieferungen von Schiffs- und Luftfahrzeugbedarf auf Schiffe und Luftfahrzeuge in deutschen (Flug-)Häfen)	QQ
Schweden	SE
Schweiz	CH
Senegal	SN
Serbien	XS
Seychellen	SC
Sierra Leone	SL
Simbabwe	ZW
Singapur	SG
Slowakei	SK
Slowenien	SI
Somalia	SO
Spanien	ES
Siri Lanka	LK
St. Helena	SH
St. Kitts und Nevis	KN
St. Lucia	LC
St. Pierre und Miquelon	PM
St. Vincent und die Grenadinen	VC
Südafrika	ZA
Sudan	SD
Südgeorgien und die Südlichen Sandwichinseln	GS
Suriname	SR
Swasiland	SZ
Tadschikistan	TJ
Taiwan	TW
Thailand	TH
Timor-Leste	TL
Togo	TG
Tokelau	TK
Tonga	TO
Trinidad und Tobago	TT
Tschad	TD
Tschechische Republik	CZ
Tunesien	TN
Türkei	TR
Turkmenistan	TM
Turks- und Caicosinseln	TC
Tuvalu	TV
Uganda	UG
Ukraine	UA
Ungarn	HU
Uruguay	UY
Usbekistan	UZ
Vanuatu	VU
Vatikanstadt	VA
Venezuela	VE
Vereinigte Arabische Emirate	AE
Vereinigte Republik Tansania	TZ
Vereinigtes Königreich	GB
Vereinigte Staaten	US
Vietnam	VN
Volksrepublik China	CN
Wallis und Futuna	WF
Weihnachtsinsel	CX
Zentralafrikanische Republik	CF
Zypern	CY

Bundesländer der Bundesrepublik Deutschland

01 Schleswig-Holstein
02 Hamburg
03 Niedersachsen
04 Bremen
05 Nordrhein-Westfalen
06 Hessen
07 Rheinland-Pfalz
08 Baden-Württemberg
09 Bayern
10 Saarland
11 Berlin
12 Brandenburg
13 Mecklenburg-Vorpommern
14 Sachsen
15 Sachsen-Anhalt
16 Thüringen

Das Länderverzeichnis dient nur statistischen Zwecken. Aus den Bezeichnungen kann keine Bestätigung oder Anerkennung des politischen Status eines Landes oder der Grenzen seines Gebietes abgeleitet werden.

Alphabetisches Stichwortverzeichnis

Stichwort	Code
Abu Dhabi	AE
Aden	YE
Adschman	AE
Afghanistan	AF
Ägypten	EG
Albanien	AL
Algerien	DZ
Amerikanisch-Samoa	AS
Amerikanische Überseeinseln, kleinere	UM
Amiranten-I^n	SC
Andorra	AD
Angola	AO
Anguilla	AI
Annobon-I	GQ
Antarktis	AQ
Antigua-I	AG
Antillen, Niederl.	AN
Äquatorialguinea	GQ
Arab. Emirate, Ver.	AE
Argentinien	AR
Armenien	AM
Aruba-I	AW
Ascension	SH
Aserbaidschan	AZ
Äthiopien	ET
Australien	AU
Azoren	PT
Bahamas	BS
Bahrain	BH
Baker-I	UM
Bangladesch	BD
Barbados-I	BB
Barbuda	AG
Belarus	BY
Belau	PW
Belgien	BE
Belize	BZ
Benin	BJ
Bermuda	BM
Besetzte palästinensische Gebiete	PS
Bhutan	BT
Birma (ehem.)	MM
Bolivien	BO
Bonaíre-I	AN
Borneo, Nord-	MY
Borneo, Süd-	ID
Bosnien	BA
Botsuana	BW
Bouvetinsel	BV
Brasilien	BR
Britisches Territorium im Indischen Ozean	IO
Brunei Darussalam	BN
Bulgarien	BG
Burkina Faso	BF
Burundi	BI
Büsingen	CH
Cabinda-Landana	AO
Caicos-I^n	TC
Campbell-I	NZ
Ceuta	XC
Ceylon (ehem.)	LK
Chile	CL
China	CN
Cook-I^n	CK
Cookinseln	CK
Costa Rica	CR
Côte d'Ivoire	CI
Cristobal	PA
Curaçao-I	AN
Dahome (ehem.)	BJ
Dänemark	DK
Demokratische Republik Kongo	CD
Désirade-I	FR
Deutschland	DE
Dominica-I	DM
Dominikanische Republik	DO
Dschibuti	DJ
Dubai	AE
Ecuador	EC
Elfenbeinküste	CI
El Salvador	SV
Eritrea	ER
Estland	EE
Falkland-I^n	FK
Färöer-I^n	FO
Fidschi	FJ
Finnland	FI
Föderierte Staaten von Mikronesien	FM
Formosa (ehem.)	TW
Frankreich	FR
Französische Südgebiete	TF
Fudschaira	AE
Futuna-I	WF
Gabun	GA
Galapagos-I^n	EC
Gambia	GM
Gazastreifen	PS
Georgien	GE
Gesellschafts-I^n	PF
Ghana	GH
Gibraltar	GI
Gilbert-I^n (ehem.)	KI
Grenada-I	GD
Griechenland	GR
Grönland	GL
Großbritannien	GB
Guadeloupe-I^n	FR
Guam	GU
Guam-I	GU
Guatemala	GT
Guayana, Französisch-	FR
Guinea	GN
Guinea-Bissau	GW
Guyana	GY
Haiti	HT
Heard- und McDonaldinseln	HM
Heard-I	HM
Heiliger Stuhl (Vatikanstadt)	VA
Herzegowina	BA
Honduras	HN
Hongkong	HK
Howland-I	UM
Indien	IN
Indonesien	ID
Innere Mongolei	CN
Irak	IQ
Iran, Islamische Republik	IR
Irland	IE
Island	IS
Israel	IL
Italien	IT
Jamaika	JM
Japan	JP
Jemen	YE
Jericho	PS
Jordanien	JO
Jungfern-I^n, Amerik.	VI
Jungfern-I^n, Brit.	VG
Kaimaninseln	KY
Kambodscha	KH
Kamerun	CM
Kanada	CA
Kanal-I^n, Brit.	GB
Kanarische I^n	ES
Kap Verde	CV
Karolinen-I^n	FM
Kasachstan	KZ
Katar	QA
Kenia	KE
Kirgisistan	KG
Kiribati	KI
Kokos-(Keeling-)I^n	CC
Kokosinseln (Keelinginseln)	CC
Kolumbien	CO
Komoren	KM
Kongo, Dem. Rep.	CD
Kongo, Republik	CG
Korea, Dem. Volksrep. (Nordkorea)	KP
Korea, Republik (Südkorea)	KR
Kosovo	XK
Kroatien	HR
Kuba	CU
Kuwait	KW
Laos, Dem. Volksrep.	LA
Lesotho	LS
Les Saintes-I^n	FR
Lettland	LV
Libanon	LB
Liberia	LR
Libysch-Arabische Dschamahirija	LY
Liechtenstein	LI
Litauen	LT
Lord-Howe-I (austral.)	AU
Lord-Howe-I^n (Salomonen)	SB
Luxemburg	LU
Macau	MO
Madagaskar	MG
Madeira	PT

noch **Anhang 1A**

noch – **Alphabetisches Stichwortverzeichnis**

Stichwort	Code
Malawi	MW
Malaysia	MY
Malediven	MV
Mali	ML
Malta	MT
Man-I	GB
Mandschurei	CN
Marie-Galante-I	FR
Marokko	MA
Marshall-I^n	MH
Martinique-I	FR
Mauretanien	MR
Mauritius	MU
Mayotte	YT
Mazedonien	MK
McDonald-I^n	HM
Melilla	XL
Mexiko	MX
Midway-I^n	UM
Mikronesien, Föderierte Staaten von	FM
Miquelon-I^n	PM
Moldau, Republik	MD
Monaco	FR
Mongolei	MN
Montenegro	XM
Montserrat-I	MS
Mosambik	MZ
Myanmar	MM
Namibia	NA
Nauru	NR
Nepal	NP
Neukaledonien	NC
Neuseeland	NZ
Nevis-I	KN
Nicaragua	NI
Niederlande	NL
Niederländische Antillen	AN
Niger	NE
Nigeria	NG
Niue	NU
Niue-I	NU
Nord-Grenadinen	VC
Nordborneo (Sabah)	MY
Nordirland	GB
Nördliche Marianen	MP
Norfolk-I	NF
Norfolkinsel	NF
Norwegen	NO
Obervolta (ehem.)	BF
Oman	OM
Österreich	AT
Ost-Jerusalem	PS
Osttimor (ehem.)	TL
Pakistan	PK
Palau	PW
Panama (einschl. ehem. Kanalzone)	PA
Papua-Neuguinea	PG
Paraguay	PY
Peru	PE
Philippinen	PH
Pitcairn-Inseln	PN
Polen	PL
Polynesien, Fr.-	PF
Portugal	PT
Príncipe-I	ST
Puerto Rico	US
Ras el-Chaima	AE
Réunion	FR
Rhodesien (ehem.)	ZW
Riukiu-I^n	JP
Ruanda	RW
Rumänien	RO
Russische Föderation	RU
Russland	RU
Sabah	MY
Saba-I	AN
Salomonen	SB
Salomon-I^n (Papua)	PG
Sambia	ZM
Samoa	WS
Samoa (West-) (ehem.)	WS
Samoa, amerikanisch	AS
San Marino	SM
Sansibar	TZ
Santa-Cruz-I^n	SB
São-Tomé-I	ST
Sarawak	MY
Saudi-Arabien	SA
Schardscha	AE
Schweden	SE
Schweiz	CH
Senegal	SN
Serbien	XS
Seychellen	SC
Sierra Leone	SL
Sikkim	IN
Simbabwe	ZW
Singapur	SG
Slowakei	SK
Slowenien	SI
Somalia	SO
Sous-le-Vent-I^n	PF
Spanien	ES
Sri Lanka	LK
St. Barthélemy	FR
St. Christoph (St. Kitts) – Nevis (ehemals)	KN
St. Eustatius-I	AN
St. Helena-I	SH
St. Kitts-I	KN
St. Lucia	LC
St. Martin-I (franz.)	FR
St. Martin-I (niederl.)	AN
St. Pierre-I^n	PM
St. Vincent-I	VC
Sudan	SD
Südafrika	ZA
Südborneo	ID
Südgeorgien	GS
Südgeorgien und die Südlichen Sandwichinseln	GS
Süd-Grenadinen	GD
Südkorea	KR
Süd-Sandwich-I^n	GS
Suriname	SR
Svalbard	NO
Swan-(Schwan-)I^n	HN
Swasiland	SZ
Syrien, Arab. Rep.	SY
Tadschikistan	TJ
Tahiti-I	PF
Taiwan	TW
Tansania, Verein. Rep.	TZ
Tasmanien	AU
Teneriffa	ES
Thailand	TH
Tibet	CN
Timor-Leste	TL
Tobago-I	TT
Togo	TG
Tokelauinseln	TK
Tokelau-(Union-)I^n	TK
Tonga	TO
Trinidad-I	TT
Tristan da Cunha-I	SH
Tschad	TD
Tschagos-I^n	IO
Tschechische Republik	CZ
Tuamotu-(Paumotu-)I^n	PF
Tubuai-I^n	PF
Tunesien	TN
Türkei	TR
Turkmenistan	TM
Turks-I^n	TC
Tuvalu	TV
Uganda	UG
Ukraine	UA
Umm al-Kaiwain	AE
Ungarn	HU
Uruguay	UY
Usbekistan	UZ
Vanuatu	VU
Vatikanstadt	VA
Venezuela	VE
Verein. Arab. Emirate	AE
Vereinigtes Königreich	GB
Vereinigte Staaten	US
Vietnam	VN
Wake-I	UM
Wallis-I^n	WF
Weihnachts-I (Ind. Oz.)	CX
Weihnachts-I (Paz. Oz.)	KI
Weißrussland	BY
Westjordanland	PS
Zaire, Rep. (ehem.)	CD
Zentralafrikanische Republik	CF
Zypern	CY

Das Länderverzeichnis dient nur statistischen Zwecken. Aus den Bezeichnungen kann keine Bestätigung oder Anerkennung des politischen Status eines Landes oder der Grenzen seines Gebietes abgeleitet werden.

Alphabetisches Codeverzeichnis

Code	Land
AD	Andorra
AE	Vereinigte Arabische Emirate
AF	Afghanistan
AG	Antigua und Barbuda
AI	Anguilla
AL	Albanien
AM	Armenien
AN	Niederländische Antillen
AO	Angola
AQ	Antarktis
AR	Argentinien
AS	Amerikanisch-Samoa
AT	Österreich
AU	Australien
AW	Aruba
AZ	Aserbaidschan
BA	Bosnien und Herzegowina
BB	Barbados
BD	Bangladesch
BE	Belgien
BF	Burkina Faso
BG	Bulgarien
BH	Bahrain
BI	Burundi
BJ	Benin
BM	Bermuda
BN	Brunei Darussalam
BO	Bolivien
BR	Brasilien
BS	Bahamas
BT	Bhutan
BV	Bouvetinsel
BW	Botsuana
BY	Belarus
BZ	Belize
CA	Kanada
CC	Kokosinseln (Keelinginseln)
CD	Demokratische Republik Kongo
CF	Zentralafrikanische Republik
CG	Kongo
CH	Schweiz
CI	Côte d'Ivoire
CK	Cookinseln
CL	Chile
CM	Kamerun
CN	Volksrepublik China
CO	Kolumbien
CR	Costa Rica
CU	Kuba
CV	Kap Verde
CX	Weihnachtsinsel
CY	Zypern
CZ	Tschechische Republik
DE	Deutschland
DJ	Dschibuti
DK	Dänemark
DM	Dominica
DO	Dominikanische Republik
DZ	Algerien
EC	Ecuador
EE	Estland
EG	Ägypten
ER	Eritrea
ES	Spanien
ET	Äthiopien
FI	Finnland
FJ	Fidschi
FK	Falklandinseln
FM	Föderierte Staaten von Mikronesien
FO	Färöer
FR	Frankreich
GA	Gabun
GB	Vereinigtes Königreich
GD	Grenada
GE	Georgien
GH	Ghana
GI	Gibraltar
GL	Grönland
GM	Gambia
GN	Guinea
GQ	Äquatorialguinea
GR	Griechenland
GS	Südgeorgien und die Südlichen Sandwichinseln
GT	Guatemala
GU	Guam
GW	Guinea-Bissau
GY	Guyana
HK	Hongkong
HM	Heard- und McDonaldinseln
HN	Honduras
HR	Kroatien
HT	Haiti
HU	Ungarn
ID	Indonesien
IE	Irland
IL	Israel
IN	Indien
IO	Britisches Territorium im Indischen Ozean
IQ	Irak
IR	Islamische Republik Iran
IS	Island
IT	Italien
JM	Jamaika
JO	Jordanien
JP	Japan
KE	Kenia
KG	Kirgisistan
KH	Kambodscha
KI	Kiribati
KM	Komoren
KN	St. Kitts und Nevis
KP	Demokratische Volksrepublik Korea (Nordkorea)
KR	Republik Korea (Südkorea)
KW	Kuwait
KY	Kaimaninseln
KZ	Kasachstan
LA	Demokratische Volksrepublik Laos
LB	Libanon
LC	St. Lucia
LI	Liechtenstein
LK	Sri Lanka
LR	Liberia
LS	Lesotho
LT	Litauen
LU	Luxemburg
LV	Lettland
LY	Libysch-Arabische Dschamahirija
MA	Marokko
MD	Republik Moldau
MG	Madagaskar
MH	Marshallinseln
MK	Ehemalige jugoslawische Republik Mazedonien
ML	Mali
MM	Myanmar
MN	Mongolei
MO	Macau
MP	Nördliche Marianen
MR	Mauretanien
MS	Montserrat
MT	Malta
MU	Mauritius
MV	Malediven
MW	Malawi
MX	Mexiko
MY	Malaysia
MZ	Mosambik
NA	Namibia
NC	Neukaledonien
NE	Niger
NF	Norfolkinsel
NG	Nigeria
NI	Nicaragua
NL	Niederlande
NO	Norwegen
NP	Nepal
NR	Nauru
NU	Niue
NZ	Neuseeland
OM	Oman
PA	Panama
PE	Peru
PF	Französisch-Polynesien
PG	Papua-Neuguinea
PH	Philippinen
PK	Pakistan
PL	Polen
PM	St. Pierre und Miquelon
PN	Pitcairn-Inseln

noch – **Alphabetisches Codeverzeichnis**

PS Besetzte palästinensische Gebiete
PT Portugal
PW Palau
PY Paraguay

QA Katar
QQ Schiffs- und Luftfahrzeugbedarf (Lieferungen von Schiffs- und Luftfahrzeugbedarf auf Schiffe und Luftfahrzeuge in deutschen (Flug-)Häfen)

RO Rumänien
RU Russische Föderation
RW Ruanda

SA Saudi-Arabien
SB Salomonen
SC Seychellen
SD Sudan
SE Schweden
SG Singapur
SH St. Helena
SI Slowenien
SK Slowakei
SL Sierra Leone
SM San Marino
SN Senegal
SO Somalia
SR Suriname
ST São Tomé und Príncipe
SV El Salvador
SY Arabische Republik Syrien
SZ Swasiland

TC Turks- und Caicosinseln
TD Tschad
TF Französische Südgebiete
TG Togo
TH Thailand
TJ Tadschikistan
TK Tokelauinseln
TL Timor-Leste
TM Turkmenistan
TN Tunesien
TO Tonga
TR Türkei
TT Trinidad und Tobago
TV Tuvalu
TW Taiwan
TZ Vereinigte Republik Tansania

UA Ukraine
UG Uganda
UM Amerikanische Überseeinseln, kleinere
US Vereinigte Staaten
UY Uruguay
UZ Usbekistan

VA Heiliger Stuhl (Vatikanstadt)
VC St. Vincent und die Grenadinen
VE Venezuela
VG Britische Jungferninseln
VI Amerikanische Jungferninseln
VN Vietnam
VU Vanuatu

WF Wallis und Futuna
WS Samoa

XC Ceuta
XK Kosovo
XL Melilla
XM Montenegro
XS Serbien

YE Jemen
YT Mayotte

ZA Südafrika
ZM Sambia
ZW Simbabwe

Anhang 1 B – ISO-alpha-3-Code für Währungen

(Stand: Januar 2006)

ISO-Code	Währung	Land bzw. Gebiet
AED	Dirham	Vereinigte Arabische Emirate
AFN	Afghani	Afghanistan
ALL	Lek	Albanien
AMD	Dram	Armenien
ANG	Niederländisch-Antillen-Gulden	Niederländische Antillen
AOA	Kwanza	Angola
ARS	Argentinischer Peso	Argentinien
AUD	Australischer Dollar	Australien
		Heard- und McDonaldinseln
		Kiribati
		Kokosinseln
		Nauru
		Norfolkinsel
		Tuvalu
		Weihnachtsinsel
AWG	Aruba-Florin	Aruba
AZN	Aserbaidschan Manat	Aserbaidschan
BAM	Konvertible Mark	Bosnien und Herzegowina
BBD	Barbados-Dollar	Barbados
BDT	Taka	Bangladesch
BGN	Lew	Bulgarien
BHD	Bahrain-Dinar	Bahrain
BIF	Burundi-Franc	Burundi
BMD	Bermuda-Dollar	Bermuda
BND	Brunei-Dollar	Brunei Darussalam
BOB	Boliviano	Bolivien
BRL	Real	Brasilien
BSD	Bahama-Dollar	Bahamas
BTN	Ngultrum/Indische Rupie	Bhutan
BWP	Pula	Botsuana
BYR	Belarus-Rubel	Belarus
BZD	Belize-Dollar	Belize

noch – **ISO-alpha-3-Code für Währungen**

ISO-Code	Währung	Land bzw. Gebiet
CAD	Kanadischer Dollar	Kanada
CDF	Kongo-Franc	Kongo, Demokratische Republik
CHF	Schweizer Franken	Liechtenstein
		Schweiz
CLP	Chilenischer Peso	Chile
CNY	Renminbi Yuan	China
COP	Kolumbianischer Peso	Kolumbien
CRC	Costa-Rica-Colón	Costa Rica
CSD	Serbischer Dinar	Serbien (in Montenegro: EUR)
CUP	Kubanischer Peso	Kuba
CVE	Kap-Verde-Escudo	Kap Verde
CYP	Zypern-Pfund	Zypern
CZK	Tschechische Krone	Tschechische Republik
DJF	Dschibuti-Franc	Dschibuti
DKK	Dänische Krone	Dänemark
		Färöer
		Grönland
DOP	Dominikanischer Peso	Dominikanische Republik
DZD	Algerischer Dinar	Algerien
EEK	Estnische Krone	Estland
EGP	Ägyptisches Pfund	Ägypten
ERN	Nakfa	Eritrea
ETB	Birr	Äthiopien
EUR	Euro	Andorra
		Belgien
		Deutschland
		Finnland
		Frankreich
		Französisch-Guyana
		Griechenland
		Guadeloupe
		Irland
		Italien
		Luxemburg
		Martinique
		Mayotte
		Monaco
		Niederlande
		Österreich
		Portugal

noch – **ISO-alpha-3-Code für Währungen**

ISO-Code	Währung	Land bzw. Gebiet
EUR	Euro	Réunion
		St. Pierre und Miquelon
		San Marino
		Spanien
		Vatikanstadt
FJD	Fidschi-Dollar	Fidschi
FKP	Falkland-Pfund	Falklandinseln
GBP	Pfund Sterling	Vereinigtes Königreich
GEL	Lari	Georgien
GHC	Cedi	Ghana
GIP	Gibraltar-Pfund	Gibraltar
GMD	Dalasi	Gambia
GNF	Guinea-Franc	Guinea
GTQ	Quetzal	Guatemala
GYD	Guyana-Dollar	Guyana
HKD	Honkong-Dollar	Honkong, Sonderverwaltungsregion
HNL	Lempira	Honduras
HRK	Kuna	Kroatien
HTG	Gourde	Haiti
HUF	Forint	Ungarn
IDR	Rupiah	Indonesien
ILS	Neuer Schekel	Israel Gaza Streifen (Westjordanland, Gaza Streifen/ Palästinensische Gebiete)
INR	Indische Rupie	Bhutan
		Indien
IQD	Irak-Dinar	Irak
IRR	Rial	Iran, Islamische Republik
ISK	Isländische Krone	Island
JMD	Jamaika-Dollar	Jamaika
JOD	Jordan-Dinar	Jordanien
JPY	Yen	Japan

noch **Anhang 1 B**

noch – **ISO-alpha-3-Code für Währungen**

ISO-Code	Währung	Land bzw. Gebiet
KES	Kenia-Schilling	Kenia
KGS	Kirgisistan-Som	Kirgisistan
KHR	Riel	Kambodscha
KMF	Komoren-Franc	Komoren
KPW	Won	Korea, Demokratische Volksrepublik
KRW	Won	Korea, Republik
KWD	Kuwait-Dinar	Kuwait
KYD	Kaiman-Dollar	Kaimaninseln
KZT	Tenge	Kasachstan
LAK	Kip	Laos
LBP	Libanesisches Pfund	Libanon
LKR	Sri-Lanka-Rupie	Sri Lanka
LRD	Liberianischer Dollar	Liberia
LSL	Loti	Lesotho
LTL	Litas	Litauen
LVL	Lats	Lettland
LYD	Libyscher Dinar	Libysch-Arabische Dschamahirija
MAD	Dirham	Marokko
MDL	Moldau-Leu	Moldau, Republik
MGA	Madagaskar-Franc	Madagaskar
MKD	Denar	Mazedonien
MMK	Kyat	Myanmar
MNT	Togrog	Mongolei
MOP	Pataca	Macau, Sonderverwaltungsregion
MRO	Ouguiya	Mauretanien
MTL	Maltesische Lira	Malta
MUR	Mauritius-Rupie	Mauritius
MVR	Rufiyaa	Malediven
MWK	Malawi-Kwacha	Malawi
MXN	Mexikanischer Peso	Mexiko
MYR	Malaysischer Ringgit	Malaysia
MZM	Metical	Mosambik

noch – **ISO-alpha-3-Code für Währungen**

ISO-Code	Währung	Land bzw. Gebiet
NAD	Namibia-Dollar	Namibia
NGN	Naira	Nigeria
NIO	Córdoba	Nicaragua
NOK	Norwegische Krone	Norwegen
		Svalbard und Jan Mayen
NPR	Nepalesische Rupie	Nepal
NZD	Neuseeland-Dollar	Cookinseln
		Neuseeland
		Niue
		Pitcairninseln
		Tokelau
OMR	Rial Omani	Oman
PAB	Balboa	Panama
PEN	Neuer Sol	Peru
PGK	Kina	Papua-Neuguinea
PHP	Philippinischer Peso	Philippinen
PKR	Pakistanische Rupie	Pakistan
PLN	Zloty	Polen
PYG	Guarani	Paraguay
QAR	Katar-Riyal	Katar
RON	Leu	Rumänien
RUB	Rubel	Russische Föderation
RWF	Ruanda-Franc	Ruanda
SAR	Saudi Riyal	Saudi-Arabien
SBD	Salomonen-Dollar	Salomonen
SCR	Seychellen-Rupie	Seychellen
SDD	Sudanesischer Dinar	Sudan
SEK	Schwedische Krone	Schweden
SGD	Singapur-Dollar	Singapur
SHP	St.-Helena-Pfund	St. Helena
SIT	Tolar	Slowenien
SKK	Slowakische Krone	Slowakei
SLL	Leone	Sierra Leone

noch – **ISO-alpha-3-Code für Währungen**

ISO-Code	Währung	Land bzw. Gebiet
SOS	Somalia Schilling	Somalia
SRG	Suriname-Gulden	Suriname
STD	Dobra	São Tomé und Príncipe
SVC	El-Salvador-Colón	El Salvador
SYP	Syrisches Pfund	Syrien
SZL	Lilangeni	Swasiland
THB	Baht	Thailand
TJS	Somoni	Tadschikistan
TMM	Turkmenistan-Manat	Turkmenistan
TND	Tunesischer Dinar	Tunesien
TOP	Pa'anga	Tonga
TRY	Neue Türkische Lira	Türkei
TTD	Trinidad-und-Tobago-Dollar	Trinidad und Tobago
TWD	Neuer Taiwan-Dollar	China (Taiwan)
TZS	Tansania-Schilling	Tansania
UAH	Griwna	Ukraine
UGX	Uganda-Schilling	Uganda
USD	US-Dollar	Amerikanisch-Samoa
		Ecuador
		Guam
		Jungferninseln, Amerikanische
		Jungferninseln, Britische
		Marshallinseln
		Mikronesien, Föderierte Staaten von
		Nördliche Marianen
		Palau
		Panama
		Puerto Rico
		Turks- und Caicosinseln
		Vereinigte Staaten
UYU	Uruguayischer Peso	Uruguay
UZS	Usbekistan-Sum	Usbekistan
VEB	Bolívar	Venezuela
VND	Dong	Vietnam
VUV	Vatu	Vanuatu

noch – **ISO-alpha-3-Code für Währungen**

ISO-Code	Währung	Land bzw. Gebiet
WST	Tala	Westsamoa
XAF	CFA-Franc	Äquatorialguinea
		Gabun
		Kamerun
		Kongo
		Tschad
		Zentralafrikanische Republik
XCD	Ostkaribischer Dollar	Anguilla
		Antigua und Barbuda
		Dominica
		Grenada
		Montserrat
		St. Kitts und Nevis
		St. Lucia
		St. Vincent und die Grenadinen
XOF	CFA-Franc	Benin
		Burkina Faso
		Côte d'Ivoire
		Guinea-Bissau
		Mali
		Niger
		Senegal
		Togo
XPF	CFP-Franc	Französisch-Polynesien
		Neukaledonien
		Wallis und Futuna
YER	Jemen-Rial	Jemen
ZAR	Rand	Lesotho
		Namibia
		Südafrika
ZMK	Kwacha	Sambia
ZWD	Simbabwe-Dollar	Simbabwe

Anhang 2 – Zu Feld Nr. 20: Lieferbedingung

Erstes Unterfeld	Bedeutung	Zweites Unterfeld
Incoterm-Code	**Incoterm – CCI/ECE, Genf**	**Anzugebender Ort**
EXW	AB WERK	Standort des Werks
FCA	FRANCO SPEDITEUR	... vereinbarter Ort
FAS	FRANCO LÄNGSSEITS SCHIFF	vereinbarter Verladehafen
FOB	FRANCO BORD	vereinbarter Verladehafen
CFR	KOSTEN UND FRACHT (C & F)	vereinbarter Bestimmungshafen
CIF	KOSTEN, VERSICHERUNG, FRACHT	vereinbarter Bestimmungshafen
CPT	FRACHT, PORTO BEZAHLT BIS	vereinbarter Bestimmungsort
CIP	FRACHT, PORTO BEZAHLT BIS, EINSCHLIESSLICH VERSICHERUNG BIS	vereinbarter Bestimmungsort
DAF	FREI GRENZE	vereinbarter Lieferort an der Grenze
DES	FREI „ex ship“	vereinbarter Bestimmungshafen
DEQ	FREI KAI	verzollt ... vereinbarter Hafen
DDU	FREI UNVERZOLLT	vereinbarter Bestimmungsort im Einfuhrland
DDP	VERZOLLT	vereinbarter Lieferort im Einfuhrland
XXX	ANDERE LIEFERBEDINGUNGEN ALS VORSTEHEND ANGEGEBEN	genaue Angabe der im Vertrag enthaltenen Bestimmungen

Das **dritte Unterfeld** ist in Deutschland nicht auszufüllen.

Anhang 3 – Zu Feld Nr. 24: Art des Geschäfts

Art des Geschäfts	Schlüsselnummer
Geschäfte mit Eigentumsübertragung (tatsächlich oder beabsichtigt) und mit Gegenleistung (finanziell oder anderweitig); **Ausnahme:** Die unter den Schlüsselnummern 21 – 23, 71, 72 und 81 zu erfassenden Geschäfte[a] [b] [c].	
– Endgültiger Kauf/Verkauf[b]	11
– Ansichts- oder Probesendungen, Sendungen mit Rückgaberecht und Kommissionsgeschäfte (einschließlich Konsignationslager)	12
– Kompensationsgeschäfte (Tauschhandel)	13
– Verkauf an ausländische Reisende für deren persönlichen Bedarf	14
– Finanzierungsleasing (Mietkauf)[c]	15
Rücksendung von Waren, die bereits unter den Schlüsselnummern 11 bis 15 erfasst wurden[d]; Ersatzlieferungen ohne Entgelt[d]	
– Rücksendung von Waren	21
– Ersatz für zurückgesandte Waren	22
– Ersatz (z.B. wegen Garantie) für nicht zurückgesandte Waren	23
Geschäfte (nicht vorübergehender Art) mit Eigentumsübertragung, jedoch ohne Gegenleistung (finanziell oder anderweitig)	
– Warenlieferungen im Rahmen von durch die Europäische Gemeinschaft ganz oder teilweise finanzierten Hilfsprogrammen	31
– andere Hilfslieferungen öffentlicher Stellen	32
– sonstige Hilfslieferungen (von Privaten oder von nicht öffentlichen Stellen)	33
– sonstige Geschäfte	34
Warensendung zur Lohnveredelung[e]; ausgenommen die unter den Schlüsselnummern 71 und 72 zu erfassenden Warensendungen	41
Warensendung nach Lohnveredelung[e]; ausgenommen die unter den Schlüsselnummern 71 und 72 zu erfassenden Warensendungen	51
Vorübergehende Warenverkehre (für nationale Zwecke); ausgenommen die unter Schlüsselnummer 93 zu erfassende Warensendungen[f]	
– Warensendung zur Reparatur und Wartung gegen Entgelt	63
– Warensendung zur Reparatur und Wartung ohne Entgelt	64
– Warensendung nach Reparatur und Wartung gegen Entgelt	65
– Warensendung nach Reparatur und Wartung ohne Entgelt	66
– sonstige vorübergehende Warenverkehre bis einschließlich 24 Monaten[g]	69

noch **Art des Geschäfts**

Art des Geschäfts	Schlüsselnummer
Warensendung im Rahmen gemeinsamer Verteidigungsprogramme oder anderer gemeinsamer zwischenstaatlicher Programme	
– für militärische Zwecke	71
– für zivile Zwecke (z.B. Airbus; ausgenommen die unter Schlüsselnummern 11 bis 15 zu erfassenden Warenbewegungen)	72
Lieferung von Baumaterial und Ausrüstungen im Rahmen von Bau- und Anlagebauarbeiten als Teil eines Generalvertrags[h]	81
Andere Geschäfte	
– Lagerverkehr für ausländische Rechnung[i]	92
– vorübergehende Warenverkehre über 24 Monate (z.B. Mietkauf oder Operate Leasing[j])	93
– nicht anderweitig erfasst	99

Anmerkungen:

(a) Hier ist die Mehrzahl der Ausfuhren und Einfuhren zu erfassen, d. h. die Geschäfte, bei denen
- das Eigentum zwischen Gebietsansässigen und Gebietsfremden wechselt und
- eine Zahlung oder Sachleistung (Tauschhandel) erfolgt oder erfolgen wird.

Dies gilt auch für Bewegungen für Waren zwischen Einheiten eines Unternehmens bzw. der gleichen Unternehmensgruppe oder an/von Verteilungszentren, es sei denn, für diese Warensendungen erfolgt keine Bezahlung oder sonstige Gegenleistung (in diesem Falle wäre das Geschäft unter der Schlüsselnummer 34 zu erfassen). Aus Drittländern eingeführte Waren, die nach der Überführung in den freien Verkehr unmittelbar in einen anderen EU-Mitgliedstaat verbracht werden, sind unter der Schlüsselnummer 99 zu erfassen.

(b) Einschließlich Lieferungen von Ersatzteilen und anderen Ersatzlieferungen gegen Entgelt sowie (Rück-) Käufe deutscher Waren.

(c) Finanzierungsleasing (Mietkauf): Die Leasingraten sind so berechnet, dass sie den ganzen oder fast den ganzen Warenwert abdecken. Die Vorteile und Risiken des Eigentums gehen auf den Leasingnehmer über; bei Vertragsende wird der Leasingnehmer auch rechtlich Eigentümer.

(d) Rücksendung und Ersatzlieferungen von Waren, die ursprünglich unter den Schlüsselnummern 31 bis 99 registriert wurden, sind unter der entsprechenden Nummer zu erfassen.

(e) **Lohnveredelung** umfasst Vorgänge (Verarbeitung, Aufbau, Zusammensetzen, Verbesserung, Renovierung usw.) mit dem Ziel der Herstellung einer neuen oder wirklich verbesserten Ware. Eine Neuzuordnung innerhalb der Warennomenklatur ist damit nicht zwangsläufig verbunden. Die vom Veredeler für eigene Rechnung vorgenommene Veredelung („Eigenveredelung") ist nicht unter diesen Nummern zu erfassen, sondern unter Schlüsselnummer 11.

Reparaturen (und Wartungsarbeiten) sind jedoch unter den Schlüsselnummern 63 bis 66) zu erfassen. Die Reparatur einer Ware führt zur Wiederherstellung ihrer ursprünglichen Funktion oder ihres ursprünglichen Zustandes. Durch die Reparatur soll lediglich die Betriebsfertigkeit der Ware aufrechterhalten werden; damit kann ein gewisser Umbau oder eine Verbesserung verbunden sein, die Art der Ware wird dadurch jedoch in keiner Weise verändert.

(f) Unter diesen Schlüsselnummern werden erfasst: Geschäfte ohne Eigentumsübertragung, und zwar Miete, Leihe, Operate-Leasing[j] und die sonstige vorübergehende Verwendung für die Dauer von weniger als 24 Monaten, außer Lohnveredelungsvorgänge (Schlüsselnummer 41 und 51).

(g) Nach den Vorschriften der Außenhandelsstatistik von der Anmeldung befreit.

(h) Unter der Schlüsselnummer 81 sind nur jene Geschäfte zu erfassen, bei denen keine einzelnen Lieferungen in Rechnung gestellt werden, sondern eine einzige Rechnung den Gesamtwert der Arbeiten erfasst. Wenn dies nicht der Fall ist, sind die Geschäfte unter der Schlüsselnummer 11 zu erfassen.

(i) Zu erfassen ist hier die Einfuhr von Waren im Eigentum eines Gebietsfremden auf ein im Inland befindliches Lager, sowie die Ausfuhr aus einem solchen Lager.

(j) Unter Operate Leasing versteht man alle Leasingverträge, die nicht Finanzierungsleasing[c] sind.

Anhang 4 – Zu Feld Nr. 29: Ausgangszollstelle/Eingangszollstelle – Verzeichnis der anzugebenden Schlüsselnummern –

A. Verzeichnis deutscher Zollstellen bei der Aus- und Einfuhr über die Landgrenze zwischen Deutschland und der Schweiz

Vor die Schlüsselzahl (Spalte 3) ist jeweils der Zusatz „DE00“ zu setzen.

Zu Spalte 1: DZA = Deutsches Zollamt
ZA = Zollamt
AbfSt = Abfertigungsstelle

Zu Spalte 4: L = Landstraße
E = Eisenbahn
Bi = Binnenschifffahrt
RL = Rohrleitungen

1	2	3	4
Deutsch-schweizerische Grenze			
ZA	Bad Säckingen	4209	L
DZA	Basel	4058	E
ZA	Bietingen	4101	L
ZA	Bühl	4214	L
AbfSt	Bühl-Altenburg-Rheinbrücke	4232	L
AbfSt	Bühl-Jestetten-Bahnhof	4233	E
ZA	Büßlingen	4109	L
ZA	Erzingen	4201	L
AbfSt	Friedrichshafen-Fähre	9420	Bi
ZA	Friedrichshafen	9402	Bi
ZA	Gailingen	4112	L
AbfSt	Gailingen-West	4185	L
ZA	Grenzacherhorn	4051	L
ZA	Günzgen	4217	L
ZA	Inzlingen	4060	L
ZA	Jestetten	4203	L
ZA	Konstanz-Autobahn	4005	L
ZA	Konstanz-Emmishofer Tor	4001	L
ZA	Konstanz-Güterbahnhof	4002	E
ZA	Konstanz-Kreuzlinger Tor	4003	L
ZA	Konstanz-Paradieser Tor	4010	L
AbfSt	Konstanz Personenbhf.	4032	E
AbfSt	Langenargen	9423	Bi
ZA	Laufenburg	4204	L
ZA	Lottstetten	4205	L
AbfSt	Meersburg	9422	Bi
ZA	Neuhaus (Randen)	4102	L
ZA	Öhningen	4117	L
AbfSt	Randegg	4187	L
ZA	Rheinfelden	4054	L
ZA	Rheinfelden-Autobahn	4052	L
ZA	Rheinheim	4222	L
ZA	Rielasingen	4103	L
ZA	Rötteln	4223	L

noch **A. Verzeichnis deutscher Zollstellen bei der Aus- und Einfuhr über die Landgrenze zwischen Deutschland und der Schweiz**

Vor die Schlüsselzahl (Spalte 3) ist jeweils der Zusatz „DE00“ zu setzen.

Zu Spalte 1: DZA = Deutsches Zollamt
ZA = Zollamt
AbfSt = Abfertigungsstelle

Zu Spalte 4: L = Landstraße
E = Eisenbahn
Bi = Binnenschifffahrt
RL = Rohrleitungen

1	2	3	4
ZA	Singen-Bahnhof	4105	E
AbfSt	Singen-Personenbahnhof	4181	E
ZA	Stetten	4053	L
AbfSt	Stetten Wiesenuferweg	4082	L
ZA	Stühlingen	4206	L
AbfSt	Thayngen	4183	E
AbfSt	Waldshut-Personenbahnhof	4241	E
ZA	Waldshut	4208	L
ZA	Weil am Rhein-Autobahn	4055	L
ZA	Weil am Rhein-Friedlingen	4056	L
ZA	Weil am Rhein-Ost	4061	L
ZA	Weil am Rhein-Otterbach	4057	L
AbfSt	Weil am Rhein-Rheinfelden/Rheinhafen	4086	B
AbfSt	Weil am Rhein-Rheinhafen	4085	B
AbfSt	Weil am Rhein-Umschlagbahnhof	4081	E

Rohrleitungen

GVS Rheintalleitung (Gas)		9963	RL
Lottstetten (Erdgas)		9962	RL
GVS Oberschwabenleitung (Gas)		9984	RL
Trinkwasser		9982	RL

B. Verzeichnis deutscher Zollstellen im Luftverkehr

Vor die Schlüsselzahl (Spalte 3) ist jeweils der Zusatz „DE00“ zu setzen.

Zu Spalte 1: ZA = Zollamt
AbfSt = Abfertigungsstelle

1	2	3
AbfSt	Augsburg-Flughafen	7430
AbfSt	Baden-Airport	5881
ZA	Berlin-Schönefeld-Flughafen	2102
ZA	Berlin-Tegel-Flughafen	2105
AbfSt	Berlin-Tempelhof-Flughafen	2131
ZA	Bremen-Flughafen	2301
AbfSt	Dortmund-Flughafen	8131
ZA	Flughafen Dresden	5552
ZA	Düsseldorf-Flughafen	2601
AbfSt	Erfurt-Luftverkehr	3030
ZA	Frankfurt a. M.-Flughafen – Fracht	3302
ZA	Frankfurt a. M.-Flughafen – Reise	3303
ZA	Frankfurt a. M. – Flughafenüberwachung	3301
AbfSt	Friedrichshafen-Flughafen	9421
ZA	Hahn-Flughafen	6756
ZA	Hamburg-Flughafen	4701
ZA	Hannover-Flughafen	5103
AbfSt	Verkehrslandeplatz Hof-Plauen	8730
ZA	Flughafen Köln/Bonn	7154
AbfSt	Köln-Hauptbahnhof	7155
AbfSt	Mönchengladbach-Flughafen	2931
ZA	Laage	9102
ZA	Flughafen Leipzig	5604
ZA	München-Flughafen	7650
ZA	Münster-Flughafen	8306
ZA	Nürnberg-Flughafen	8755
ZA	Flughafen Paderborn	8380
ZA	Saarbrücken-Flughafen	9304
ZA	Stuttgart-Flughafen	9555
AbfSt	Stuttgart-Flughafen-Hauptbahnhof	9583

C. Verzeichnis deutscher Zollstellen im Seeverkehr

Vor die Schlüsselzahl (Spalte 3) ist jeweils der Zusatz „DE00" zu setzen.

Zu Spalte 1: ZA = Zollamt
AbfSt = Abfertigungsstelle

1	2	3
Zollstellen an der Ostsee		
AbfSt	Burgstaaken	6331
AbfSt	Flensburg-Hafen	6132
ZA	Heiligenhafen	6302
ZA	Kappeln	6106
AbfSt	Kiel-Norwegenkai	6231
ZA	Kiel-Wik	6203
AbfSt	Lübeck-Hafen	6332
ZA	Mukran	9154
ZA	Neustadt (Holst)	6307
ZA	Rendsburg	6206
ZA	Rostock	9104
AbfSt	Stralsund (HZA)	9180
ZA	Wismar	9103
ZA	Wolgast	9152
Zollstellen an der Nordsee außer Bremen, Bremerhaven und Hamburg		
ZA	Brake	5301
ZA	Brunsbüttel	6151
ZA	Cuxhaven	4501
ZA	Emden	5004
ZA	Helgoland	4506
ZA	Husum	6155
AbfSt	Lemwerder	5332
ZA	Papenburg	5008
ZA	Stade	5203
ZA	Wilhelmshaven	5310
Eldfisk (Erdgas)-Rohrleitung		9964

noch **C. Verzeichnis deutscher Zollstellen im Seeverkehr**

Vor die Schlüsselzahl (Spalte 3) ist jeweils der Zusatz „DE00" zu setzen.

Zu Spalte 1: ZA = Zollamt

1	2	3
Zollstellen in Hamburg		
ZA	Hamburg-Waltershof	4851
Zollstellen in Bremen einschließlich Bremerhaven		
ZA	Bremen-Überseestadt	2302
ZA	Bremen-Industriehafen	2306
ZA	Bremen-Neustädter Hafen	2304
ZA	Bremerhaven	2452

D. Sonstige

Vor die Schlüsselzahl (Spalte 3) ist jeweils der Zusatz „DE00" zu setzen.

1	2	3
Förderbänder		9903
Post		9901
Werksbahn		9902

Anhang 5 – Zu Feld Nr. 36: Präferenz

Abschnitt A – Anzuwendende Codes

Der dreistellige Code besteht aus einem einstelligen Element zur Bezeichnung des Präferenznachweises und einem zweistelligen Element zur Bezeichnung des betreffenden Präferenzgrundes. Die Liste der ein- und zweistelligen Elemente ist nachstehend aufgeführt.

Verzeichnis der Ziffern zur Codierung

1. Die erste Ziffer des Codes

Code	Abgabenbegünstigung
1	Abgabenbegünstigung erga omnes (ohne Präferenznachweis)
2	Allgemeine Zollpräferenzen für Entwicklungsländer (APS; Formblatt A)
3	Andere Zollpräferenzen (EUR.1/EUR-MED oder gleichwertiges Dokument)
4	Keine Abgabenerhebung in Anwendung der von der Gemeinschaft geschlossenen Zollunionsabkommen (A.TR, T2, T2L oder gleichwertiges Dokument)

2. Die beiden folgenden Ziffern des Codes

Code	Abgabenbegünstigung
00	Keiner der nachstehenden Fälle
10	Zollaussetzung
15	Zollaussetzung mit besonderer Verwendung
18	Zollaussetzung mit Bescheinigung über die Beschaffenheit der Ware
19	Zollaussetzung für mit Luftfahrttauglichkeitsbescheinigung eingeführte Waren 1)
20	Zollkontingent 2)
23	Zollkontingent mit besonderer Verwendung 2)
25	Zollkontingent mit Bescheinigung über die Beschaffenheit der Ware 2)
28	Zollkontingent nach passiver Veredelung 2)
40	Besondere Verwendung nach dem Gemeinsamen Zolltarif
50	Bescheinigung über die Beschaffenheit der Ware

Anmerkungen:

1) Verordnung (EG) Nr. 1147/2002 des Rates vom 25. Juni 2002 zur zeitweiligen Aussetzung der autonomen Zollsätze des Gemeinsamen Zolltarifs für bestimmte Waren, die mit Luftfahrttauglichkeitsbescheinigungen eingeführt werden (ABl. der EG Nr. L 170 vom 29. 6. 2002, Seite 8).

2) In den Fällen, in denen das beantragte Zollkontingent erschöpft ist, gilt der gestellte Antrag für die Durchführung jeder anderen bestehenden Präferenz.

Abschnitt B – Liste der gebräuchlichsten Codes

Teil I – Ohne Präferenznachweis

Code	Anwendungsbereich
100	Anwendung des Drittlandszollsatzes (Angabe aus statistischen und dv-technischen Gründen notwendig)
110	Vorübergehende Zollaussetzung für bestimmte Waren aus dem landwirtschaftlichen, chemischen, luftfahrttechnischen und mikroelektronischen Bereich
115	Zollaussetzungen wie in 110 genannt, jedoch verbunden mit einer besonderen Verwendung der Waren gemäß Artikel 82 Zollkodex
120	WTO-Kontingente gemäß Fußnotenhinweis im Zolltarif (z. B. 0802, 0805, 0806)
123	WTO-Kontingente für Waren mit besonderer Verwendung (z. B. Unterposition 0102.90)
125	WTO-Kontingente für handgearbeitete und auf Handwebstühlen hergestellte Waren. Die Präferenz wird nur bei Vorlage der erforderlichen Dokumente gewährt
140	Alle Fälle der besonderen Verwendung mit einem entsprechenden Fußnotenhinweis im EZT.
150	Abgabenbegünstigung unter Vorlage einer der betreffenden Bescheinigungen z. B. Echtheitszeugnis, Bescheinigung der Ursprungsbezeichnung, Reinheitszeugnis, siehe unter „Besondere Bestimmungen" im EZT.

Teil II – Mit Präfenznachweis Form A oder Ursprungserklärung auf der Rechnung

Code	Anwendungsbereich
200	Anwendung des APS Zollsatzes ohne weitere Bedingungen oder Einschränkungen

Teil III – Mit Präferenznachweis EUR.1/EUR-MED oder gleichwertigem Dokument

Code	Anwendungsbereich
300	Anwendung des betreffenden präferenzierten Zollsatzes ohne weitere Bedingungen oder Einschränkungen
320	Anwendung des betreffenden präferenzierten Zollsatzes innerhalb eines Zollkontingents (Angabe der Kontingentsnummer [Feld Nr. 39] erforderlich)
323	Anwendung des betreffenden präferenzierten Zollsatzes innerhalb eines Zollkontingents unter der Bedingung der besonderen Verwendung der Ware
328	Anwendung des betreffenden präferenzierten Zollsatzes innerhalb eines Zollkontingents bei der Wiedereinfuhr von Textilien im Rahmen der passiven Veredelung
350	Anwendung des betreffenden präferenzierten Zollsatzes unter Vorlage einer der betreffenden Bescheinigungen z. B. Echtheitszeugnis, Bescheinigung der Ursprungsbezeichnung, Reinheitszeugnis, siehe unter „Besondere Bestimmungen" im EZT.

Teil IV – Mit Warenverkehrsbescheinigung A.TR, Versandpapier T2, T2L oder gleichwertigem Dokument

Code	Anwendungsbereich
400	Bei Waren anzuwenden, für die wegen einer Zollunion keine Abgaben erhoben werden (z. B. Andorra betr. Waren der Kap. 25 bis 97 des EZT)

Anhang 6 – Zu Feld Nr. 37: Verfahren bei der Versendung/Ausfuhr bzw. beim Eingang/bei der Einfuhr

Abschnitt A – Erstes Unterfeld

Der vierstellige Code besteht aus einem zweistelligen Element zur Bezeichnung der angemeldeten zollrechtlichen Bestimmung und aus einem weiteren zweistelligen Element zur Bezeichnung der vorangegangenen zollrechtlichen Bestimmung. Die Liste der zweistelligen Elemente ist nachstehend aufgeführt. Als vorangegangene zollrechtliche Bestimmung gilt die zollrechtliche Bestimmung, in dem sich die Waren befanden, bevor sie die angemeldete zollrechtliche Bestimmung erhalten haben.

Falls die vorangegangene zollrechtliche Bestimmung ein Zolllagerverfahren oder eine vorübergehende Verwendung war, oder die Ware aus einer Freizone kommt, ist der entsprechende Code nur zu verwenden, falls die betreffenden Waren nicht vorher in ein anderes Zollverfahren mit wirtschaftlicher Bedeutung übergeführt wurden (aktive Veredelung, passive Veredelung, Umwandlungsverfahren).

Beispiel:

> Wiederausfuhr von Waren aus einer aktiven Veredelung – Nichterhebungsverfahren –, die danach in ein Zolllagerverfahren übergeführt wurden: Code 3151 und nicht 3171 (erster Vorgang: 5100; zweiter Vorgang: 7151; Wiederausfuhr: 3151).

Desgleichen gilt die Überführung in eines der vorgenannten Zollverfahren mit wirtschaftlicher Bedeutung anlässlich der Wiedereinfuhr von Waren, die zuvor vorübergehend ausgeführt worden sind, als einfache Einfuhr im Rahmen dieses Zollverfahrens. Die Wiedereinfuhr wird erst erfasst, wenn die Waren in den zollrechtlich freien Verkehr übergeführt werden.

Beispiel:

> Überführung von Waren in den zoll- und steuerrechtlich freien Verkehr, die im Rahmen der passiven Veredelung ausgeführt und bei der Wiedereinfuhr in ein Zolllagerverfahren übergeführt worden waren: Code 6121 und nicht 6171 (erster Vorgang = vorübergehende Ausfuhr – PVV = 2100; zweiter Vorgang = Zolllagerverfahren = 7121; Überführung in den zoll- und steuerrechtlich freien Verkehr = 6121).

Die in der folgenden Auflistung mit dem Buchstaben (a) versehenen Codes können nicht als erstes Element des Verfahrenscodes verwendet werden, sondern weisen lediglich auf ein vorangegangenes Verfahren hin.

Beispiel:

> 4054 = Überführung in den zoll- und steuerrechtlich freien Verkehr ohne steuerbefreiende Lieferung (nach § 5 Abs. 1 Nr. 3 oder Nr. 4 UStG), die zuvor im Rahmen einer „Einzigen Bewilligung“ in einem anderen Mitgliedstaat in die aktive Veredelung – Nichterhebungsverfahren – übergeführt worden sind.

noch **Abschnitt A – Erstes Unterfeld**

Verzeichnis der Verfahren zur Codierung

Je zwei dieser Grundelemente müssen zusammengestellt werden, um einen vierstelligen Code zu ergeben.

00 Dieser Code zeigt an, dass kein vorangegangenes Verfahren vorliegt (a).

01 Überführung von Waren in den zollrechtlich freien Verkehr mit gleichzeitiger Wiederversendung im Rahmen des Warenverkehrs zwischen Teilen des Zollgebiets der Gemeinschaft, in denen die Vorschriften der Richtlinie 77/388/EWG (6. Mehrwertsteuerrichtlinie) des Rates (ABl. L 145 vom 13. Juni 1977, S. 1) anwendbar sind, und solchen Teilen dieses Gebiets, in denen diese Vorschriften nicht gelten, sowie auf den Warenverkehr zwischen den Teilen dieses Gebiets, in denen diese Vorschriften nicht anwendbar sind.

Anmerkung: Die 6. Mehrwertsteuerrichtlinie gilt nicht auf den Kanarischen Inseln, den überseeischen französischen Gebieten, den britischen Kanalinseln, der finnischen Insel Åland und dem griechischen Berg Athos (Titel I Absatz 3).

Überführung von Waren in den zollrechtlich freien Verkehr mit gleichzeitiger Wiederversendung im Rahmen des Warenverkehrs zwischen der Gemeinschaft und dem Fürstentum Andorra[1]) sowie zwischen der Gemeinschaft und der Republik San Marino[2]).

Anmerkungen:

1) Beschluss 90/680/EWG des Rates (ABl. Nr. L 374 vom 31. Dezember 1990, S. 13).

2) Beschluss 92/561/EWG des Rates (ABl. Nr. L 359 vom 9. Dezember 1992, S. 13).

02 Überführung in den zollrechtlich freien Verkehr zur Durchführung eines aktiven Veredelungsverkehrs (Verfahren der Zollrückvergütung).

Erläuterung: Aktive Veredelung (Zollrückvergütungsverfahren) gemäß Artikel 114 Abs. 1 Buchstabe b) Zollkodex.

07 Überführung in den zollrechtlich freien Verkehr und gleichzeitige Überführung in ein anderes Lagerverfahren als das Zolllagerverfahren.

Erläuterung: Dieser Code wird in den Fällen verwendet, in denen die Waren in den zollrechtlich freien Verkehr übergeführt werden, ohne dass die Einfuhrumsatzsteuer oder ggf. fällige Verbrauchsteuern entrichtet wurden.

Beispiele: Eingeführte Maschinen werden in den zollrechtlich freien Verkehr übergeführt, aber die Einfuhrumsatzsteuer wird nicht entrichtet. In einem Steuerlager oder in anderen Räumlichkeiten unter Steueraufsicht können die Waren unter Aussetzung der Umsatzsteuer aufbewahrt werden.

Eingeführte Zigaretten werden in den zollrechtlich freien Verkehr übergeführt, aber die Einfuhrumsatzsteuer und die Verbrauchsteuern werden nicht entrichtet. Die Waren werden in einem Steuerlager oder in anderen Räumlichkeiten unter Steueraufsicht unter Aussetzung der Umsatzsteuer und der Verbrauchsteuern aufbewahrt.

10 Endgültige Ausfuhr.

Beispiel: Normale Ausfuhr von Gemeinschaftswaren in ein Drittland, aber auch Ausfuhr von Gemeinschaftswaren in Teile des Zollgebiets der Gemeinschaft, in denen die Richtlinie 77/388/EWG (ABl. L 145 vom 13. Juni 1977, S. 1) keine Anwendung findet.

11 Ausfuhr von im Rahmen einer aktiven Veredelung (Nichterhebungsverfahren) aus Ersatzerzeugnissen hervorgegangenen Veredelungserzeugnissen vor Überführung der Einfuhrwaren in das Verfahren.

Erläuterung: Vorzeitige Ausfuhr (EX-IM) gemäß Artikel 115 Abs. 1 Buchstabe b) Zollkodex.

Beispiel: Zigaretten, die aus Tabakblättern mit Ursprung in der Gemeinschaft hergestellt wurden, werden ausgeführt, bevor Tabakblätter aus Drittländern in das Verfahren der aktiven Veredelung übergeführt werden.

21 Vorübergehende Ausfuhr im Rahmen der passiven Veredelung.

Erläuterung: Verfahren der passiven Veredelung im Rahmen der Artikel 145 bis 160 Zollkodex, siehe auch Code 22.

noch **Abschnitt A – Erstes Unterfeld**

22 Vorübergehende Ausfuhr zu anderen als unter Code 21 genannten Zwecken.

Beispiel: Gleichzeitige Anwendung der passiven Veredelung und des wirtschaftlichen passiven Veredelungsverkehrs für Textilerzeugnisse (Verordnung des Rates (EG) Nr. 3036/94).

23 Vorübergehende Ausfuhr zum Zwecke der Wiedereinfuhr in unverändertem Zustand.

Beispiel: Vorübergehende Ausfuhr von Waren wie Ausstellungsgut, Muster, Berufsausrüstungen, usw.

31 Wiederausfuhr.

Erläuterung: Wiederausfuhr von Nichtgemeinschaftswaren im Anschluss an ein Zollverfahren mit wirtschaftlicher Bedeutung (Nichterhebungsverfahren).

Beispiel: Waren, die zu einem Zolllagerverfahren angemeldet wurden und anschließend zur Wiederausfuhr angemeldet werden.

40 Gleichzeitige Überführung in den zoll- und steuerrechtlich freien Verkehr ohne steuerbefreiende Lieferung.

41 Gleichzeitige Überführung in den zoll- und steuerrechtlich freien Verkehr von Waren im Verfahren der aktiven Veredelung (Verfahren der Zollrückvergütung).

Beispiel: Aktive Veredelung mit Entrichtung der Zölle und der nationalen Abgaben bei der Einfuhr.

42 Gleichzeitige Überführung in den zoll- und steuerrechtlich freien Verkehr mit steuerbefreiender Lieferung in einen anderen Mitgliedstaat.

Anmerkung: Es handelt sich um die Befreiung von der Einfuhrumsatzsteuer bei Ausführung einer innergemeinschaftlichen Lieferung unmittelbar im Anschluss an die Einfuhr (§ 5 Abs. 1 Nr. 3 UStG; siehe auch VSF Z 82 50 Nr. 1 Abs. 17).

43 Gleichzeitige Überführung in den zoll- und steuerrechtlich freien Verkehr im Rahmen von besonderen Maßnahmen für die Erhebung eines Betrags während der Übergangszeit nach dem Beitritt neuer Mitgliedstaaten.

45 Überführung von Waren in den zollrechtlich und steuer- oder verbrauchsteuerrechtlich freien Verkehr und deren Überführung in ein Steuerlagerverfahren.

Erläuterung: Befreiung von der Einfuhrumsatzsteuer oder von den Verbrauchsteuern durch Überführung der Waren in ein Steuerlagerverfahren.

Anmerkung: Es handelt sich dabei auch um die Befreiung von der Einfuhrumsatzsteuer bei Einlagerung in einem Umsatzsteuerlager unmittelbar im Anschluss an die Einfuhr (§ 5 Abs. 1 Nr. 4 UStG).

Beispiele: Aus einem Drittland eingeführte Zigaretten werden in den zollrechtlich freien Verkehr übergeführt und die Einfuhrumsatzsteuer wird entrichtet. In einem Steuerlager oder in anderen Räumlichkeiten unter Steueraufsicht können die Waren unter Aussetzung der Verbrauchsteuer aufbewahrt werden.

Aus einem Drittland eingeführte Waren (vgl. Anlage 1 zum UStG) werden in den zollrechtlich freien Verkehr übergeführt und die ggf. anfallenden Verbrauchsteuern werden entrichtet. In einem Steuerlager oder in anderen Räumlichkeiten unter Steueraufsicht können die Waren unter Aussetzung der Umsatzsteuer aufbewahrt werden.

48 Gleichzeitige Überführung in den zoll- und steuerrechtlich freien Verkehr von Ersatzerzeugnissen im Rahmen der passiven Veredelung vor Ausfuhr der Waren der vorübergehenden Ausfuhr.

Erläuterung: Standardaustauschverfahren (IM-EX), vorzeitige Einfuhr gemäß Artikel 154 Abs. 4 Zollkodex.

noch **Abschnitt A – Erstes Unterfeld**

49 Überführung von Gemeinschaftswaren in den steuerrechtlich freien Verkehr im Rahmen des Warenverkehrs zwischen Teilen des Zollgebiets der Gemeinschaft, in denen die Vorschriften der Richtlinie 77/388/EWG anwendbar sind, und solchen Teilen dieses Gebietes, in denen diese Vorschriften nicht gelten, sowie auf den Warenverkehr zwischen den Teilen dieses Gebietes, in denen diese Vorschriften nicht anwendbar sind.

Erläuterung: Einfuhr mit Überführung in den steuerrechtlich freien Verkehr von Waren aus Teilen der EU, in denen die 6. Mehrwertsteuerrichtlinie keine Anwendung findet. Die Verwendung des Einheitspapiers ist in Artikel 206 Zollkodex-DVO geregelt.

Überführung von Waren in den steuerrechtlich freien Verkehr im Rahmen des Warenverkehrs zwischen der Gemeinschaft und den Ländern, mit denen sie eine Zollunion gebildet hat.

Anmerkung: Die 6. Mehrwertsteuerrichtlinie ist in folgenden Gebieten, die jedoch Teil des Zollgebiets der Gemeinschaft sind, nicht anwendbar:
- Kanarische Inseln (Spanien)
- überseeische französische Departements (Guadeloupe, Guyana, Martinique und Réunion)
- Kanalinseln Jersey, Guernsey und Alderney (Vereinigtes Königreich)
- Insel Åland (Finnland)
- Berg Athos
- die Landesteile Zyperns, in denen die Regierung der Republik Zypern keine tatsächliche Kontrolle ausübt.

Eine Zollunion besteht mit Andorra, San Marino und der Türkei. Im Warenverkehr mit Andorra umfasst die Zollunion nicht die Waren der Kapitel 1 bis 24 der Kombinierten Nomenklatur. Hinsichtlich der Türkei gilt die Zollunion nicht für EGKS-Waren und für Waren, die unter die mit der Türkei vereinbarte Handelsregelung für Agrarerzeugnisse fallen.

51 Überführung in das Verfahren der aktiven Veredelung (Nichterhebungsverfahren).

Erläuterung: Aktive Veredelung (Nichterhebungsverfahren) gemäß Artikel 114 Abs. 1 Buchstabe a) und Abs. 2 Buchstabe a) des Zollkodex.

53 Einfuhr zwecks Überführung in das Verfahren der vorübergehenden Verwendung.

Beispiel: Vorübergehende Verwendung etwa zu Ausstellungszwecken.

54 Aktive Veredelung (Nichterhebungsverfahren) in einem anderen Mitgliedstaat (ohne die Waren zuvor in den zollrechtlich freien Verkehr zu überführen) (a).

Erläuterung: Dieser Code dient der Erfassung in den Statistiken über den innergemeinschaftlichen Warenverkehr.

Beispiel: Eine Drittlandsware wird in Belgien zum Verfahren der aktiven Veredelung angemeldet (5100). Im Anschluss an die Veredelung wird sie nach Deutschland weiterversandt, um dort in den freien Verkehr (4054) übergeführt bzw. einer weiteren Veredelung unterzogen zu werden (5154).

61 Wiedereinfuhr mit gleichzeitiger Überführung in den zoll- und steuerrechtlich freien Verkehr ohne steuerbefreiende Lieferung.

63 Wiedereinfuhr und gleichzeitige Überführung in den zoll- und steuerrechtlich freien Verkehr mit steuerbefreiender Lieferung in einen anderen Mitgliedstaat.

Anmerkung: Es handelt sich um die Befreiung von der Einfuhrumsatzsteuer bei Ausführung einer innergemeinschaftlichen Lieferung unmittelbar im Anschluss an die Wiedereinfuhr (§ 5 Abs. 1 Nr. 3 UStG; siehe auch VSF Z 82 50 Nr. 1 Abs. 17).

Beispiel: Wiedereinfuhr nach passiver Veredelung oder vorübergehender Verwendung, wobei eine etwaige Einfuhrumsatzsteuerschuld beim steuerlichen Vertreter erhoben wird.

68 Wiedereinfuhr mit gleichzeitiger Überführung in den zoll- und teilweise steuerrechtlich freien Verkehr und Überführung in ein anderes Lagerverfahren als das Zolllagerverfahren.

Anmerkung: Es handelt sich dabei auch um die Befreiung von der Einfuhrumsatzsteuer bei Einlagerung in einem Umsatzsteuerlager unmittelbar im Anschluss an die Wiedereinfuhr (§ 5 Abs. 1 Nr. 4 UStG).

Beispiel: Weiterverarbeitete alkoholische Getränke, die wiedereingeführt und in ein Verbrauchsteuerlager übergeführt werden.

noch **Abschnitt A – Erstes Unterfeld**

71 Überführung in das Zolllagerverfahren.

76 Überführung in das Zolllagerverfahren oder in eine Freizone von Waren oder Erzeugnissen mit Vorfinanzierung zwecks Ausfuhr in unverändertem Zustand.

Beispiel: Lagerung von zur Ausfuhr bestimmten Waren mit Vorfinanzierung, Artikel 5 Abs. 2 der Verordnung (EWG) Nr. 565/80 des Rates vom 4. März 1980 über die Vorauszahlung von Ausfuhrerstattungen für landwirtschaftliche Erzeugnisse (ABl. L 62 vom 7. März 1980, S. 5).

77 Überführung in ein Zolllager oder eine Freizone oder ein Freilager mit Vorfinanzierung von Verarbeitungserzeugnissen oder von Erzeugnissen, die nach der Verarbeitung ausgeführt werden sollen.

Beispiel: Lagerung von Verarbeitungserzeugnissen oder von aus Grunderzeugnissen mit Vorfinanzierung hergestellten Waren, die ausgeführt werden sollen, Artikel 4 Abs. 2 der Verordnung (EWG) Nr. 565/80 des Rates vom 4. März 1980 über die Vorauszahlung von Ausfuhrerstattungen für landwirtschaftliche Erzeugnisse (ABl. L 62 vom 7. März 1980, S. 5).

78 Überführung von Waren in eine Freizone des Kontrolltyps II.

91 Überführung in das Umwandlungsverfahren.

92 Umwandlung unter zollamtlicher Überwachung in einem anderen Mitgliedstaat (ohne die Waren zuvor in den zollrechtlich freien Verkehr zu überführen) (a).

Erläuterung: Dieser Code dient der Erfassung in den Statistiken über den innergemeinschaftlichen Warenverkehr.

Beispiel: Eine Drittlandsware wird in Belgien zum Umwandlungsverfahren angemeldet (9100). Im Anschluss an das Umwandlungsverfahren wird sie nach Deutschland weiterversandt, um dort in den freien Verkehr (4092) übergeführt bzw. einer weiteren Umwandlung unterzogen zu werden (9192).

Abschnitt B – Zweites Unterfeld

In Feld 37 – zweites Unterfeld ist unter Benutzung der nachstehenden Codes ggf. als weiteres Element dem 4-stelligen Gemeinschaftscode ein weiterer 3-stelliger Code anzufügen. Sofern keiner der nachstehenden Codes in Betracht kommt, bleibt dieses Unterfeld leer.

Die Liste der Codes ist unterteilt in aktive Veredelung, passive Veredelung, Zollbefreiungen, vorübergehende Verwendung, landwirtschaftliche Erzeugnisse und sonstige.

Aktive Veredelung (AV)

(Artikel 114 Zollkodex)

Verfahren	Code
Einfuhr	
Waren, die nach vorzeitiger Ausfuhr der Veredelungserzeugnisse aus Milch und Milcherzeugnissen in das AV-Verfahren (Nichterhebung) übergeführt werden	A01
Waren im AV-Verfahren (Nichterhebung), die für militärische Zwecke im Ausland bestimmt sind	A02
Waren im AV-Verfahren (Nichterhebung), die zur Wiederausfuhr auf den Kontinentalschelf bestimmt sind	A03
Waren im AV-Verfahren (nur EUSt-Aussetzung)	A04
Waren im AV-Verfahren (Nichterhebung) (nur EUSt-Aussetzung), die zur Wiederausfuhr auf den Kontinentalschelf bestimmt sind	A05
Waren im AV-Verfahren (Zollrückvergütung), die für militärische Zwecke im Ausland bestimmt sind	A06
Waren im AV-Verfahren (Zollrückvergütung), die zur Wiederausfuhr auf den Kontinentalschelf bestimmt sind	A07
Waren, die ohne Aussetzung der Verbrauchsteuern in das AV-Verfahren (Nichterhebung) übergeführt werden	A08
Ausfuhr	
Aus Milch und aus Milcherzeugnissen hergestellte Veredelungserzeugnisse	A51
Veredelungserzeugnisse im AV-Verfahren (Nichterhebung) — nur EUSt	A52
Veredelungserzeugnisse im AV-Verfahren, die für militärische Zwecke im Ausland bestimmt sind	A53

noch **Abschnitt B – Zweites Unterfeld**

Passive Veredelung (PV)
(Artikel 145 Zollkodex)

Verfahren	Code
Einfuhr	
Wiedereinfuhr von Veredelungserzeugnissen in den Mitgliedstaat, in dem die Abgaben entrichtet wurden	B01
Wiedereinfuhr von Veredelungserzeugnissen nach Reparatur im Rahmen der Gewährleistungspflicht	B02
Wiedereinfuhr von Veredelungserzeugnissen nach Austausch im Rahmen der Gewährleistungspflicht	B03
Wiedereinfuhr von Veredelungserzeugnissen nach passiver Veredelung und EUSt-Aussetzung aufgrund einer besonderen Verwendung	B04
Wiedereinfuhr von Veredelungserzeugnissen unter teilweiser Befreiung von den Einfuhrabgaben und Berücksichtigung der Veredelungskosten als Grundlage für die Abgabenberechnung (Art. 591 Zollkodex-DVO)	B05
Ausfuhr	
Zum Zwecke der AV eingeführte und zur Reparatur im Rahmen der PV ausgeführte Waren	B51
Zur AV eingeführte und zum Austausch im Rahmen der Gewährleistungspflicht ausgeführte Waren	B52
Passive Veredelung im Rahmen von Abkommen mit Drittländern, ggf. kombiniert mit PV-EUSt	B53
nur PV-EUSt	B54

noch **Abschnitt B – Zweites Unterfeld**

Zollbefreiungen
Verordnung (EWG) Nr. 918/83

Verfahren	Artikel	Code
Befreiung von den Einfuhrabgaben		
Übersiedlungsgut von natürlichen Personen, die ihren gewöhnlichen Wohnsitz aus einem Drittland in die Gemeinschaft verlegen	2	C01
Heiratsgut (Aussteuer und Hausrat)	11 Abs. 1	C02
Heiratsgut (die aus Anlass einer Eheschließung üblicherweise überreichten Geschenke)	11 Abs. 2	C03
Erbschaftsgut	16	C04
Zur Einrichtung einer Zweitwohnung bestimmter Hausrat	20	C05
Ausstattung, Schulmaterial und andere Gegenstände von Schülern und Studenten	25	C06
Sendungen mit geringem Wert	27	C07
Waren, die als Sendungen von einer Privatperson an eine andere gerichtet werden	29	C08
Investitionsgüter und andere Ausrüstungsgegenstände, die anlässlich einer Betriebsverlegung aus einem Drittland in die Gemeinschaft eingeführt werden	32	C09
Investitionsgüter und andere Ausrüstungsgegenstände von Personen, die einen freien Beruf ausüben, sowie von juristischen Personen, die eine Tätigkeit ohne Erwerbszweck ausüben	38	C10
Gegenstände erzieherischen, wissenschaftlichen oder kulturellen Charakters des Anhangs I	50	C11
Gegenstände erzieherischen, wissenschaftlichen oder kulturellen Charakters des Anhangs II	51	C12
Wissenschaftliche Instrumente und Apparate*) (Ersatzteile, Bestandteile, spezifische Zubehörteile)	53	C13
Ausrüstungen, die von oder für Rechnung einer Einrichtung oder Anstalt für wissenschaftliche Forschung mit Sitz außerhalb der Gemeinschaft zu nichtkommerziellen Zwecken eingeführt werden	59a	C14
Tiere für Laborzwecke und biologische und chemische Stoffe für Forschungszwecke	60	C15
Therapeutische Stoffe menschlichen Ursprungs sowie Reagenzien zur Bestimmung der Blut- und Gewebegruppen	61	C16
Instrumente und Apparate zur medizinischen Forschung, Diagnose oder Behandlung	63a	C17
Vergleichssubstanzen für die Arzneimittelkontrolle	63c	C18
Pharmazeutische Erzeugnisse zur Verwendung bei internationalen Sportveranstaltungen	64	C19
Für Organisationen der Wohlfahrtspflege bestimmte Waren	65	C20
in Anhang III aufgeführte Gegenstände für Blinde	70	C21
von den Blinden selbst für ihren Eigengebrauch eingeführte Gegenstände nach Anhang IV	71, erster Gedankenstrich	C22
von bestimmten Einrichtungen oder Organisationen eingeführte Gegenstände nach Anhang IV für Blinde	71, zweiter Gedankenstrich	C23

noch **Abschnitt B – Zweites Unterfeld**

Verfahren	Artikel	Code
Gegenstände für andere behinderte Personen, die von den Behinderten selbst für ihren Eigengebrauch eingeführt werden	72; 74	C24
Gegenstände für andere behinderte Personen, die von bestimmten Einrichtungen oder Organisationen eingeführt werden	72; 74	C25
Zugunsten von Katastrophenopfern eingeführte Waren	79	C26
Auszeichnungen und Ehrengaben	86	C27
Geschenke im Rahmen zwischenstaatlicher Beziehungen	87	C28
Zum persönlichen Gebrauch von Staatsoberhäuptern bestimmte Waren	90	C29
Zur Absatzförderung eingeführte Warenmuster oder -proben von geringem Wert	91	C30
Werbedrucke und Werbegegenstände	92	C31
Auf Ausstellungen oder ähnlichen Veranstaltungen ge- oder verbrauchte Waren	95	C32
Zu Prüfungs-, Analyse- oder Versuchszwecken eingeführte Waren	100	C33
Sendungen an die für Urheberrechtsschutz oder gewerblichen Rechtsschutz zuständigen Stellen	107	C34
Werbematerial für den Fremdenverkehr	108	C35
Verschiedene Dokumente und Gegenstände	109	C36
Verpackungsmittel zum Verstauen und Schutz von Waren während ihrer Beförderung	110	C37
Streu und Futter für Tiere während ihrer Beförderung	111	C38
Treib- und Schmierstoffe in Straßenkraftfahrzeugen	112	C39
Waren zum Bau, zur Unterhaltung oder Ausschmückung von Gedenkstätten oder Friedhöfen für Kriegsopfer	117	C40
Särge, Urnen und Gegenstände zur Grabausschmückung	118	C41
Andere als o.g. Zollbefreiungen		0C9
*) **Anmerkung:** Für Zollbefreiungen gemäß Artikel 52 ist bis auf weiteres der Code OC9 zu verwenden.		
Befreiung von den Ausfuhrabgaben		
Ausfuhr von Haustieren anlässlich der Verlegung eines landwirtschaftlichen Betriebes aus der Gemeinschaft in ein Drittland	120	C51
Gleichzeitig mit den Tieren ausgeführte Futtermittel	126	C52

noch **Abschnitt B – Zweites Unterfeld**

Vorübergehende Verwendung

Verfahren	Zollkodex-DVO	Code
Paletten	556	D01
Container	557	D02
Beförderungsmittel	558	D03
Persönliche Gebrauchsgegenstände und zu Sportzwecken verwendete Waren	563	D04
Betreuungsgut für Seeleute	564	D05
Ausrüstung für Katastropheneinsätze	565	D06
Medizinisch-chirurgische und labortechnische Ausrüstung	566	D07
Tiere	567	D08
Bestimmte Ausrüstung und Waren, die für den Bau, die Instandsetzung oder die Instandhaltung von Infrastrukturen in Grenzzonen verwendet werden	567	D09
Ton-, Bild- oder Datenträger	568 Buchst. a)	D10
Werbematerial	568 Buchst. b)	D11
Berufsausrüstung	569	D12
Pädagogisches Material und wissenschaftliches Gerät	570	D13
Umschließungen, gefüllt	571 Buchst. a)	D14
Umschließungen, leer	571 Buchst. b)	D15
Formen, Matrizen, Klischees, Zeichnungen, Modelle, Geräte zum Messen, Überprüfen oder Überwachen und ähnliche Gegenstände	572 Absatz 1	D16
Spezialwerkzeuge und -instrumente	572 Absatz 2	D17
Waren, die Versuchen unterzogen werden sollen	573 Buchst. a)	D18
Waren, die im Rahmen eines Kaufvertrags mit Erprobungsvorbehalt eingeführt werden	573 Buchst. b)	D19
Waren, die zur Durchführung von Versuchen bestimmt sind	573 Buchst. c)	D20
Muster	574	D21
Austauschproduktionsmittel	575	D22
Waren, die auf einer öffentlichen Veranstaltung ausgestellt oder vorgeführt werden sollen	576 Absatz 1	D23
Sendungen zur Ansicht	576 Absatz 2	D24
Kunstgegenstände, Sammlungsstücke und Antiquitäten	576 Abs. 3 Buchst. a)	D25
andere als neu hergestellte Waren, die im Hinblick auf ihre Versteigerung eingeführt werden	576 Abs. 3 Buchst. b)	D26
Ersatzteile, Zubehörteile und Ausrüstungen	577	D27
Waren, die in besonderen Situationen ohne wirtschaftliche Auswirkungen eingeführt werden	578 Buchst. b)	D28
Waren, die gelegentlich und für längstens drei Monate eingeführt werden	578 Buchst. a)	D29
Vorübergehende Verwendung unter teilweiser Befreiung von den Einfuhrabgaben	142 Zollkodex 554 UAbs. 2	D51

noch **Abschnitt B – Zweites Unterfeld**

Landwirtschaftliche Erzeugnisse

Verfahren	Code
Einfuhr	
Zugrundelegung von Einheitspreisen für die Bestimmung des Zollwerts bestimmter verderblicher Waren (Artikel 152 Abs. 1 Buchstabe a) a Zollkodex-DVO)	E01
Pauschalwerte bei der Einfuhr (z.B. Verordnung (EWG) Nr. 3223/94)	E02
Einfuhrpreis gemäß Artikel 5 Abs. 1 Buchstabe a) oder Artikel 5 Abs. 1a Buchstabe a) VO (EG) Nr. 3223/94	8E2
Einfuhrpreis gemäß Artikel 5 Abs. 1 Buchstabe b) oder Artikel 5 Abs. 1a Buchstabe b) VO (EG) Nr. 3223/94	8E3
Festsetzung von Zusatzzöllen für Geflügel gemäß Anhang ZP i.V.m. Artikel 1, Artikel 3 Abs. 1, 2 und 4 und Artikel 4 VO (EG) Nr. 1484/95	8E6
Festsetzung von Zusatzzöllen für Zuckererzeugnisse/Melasse gemäß Anhang ZP i.V.m. Artikel 34, 36 und 39 VO (EG) Nr. 951/2006	8E8
Ausfuhr	
Landwirtschaftliche Erzeugnisse, für die gemäß Artikel 4 Abs. 1 UAbs. 1 VO (EG) Nr. 800/99 eine ausfuhrlizenzpflichtige Erstattung beantragt wird (Anhang-I-Waren)	E51
Landwirtschaftliche Erzeugnisse, für die eine Erstattung beantragt wird, die gemäß Artikel 4 Abs. 1 UAbs. 2 zweiter und dritter Gedankenstrich VO (EG) Nr. 800/99 nicht ausfuhrlizenzpflichtig ist (Anhang-I-Waren)	E52
In kleinen Mengen ausgeführte landwirtschaftliche Erzeugnisse, für die eine Erstattung beantragt wird, die gemäß Artikel 4 Abs. 1 UAbs. 2 erster Gedankenstrich VO (EG) Nr. 800/99 nicht ausfuhrlizenzpflichtig ist (Anhang-I-Waren)	E53
Landwirtschaftliche Erzeugnisse, für die gemäß Artikel 22 Abs. 2 UAbs. 1 VO (EG) Nr. 1043/2005 eine bescheinigungspflichtige Erstattung beantragt wird (Nicht-Anhang-I-Waren)	E61
Landwirtschaftliche Erzeugnisse, für die eine Erstattung beantragt wird, die gemäß Artikel 22 Abs. 2 UAbs. 2 VO (EG) Nr. 1043/2005 nicht bescheinigungspflichtig ist (Nicht-Anhang-I-Waren)	E62
in kleinen Mengen ausgeführte landwirtschaftliche Erzeugnisse, für die eine Erstattung beantragt wird und für die gemäß Artikel 22 Abs. 2 UAbs. 2 i.V.m. Artikel 47 Abs. 2 VO (EG) Nr. 1043/2005 keine Erstattungsbescheinigung erforderlich ist (Nicht-Anhang-I-Waren)	E63
in kleinen Mengen ausgeführte landwirtschaftliche Erzeugnisse, für die eine Erstattung beantragt wird und die bei der Berechnung der Mindestkontrollsätze gemäß Artikel 2 Abs. 2 VO (EG) Nr. 2090/2002 nicht berücksichtigt werden	E71

noch **Abschnitt B – Zweites Unterfeld**

Sonstige

Verfahren	Code
Einfuhr	
Befreiung von den Einfuhrabgaben für Rückwaren (Art. 185 Zollkodex)	F01
Befreiung von den Einfuhrabgaben für Rückwaren (besondere Umstände gemäß Art. 844 Abs. 1 Zollkodex-DVO: landwirtschaftliche Erzeugnisse)	F02
Befreiung von den Einfuhrabgaben für Rückwaren (besondere Umstände gemäß Art. 846 Abs. 2 Zollkodex-DVO: Ausbesserung oder Instandsetzung)	F03
in die Gemeinschaft zurückverbrachte Veredelungserzeugnisse, die ursprünglich ausgeführt oder wiederausgeführt worden waren (Art. 187 Zollkodex)	F04
Umwandlungsverfahren, sofern die wirtschaftlichen Voraussetzungen als erfüllt gelten (Art. 552 Abs. 1 Unterabsatz 1 Zollkodex-DVO)	F11
Befreiung von den Einfuhrabgaben für Fischereierzeugnisse und sonstige Meereserzeugnisse, die von in einem Mitgliedstaat zugelassenen oder registrierten und unter der Flagge dieses Staates fahrenden Schiffen aus in Hoheitsgewässern eines Drittlands gefangen werden	F21
Befreiung von den Einfuhrabgaben für Erzeugnisse, die aus in Hoheitsgewässern eines Drittlands gefangenen Fischereierzeugnissen und sonstigen Meereserzeugnissen an Bord eines in einem Mitgliedstaat zugelassenen oder registrierten und unter der Flagge dieses Staates fahrenden Fabrikschiffes hergestellt wurden	F22
Waren, die im Rahmen der passiven Veredelung ohne Aussetzung der Verbrauchsteuern in ein Zolllagerverfahren übergeführt werden	F31
Waren, die im Rahmen der aktiven Veredelung ohne Aussetzung der Verbrauchsteuern in ein Zolllagerverfahren übergeführt werden	F32
Waren in einer Freizone des Kontrolltyps II, die ohne Aussetzung der Verbrauchsteuern in ein Zolllagerverfahren übergeführt werden	F33
Waren, die im Rahmen des Umwandlungsverfahrens ohne Aussetzung der Verbrauchsteuern in ein Zolllagerverfahren übergeführt werden	F34
Überführung von für eine Veranstaltung oder den Verkauf bestimmten Waren der vorübergehenden Verwendung in den zollrechtlich freien Verkehr, wobei der Betrag der Zollschuld anhand der Bemessungsgrundlagen ermittelt wird, die für diese Waren im Zeitpunkt der Annahme der Zollanmeldung zur Überführung in den zollrechtlich freien Verkehr gelten	F41
Überführung in den zollrechtlich freien Verkehr von Veredelungserzeugnissen, wenn sie den für sie geltenden Einfuhrabgaben unterworfen werden (Art. 122 Buchstabe a) Zollkodex)	F42
Überführung von AV-Waren in den zollrechtlich freien Verkehr oder Überführung von Veredelungserzeugnissen in den zollrechtlich freien Verkehr ohne Ausgleichszinsen (Art. 519 Abs. 4 Zollkodex-DVO)	F43
Anmeldung nur hinsichtlich der EUSt	5F0
Anmeldung ausgenommen EUSt	5F1
Anmeldung ausgenommen Verbrauchsteuern	5F3
Ausfuhr	
Ausfuhren zu militärischen Zwecken	F51
Bevorratung	F61
Bevorratung mit Waren, die für die Gewährung einer Erstattung in Betracht kommen	F62
Einlagerung in ein Vorratslager (Art. 40 bis 43 der Verordnung (EWG) Nr. 800/1999)	F63
Auslagerung von zur Bevorratung bestimmten Waren aus einem Vorratslager	F64

Abschnitt C Teil I – Die häufigsten Verfahrenscodes bei der Versendung/Ausfuhr von Waren

Code	Angemeldete oder mitgeteilte zollrechtliche Bestimmung Vorangegangene zollrechtliche Bestimmung
10	**Endgültige Versendung/Ausfuhr von Waren*)**
1000	ohne vorangegangene zollrechtliche Bestimmung (insbesondere Waren, die aus Deutschland stammen)
1040	nach Überführung in den zoll- und steuerrechtlich freien Verkehr ohne steuerbefreiende Lieferung
1076	nach Überführung in die Erstattungs-Lagerung mit Vorfinanzierung der Ausfuhrerstattung
1077	nach Überführung in die Erstattungs-Veredelung mit Vorfinanzierung der Ausfuhrerstattung

*) **Anmerkung: Code 1** (Endgültige Versendung/Ausfuhr von Waren) ist nicht zu verwenden, wenn Waren in ein Zollverfahren des vorübergehenden Verbringens/der Einfuhr übergeführt worden sind. – Code 1 ist andererseits auch zu verwenden im Falle der Versendung/Ausfuhr von Waren, die in Deutschland in den zoll- und steuerrechtlich freien Verkehr übergeführt worden sind; in solchen Fällen kommt nicht Code 3 zur Anwendung.

Code	Bestimmung
21	**Vorübergehende Versendung/Ausfuhr von Waren im Rahmen von passiven Veredelungen*)** (zollamtlich bewilligte passive Veredelung)
2100	ohne vorangegangene zollrechtliche Bestimmung
2140	nach Überführung in den zoll- und steuerrechtlich freien Verkehr ohne steuerbefreiende Lieferung
2151	nach Überführung in die aktive Veredelung – Nichterhebungsverfahren

*) **Anmerkung: Code 2** ist für ein Zollverfahren der vorübergehenden Versendung/Ausfuhr zu verwenden.

noch **Abschnitt C Teil I – Die häufigsten Verfahrenscodes bei der Versendung/Ausfuhr von Waren**

Code	Angemeldete oder mitgeteilte zollrechtliche Bestimmung Vorangegangene zollrechtliche Bestimmung
22	**Vorübergehende Versendung/Ausfuhr von Waren zu anderen passiven Veredelungen als unter 21 genannt*)**
2200	ohne vorangegangene zollrechtliche Bestimmung
	***) Anmerkung: Code 2** ist für ein Zollverfahren der vorübergehenden Versendung/Ausfuhr zu verwenden.
23	**Vorübergehende Versendung/Ausfuhr von Waren zum Zwecke des Wiederverbringens/der Wiedereinfuhr in unverändertem Zustand*)**
2300	ohne vorangegangene zollrechtliche Bestimmung
	***) Anmerkung: Code 2** ist für ein Zollverfahren der vorübergehenden Versendung/Ausfuhr zu verwenden.
31	**Wiederversendung/Wiederausfuhr von Waren*)**
3151	nach Überführung in die aktive Lohnveredelung – Nichterhebungsverfahren –*)
	***) Anmerkung:** Der Code ist auch zu verwenden im Falle der vorzeitigen Ausfuhr, z.B. wenn bei paralleler Nutzung der Verfahren IM-EX und EX-IM der zollrechtliche Status der Waren im Zeitpunkt der Anmeldung nicht festgestellt werden kann.
3153	nach Überführung in eine vorübergehende Verwendung
3171	nach Überführung in ein Zolllagerverfahren
3178	nach Einfuhr zur Lagerung in einer Freizone
	***) Anmerkung: Code 3** (Wiederversendung/Wiederausfuhr von Waren) kann nur für Waren verwendet werden, die in ein Zollverfahren des vorübergehenden Verbringens/der Einfuhr übergeführt worden sind, bzw. für ausländische Waren, die in ein Lager (Zolllager, Freilager) verbracht/eingeführt worden sind.

Abschnitt C Teil II – Die häufigsten Verfahrenscodes bei dem Eingang/der Einfuhr von Waren

Code	Angemeldete oder mitgeteilte zollrechtliche Bestimmung Vorangegangene zollrechtliche Bestimmung
02	**Überführung von Waren in den zollrechtlich freien Verkehr zur Durchführung einer aktiven Veredelung – Verfahren der Zollrückvergütung –*)**
0200	zur aktiven Veredelung ohne vorangegangene zollrechtliche Bestimmung

*) **Anmerkung: Code 0** (Überführung in den zollrechtlich freien Verkehr) ist nicht zu verwenden, wenn Waren nach einer **vorübergehenden** Ausfuhr wiedereingeführt werden. In diesen Fällen kommt Code 6 in Frage.

Code 0 ist auch zu verwenden für Waren, die nach Anmeldung zur **endgültigen** Ausfuhr in den zollrechtlich freien Verkehr übergeführt werden. In diesen Fällen kommt n i c h t Code 6 zur Anwendung.

Code	Bestimmung
40	**Gleichzeitige Überführung von Waren in den zoll- und steuerrechtlich freien Verkehr ohne steuerbefreiende Lieferung (keine Befreiung von der Einfuhrumsatzsteuer) nach § 5 Abs. 1 Nr. 3 oder Nr. 4 UStG*)**
4000	ohne vorangegangene zollrechtliche Bestimmung
4010	nach Anmeldung zur endgültigen Ausfuhr (z. B. Rückwaren)
4051	nach Überführung in die aktive Veredelung – Nichterhebungsverfahren –
4053	nach Überführung in die vorübergehende Verwendung
4054	nach Überführung in die aktive Veredelung – Nichterhebungsverfahren – in einem anderen Mitgliedstaat im Rahmen einer „Einzigen Bewilligung“
4071	nach Überführung in ein Zolllagerverfahren
4078	nach Eingang/Einfuhr zur Lagerung in einer Freizone des Kontrolltyps II

*) **Anmerkung: Code 4** (Überführung von Waren in den zoll- und steuerrechtlich freien Verkehr; Überführung von Waren in den steuerrechtlich freien Verkehr) ist nicht zu verwenden, wenn Waren nach einer vorübergehenden Versendung/Ausfuhr wiederverbracht/wiedereingeführt werden. In diesen Fällen kommt Code 6 in Frage.

Code 4 ist auch zu verwenden für Waren, die nach Anmeldung zur **endgültigen** Versendung/Ausfuhr in den freien Verkehr übergeführt werden. In diesen Fällen kommt n i c h t Code 6 zur Anwendung.

Siehe auch die Anmerkung zu Code 40 in Anhang 6 Abschnitt A.

Code	Bestimmung
41	**Gleichzeitige Überführung in den zoll- und steuerrechtlich freien Verkehr von Waren im Verfahren der aktiven Veredelung – Verfahren der Zollrückvergütung –*)**
4100	ohne vorangegangene zollrechtliche Bestimmung

*) **Anmerkung: Code 4** (Überführung von Waren in den zoll- und steuerrechtlich freien Verkehr; Überführung von Waren in den steuerrechtlich freien Verkehr) ist nicht zu verwenden, wenn Waren nach einer vorübergehenden Versendung/Ausfuhr wiederverbracht/wiedereingeführt werden. In diesen Fällen kommt Code 6 in Frage.

Code 4 ist auch zu verwenden für Waren, die nach Anmeldung zur **endgültigen** Versendung/Ausfuhr in den freien Verkehr übergeführt werden. In diesen Fällen kommt n i c h t Code 6 zur Anwendung.

Siehe auch die Anmerkung zu Code 41 in Anhang 6 Abschnitt A.

noch **Abschnitt C Teil II – Die häufigsten Verfahrenscodes bei dem Eingang/der Einfuhr von Waren**

Code	Angemeldete oder mitgeteilte zollrechtliche Bestimmung Vorangegangene zollrechtliche Bestimmung
42	**Überführung von Waren in den zoll- und steuerrechtlich freien Verkehr mit steuerbefreiender Lieferung (Befreiung von der Einfuhrumsatzsteuer) nach § 5 Abs. 1 Nr. 3 UStG*)**
4200	ohne vorangegangene zollrechtliche Bestimmung
4251	nach Überführung in die aktive Veredelung – Nichterhebungsverfahren –
4253	nach Überführung in die vorübergehende Verwendung
4254	nach Überführung in die aktive Veredelung – Nichterhebungsverfahren – in einem anderen Mitgliedstaat im Rahmen einer „Einzigen Bewilligung"
4271	nach Überführung in ein Zolllagerverfahren
4278	nach Eingang/Einfuhr zur Lagerung in einer Freizone des Kontrolltyps II

*) **Anmerkung: Code 4** (Überführung von Waren in den zoll- und steuerrechtlich freien Verkehr; Überführung von Waren in den steuerrechtlich freien Verkehr) ist nicht zu verwenden, wenn Waren nach einer vorübergehenden Versendung/Ausfuhr wiederverbracht/wiedereingeführt werden. In diesen Fällen kommt Code 6 in Frage.

Code 4 ist auch zu verwenden für Waren, die nach Anmeldung zur **endgültigen** Versendung/Ausfuhr in den freien Verkehr übergeführt werden. In diesen Fällen kommt n i c h t Code 6 zur Anwendung.

Siehe auch die Anmerkung zu Code 42 in Anhang 6 Abschnitt A.

Code	Bestimmung
43	**Gleichzeitige Überführung von Waren in den zoll- und steuerrechtlich freien Verkehr im Rahmen von besonderen Maßnahmen für die Erhebung eines Betrags während der Übergangszeit nach Beitritt neuer Mitgliedstaaten*)**
4300	ohne vorangegangene zollrechtliche Bestimmung

*) **Anmerkung: Code 4** (Überführung von Waren in den zoll- und steuerrechtlich freien Verkehr; Überführung von Waren in den steuerrechtlich freien Verkehr) ist nicht zu verwenden, wenn Waren nach einer vorübergehenden Versendung/Ausfuhr wiederverbracht/wiedereingeführt werden. In diesen Fällen kommt Code 6 in Frage.

Code 4 ist auch zu verwenden für Waren, die nach Anmeldung zur endgültigen Versendung/Ausfuhr in den freien Verkehr übergeführt werden. In diesen Fällen kommt n i c h t Code 6 zur Anwendung.

Siehe auch die Anmerkung zu Code 43 in Anhang 6 Abschnitt A.

Code	Bestimmung
45	**Überführung von Nichtgemeinschaftswaren in den zoll- und einfuhrumsatzsteuerrechtlich freien Verkehr mit anschließendem Verbringen verbrauchsteuerpflichtiger Waren unter Steueraussetzung in ein deutsches Steuerlager sowie die Abfertigung zu steuerbegünstigten Zwecken in Deutschland oder mit unmittelbar anschließender Einlagerung in einem Umsatzsteuerlager (§ 5 Abs. 1 Nr. 4 UStG)*)**
4500	ohne vorangegangene zollrechtliche Bestimmung

*) **Anmerkung: Code 4** (Überführung von Nichtgemeinschaftswaren in den zoll- und steuerrechtlich freien Verkehr; Überführung von Nichtgemeinschaftswaren in den steuerrechtlich freien Verkehr) ist nicht zu verwenden, wenn Waren nach einer vorübergehenden Versendung/Ausfuhr wiederverbracht/wiedereingeführt werden. In diesen Fällen kommt Code 6 in Frage.

Code 4 ist auch zu verwenden für Waren, die nach Anmeldung zur endgültigen Versendung/Ausfuhr in den freien Verkehr übergeführt werden. In diesen Fällen kommt n i c h t Code 6 zur Anwendung.

Siehe auch die Anmerkung zu Code 45 in Anhang 6 Abschnitt A.

noch **Abschnitt C Teil II – Die häufigsten Verfahrenscodes bei dem Eingang/der Einfuhr von Waren**

Code	Angemeldete oder mitgeteilte zollrechtliche Bestimmung Vorangegangene zollrechtliche Bestimmung
49	**Überführung von Gemeinschaftswaren in den (einfuhrumsatzsteuerrechtlich) freien Verkehr im Rahmen des Warenverkehrs zwischen Teilen des Zollgebiets der Gemeinschaft, in denen die Vorschriften der Richtlinie 77/388/EWG (6. Mehrwertsteuerrichtlinie) anwendbar sind, und solchen Teilen dieses Gebiets, in denen diese Vorschriften nicht gelten, sowie auf den Warenverkehr zwischen den Teilen dieses Gebiets, in denen diese Vorschriften nicht anwendbar sind und Überführung von Waren in den steuerrechtlich freien Verkehr im Rahmen des Warenverkehrs zwischen der Gemeinschaft und den Ländern, mit denen sie eine Zollunion gebildet hat*)**
4900	ohne vorangegangene zollrechtliche Bestimmung
	*) **Anmerkung: Code 4** (Überführung in den zoll- und steuerrechtlich freien Verkehr; Überführung in den steuerrechtlich freien Verkehr) ist nicht zu verwenden, wenn Waren nach einer vorübergehenden Versendung/Ausfuhr wiederverbracht/wiedereingeführt werden. In diesen Fällen kommt Code 6 in Frage. Code 4 ist auch zu verwenden für Waren, die nach Anmeldung zur endgültigen Versendung/Ausfuhr in den freien Verkehr übergeführt werden. In diesen Fällen kommt n i c h t Code 6 zur Anwendung. Siehe auch die Anmerkung zu Code 49 in Anhang 6 Abschnitt A.
51	**Überführung von Waren in die aktive Veredelung – Nichterhebungsverfahren –*)**
5100	ohne vorangegangene zollrechtliche Bestimmung
5121	zur aktiven Veredelung nach vorübergehender Versendung/Ausfuhr zur passiven Veredelung
5154	zur aktiven Veredelung nach Überführung in die aktive Veredelung – Nichterhebungsverfahren – in einem anderen Mitgliedstaat im Rahmen einer „Einzigen Bewilligung"
5171	zur aktiven Veredelung nach Überführung in ein Zolllagerverfahren
5178	zur aktiven Veredelung nach Eingang/Einfuhr zur Lagerung in einer Freizone des Kontrolltyps II
	*) **Anmerkung: Code 5** ist nur für ein Zollverfahren des vorübergehenden Verbringens/der vorübergehenden Einfuhr anzuwenden.
53	**Einfuhr von Waren zur Überführung in die vorübergehende Verwendung*)**
5300	ohne vorangegangene zollrechtliche Bestimmung
	*) **Anmerkung: Code 5** ist nur für ein Zollverfahren des vorübergehenden Verbringens/der vorübergehenden Einfuhr anzuwenden.
61	**Wiedereinfuhr von Waren mit gleichzeitiger Überführung in den zoll- und steuerrechtlich freien Verkehr ohne steuerbefreiende Lieferung (keine Befreiung von der Einfuhrumsatzsteuer) nach § 5 Abs. 1 Nr. 3 oder Nr. 4 UStG*)**
6121	nach vorübergehender Ausfuhr zur passiven Veredelung
6123	nach vorübergehender Ausfuhr zum Zwecke der Wiedereinfuhr in unverändertem Zustand
	*) **Anmerkung: Code 6** (Wiederverbringen/Wiedereinfuhr von Waren) darf nur auf Waren angewendet werden, die zuvor zu einer vorübergehenden Versendung/Ausfuhr angemeldet wurden. Siehe auch die Anmerkung zu Code 61 in Anhang 6 Abschnitt A.

noch **Abschnitt C Teil II – Die häufigsten Verfahrenscodes bei dem Eingang/der Einfuhr von Waren**

Code	Angemeldete oder mitgeteilte zollrechtliche Bestimmung Vorangegangene zollrechtliche Bestimmung
63	**Wiedereinfuhr und gleichzeitige Überführung von Waren in den zoll- und steuerrechtlich freien Verkehr mit steuerbefreiender Lieferung (Befreiung von der Einfuhrumsatzsteuer) nach § 5 Abs. 1 Nr. 3 UStG*)**
6321	nach vorübergehender Ausfuhr zur passiven Veredelung
6323	nach vorübergehender Ausfuhr zum Zwecke der Wiedereinfuhr in unverändertem Zustand

*) **Anmerkung: Code 6** (Wiederverbringen/Wiedereinfuhr von Waren darf nur auf Waren angewendet werden, die zuvor zu einer vorübergehenden Versendung/Ausfuhr angemeldet wurden.

Siehe auch die Anmerkung zu Code 63 in Anhang 6 Abschnitt A.

Code	Bestimmung
71	**Überführung von Waren in ein Zolllagerverfahren**
7100	ohne vorangegangene zollrechtliche Bestimmung
7121	nach vorübergehender Versendung/Ausfuhr zur passiven Veredelung
7151	nach Überführung in die aktive Veredelung – Nichterhebungsverfahren –
7178	nach Eingang/Einfuhr zur Lagerung in einer Freizone des Kontrolltyps II

Code	Bestimmung
76	**Überführung von Waren in die Erstattungs-Lagerung mit Vorfinanzierung der Ausfuhrerstattung*)**
7600	ohne vorangegangene zollrechtliche Bestimmung

*) **Anmerkung: Code 7** wird angewendet bei der Überführung in ein Zolllagerverfahren einschl. der Abfertigung zum Verbringen in sonstige Räumlichkeiten unter Zoll- und Verwaltungskontrolle.

Code	Bestimmung
77	**Überführung von Waren in die Erstattungs-Veredelung mit Vorfinanzierung der Ausfuhrerstattung*)**
7700	ohne vorangegangene zollrechtliche Bestimmung

*) **Anmerkung: Code 7** wird angewendet bei der Überführung in ein Zolllagerverfahren einschl. der Abfertigung zum Verbringen in sonstige Räumlichkeiten unter Zoll- und Verwaltungskontrolle.

noch **Abschnitt C Teil II – Die häufigsten Verfahrenscodes bei dem Eingang/der Einfuhr von Waren**

Code	Angemeldete oder mitgeteilte zollrechtliche Bestimmung Vorangegangene zollrechtliche Bestimmung
78	**Eingang/Einfuhr von Waren in eine Freizone*)**
7800	zur Lagerung in einer Freizone ohne vorangegangene zollrechtliche Bestimmung

*) **Anmerkung: Code 7** wird angewendet bei der Überführung von Waren in ein Zolllagerverfahren einschl. der Abfertigung zum Verbringen in sonstige Räumlichkeiten unter Zoll- und Verwaltungskontrolle.

91	**Überführung von Waren in das Umwandlungsverfahren**
9100	ohne vorangegangene zollrechtliche Bestimmung
9171	nach Überführung in ein Zolllagerverfahren
9178	nach Eingang/Einfuhr zur Lagerung in einer Freizone des Kontrolltyps II

Anhang 7 – Zu Feld Nr. 47: Code für die Abgabenarten

A00	Zölle (ohne EGKS-Zölle, Ausgleichs-, Antidumping- und Zusatzzölle, Zölle auf Agrarwaren)
A10	Zölle auf Agrarwaren, Zusatzzölle auf Agrarwaren und Agrarteilbeträge
A30	endgültige Antidumpingzölle
A35	vorläufige Antidumpingzölle
A40	endgültige Ausgleichszölle
A45	vorläufige Ausgleichszölle
B00	Einfuhrumsatzsteuer
C00	Ausfuhrabgaben (ohne Ausfuhrabgaben für landwirtschaftliche Erzeugnisse)
C10	Ausfuhrabgaben für landwirtschaftliche Erzeugnisse
D10	Vermischte Einnahmen der EU (Ausgleichszinsen)
230	Pauschalierte Einfuhrabgaben
300	Tabaksteuer
310	Kaffeesteuer
350	Branntweinsteuer
360	Alkopopsteuer
370	Schaumweinsteuer
390	Zwischenerzeugnissteuer
440	Energiesteuer (aus dem Verbrauch von anderen Heizstoffen als von Erdgas)
450	Energiesteuer (sonstiges Aufkommen; ohne das in den Titeln 03102 und 03104 erfasste Aufkommen)
460	Energiesteuer (aus dem Verbrauch von Erdgas)
670	Biersteuer

Anhang 8 – Zu Feld Nr. 31: Art der Packstücke

Die folgenden Codes sind zu verwenden.

(UN/ECE-Empfehlung Nr. 21/Rev. 4 vom Mai 2002)

Verpackungscodes

Aerosol (Sprüh- oder Spraydose)	AE
Ampulle, geschützt	AP
Ampulle, ungeschützt	AM
Balken	GI
Balken, im Bündel/Bund	GZ
Ballen, gepresst	BL
Ballen, nicht gepresst	BN
Ballon, geschützt	BP
Ballon, ungeschützt	BF
Bandspule	SO
Barren	IN
Barren, im Bündel/Bund	IZ
Becher	CU
Behälter	BI
Behältnis, eingeschweißt in Kunststoff	MW
Behältnis, Glas	GR
Behältnis, Holz	AD
Behältnis, Holzfaser	AB
Behältnis, Kunststoff	PR
Behältnis, Metall	MR
Behältnis, Papier	AC
Beutel, flexibel	FX
Beutel, gewebter Kunststoff	5H
Beutel, gewebter Kunststoff, ohne Innenfutter/Auskleidung	XA
Beutel, gewebter Kunststoff, undurchlässig	XB
Beutel, gewebter Kunststoff, wasserresistent	XC
Beutel, groß	ZB
Beutel, klein	SH
Beutel, Kunststoff	EC
Beutel, Kunststofffilm	XD

noch **Anhang 8 – Zu Feld Nr. 31: Art der Packstücke**

Beutel, Massengut	43
Beutel, mehrlagig, Tüte	MB
Beutel, Papier	5M
Beutel, Papier, mehrlagig	XJ
Beutel, Papier, mehrwandig, wasserresistent	XK
Beutel, Tasche	PO
Beutel, Textil	5L
Beutel, Textil, ohne Innenfutter/Auskleidung	XF
Beutel, Textil, undurchlässig	XG
Beutel, Textil, wasserresistent	XH
Beutel, Tüte	BG
Bierkasten	CB
Blech	SM
Bohle	PN
Bohlen, im Bündel/Bund	PZ
Bottich	VA
Bottich, mit Deckel	TL
Bottich, Wanne, Kübel, Zuber, Bütte, Fass	TB
Boxpalette	PB
Brett	BD
Bretter, im Bündel/Bund	BY
Bund	BH
Bündel	BE
Container, nicht anders als Beförderungsausrüstung angegeben	CN
Deckelkorb	HR
Dose, rechteckig	CA
Dose, zylindrisch	CX
Eimer	BJ
Einmachglas	JR
Einzelabpackung	ZZ
Fass	BA
kleines Fass, ca. 40 l	FI
kleines Fass, Fässchen	KG

noch **Anhang 8 – Zu Feld Nr. 31: Art der Packstücke**

Fass, Holz	2C
Fass, Holz, abnehmbares Oberteil	QJ
Fass, Holz, Spundart	QH
Fass, Tonne	CK
Fass, Trommel, Aluminium	1B
Fass, Trommel, Aluminium, abnehmbares Oberteil	QD
Fass, Trommel, Aluminium, nicht abnehmbares Oberteil	QC
Fass, Trommel, Eisen	DI
Fass, Trommel, Holz	1W
Fass, Trommel, Holzfaser	1G
Fass, Trommel, Kunststoff	IH
Fass, Trommel, Kunststoff, abnehmbares Oberteil	QG
Fass, Trommel, Kunststoff, nicht abnehmbares Oberteil	QF
Fass, Trommel, Sperrholz	1D
Fass, Trommel, Stahl	1A
Fass, Trommel, Stahl, abnehmbares Oberteil	QB
Fass, Trommel, Stahl, nicht abnehmbares Oberteil	QA
Feldkiste	FO
Filmpack	FP
Flasche, geschützt, bauchig	BV
Flasche, geschützt, zylindrisch	BQ
Flasche, ungeschützt, bauchig	BS
Flasche, ungeschützt, zylindrisch	BO
Flaschenkasten/Flaschengestell	BC
Garnitur	SX
Gasflasche	GB
Gestell	RK
Gestell, Garderobenstange	RJ
Glasballon, geschützt	DP
Glasballon, ungeschützt	DJ
Glaskolben	FL
Glasröhrchen	VI
Halbschale	AI

noch **Anhang 8 – Zu Feld Nr. 31: Art der Packstücke**

Handkoffer	SU
Haspel, Spule	RL
Henkelkrug	PH
Hülle, Deckel, Überzug	CV
Hülle, Stahl	SV
Hülse	SY
Jutesack	JT
Käfig	CG
Käfig, Commonwealth Handling Equipment Pool (CHEP)	DG
Käfig, Rolle	CW
Kanister	CI
Kanister, Kunststoff	3H
Kanister, Kunststoff, abnehmbares Oberteil	QN
Kanister, Kunststoff, nicht abnehmbares Oberteil	QM
Kanister, rechteckig	JC
Kanister, Stahl	3A
Kanister, Stahl, abnehmbares Oberteil	QL
Kanister, Stahl, nicht abnehmbares Oberteil	QK
Kanister, zylindrisch	JY
Kanne, mit Henkel und Ausguss	CD
Kapsel/Patrone	AV
Karton	CT
Kasten	BX
Kasten, Aluminium	4B
Kasten, Commonwealth Handling Equipment Pool (CHEP), Eurobox	DH
Kasten, für Flüssigkeiten	BW
Kasten, Holz, Naturholz, gewöhnliches	QP
Kasten, Holz, Naturholz, mit undurchlässigen Wänden	QQ
Kasten, Holzfaserplatten	4G
Kasten, Kunststoff	4H
Kasten, Kunststoff, ausdehnungsfähig	QR
Kasten, Kunststoff, fest	QS
Kasten, Naturholz	4C

noch **Anhang 8 – Zu Feld Nr. 31: Art der Packstücke**

Kasten, Sperrholz	4D
Kasten, Stahl	4A
Kasten, wiederverwendbares Holz	4F
Kegel	AJ
Kistchen	CS
Kiste	CH
Kiste, Display, Karton	IB
Kiste, isothermisch	EI
Kiste, Massengut, Holz	DM
Kiste, Massengut, Karton	DK
Kiste, Massengut, Kunststoff	DL
Kiste, mehrlagig, Holz	DB
Kiste, mehrlagig, Karton	DC
Kiste, mehrlagig, Kunststoff	DA
Kiste, mit Palette	ED
Kiste, mit Palette, Holz	EE
Kiste, mit Palette, Karton	EF
Kiste, mit Palette, Kunststoff	EG
Kiste, mit Palette, Metall	EH
Kiste, Stahl	SS
Koffer	TR
Kolben	BU
Konservendose	TN
Korb	BK
Korb, mit Henkel, Holz	HB
Korb, mit Henkel, Karton	HC
Korb, mit Henkel, Kunststoff	HA
Körbchen	PJ
Korbflasche	WB
Korbflasche, geschützt	CP
Korbflasche, ungeschützt	CO
Krug	JG
Kübel	PL

noch **Anhang 8 – Zu Feld Nr. 31: Art der Packstücke**

Kufenbrett	SL
Lattenkiste	CR
Lebensmittelbehälter	FT
Los	LT
Massengut, fest, feine Teilchen („Pulver“)	VY
Massengut, fest, große Teilchen („Knollen“)	VO
Massengut, fest, körnige Teilchen („Körner“)	VR
Massengut, flüssig	VL
Massengut, Flüssiggas (bei anormaler Temperatur/anormalem Druck)	VQ
Massengut, Gas (bei 1031 mbar und 15 °C)	VG
Massengutbehälter, mittelgroß	WA
Massengutbehälter, mittelgroß, Aluminium	WD
Massengutbehälter, mittelgroß, Aluminium, beaufschlagt mit mehr als 10 kpa	WH
Massengutbehälter, mittelgroß, Aluminium, Flüssigkeit	WL
Massengutbehälter, mittelgroß, flexibel	ZU
Massengutbehälter, mittelgroß, gewebter Kunststoff, beschichtet	WP
Massengutbehälter, mittelgroß, gewebter Kunststoff, beschichtet, mit Umhüllung	WR
Massengutbehälter, mittelgroß, gewebter Kunststoff, mit Umhüllung	WQ
Massengutbehälter, mittelgroß, gewebter Kunststoff, ohne Umhüllung	WN
Massengutbehälter, mittelgroß, Holzfaser	ZT
Massengutbehälter, mittelgroß, Kunststofffolie	WS
Massengutbehälter, mittelgroß, Metall	WF
Massengutbehälter, mittelgroß, Metall, beaufschlagt mit > 10 kpa	WJ
Massengutbehälter, mittelgroß, Metall, Flüssigkeit	WM
Massengutbehälter, mittelgroß, Metall, kein Stahl	ZV
Massengutbehälter, mittelgroß, Naturholz	ZW
Massengutbehälter, mittelgroß, Naturholz, mit Auskleidung	WU
Massengutbehälter, mittelgroß, Papier, mehrlagig	ZA
Massengutbehälter, mittelgroß, Papier, mehrlagig, wasserresistent	ZC
Massengutbehälter, mittelgroß, Sperrholz	ZX
Massengutbehälter, mittelgroß, Sperrholz, mit Auskleidung	WY
Massengutbehälter, mittelgroß, Stahl	WC
Massengutbehälter, mittelgroß, Stahl, beaufschlagt mit mehr als 10 kpa	WG

noch **Anhang 8 – Zu Feld Nr. 31: Art der Packstücke**

Massengutbehälter, mittelgroß, Stahl, Flüssigkeit	WK
Massengutbehälter, mittelgroß, starrer Kunststoff	AA
Massengutbehälter, mittelgroß, starrer Kunststoff, frei stehend, Feststoffe	ZF
Massengutbehälter, mittelgroß, starrer Kunststoff, frei stehend, Flüssigkeiten	ZK
Massengutbehälter, mittelgroß, starrer Kunststoff, frei stehend, mit Druck beaufschlagt	ZH
Massengutbehälter, mittelgroß, starrer Kunststoff, statische Struktur, Feststoffe	ZD
Massengutbehälter, mittelgroß, starrer Kunststoff, statische Struktur, Flüssigkeiten	ZJ
Massengutbehälter, mittelgroß, starrer Kunststoff, statische Struktur, mit Druck beaufschlagt	ZG
Massengutbehälter, mittelgroß, Textil, beschichtet	WV
Massengutbehälter, mittelgroß, Textil, beschichtet und Umhüllung	WX
Massengutbehälter, mittelgroß, Textil, mit äußerer Umhüllung	WT
Massengutbehälter, mittelgroß, Textil, mit Umhüllung	WW
Massengutbehälter, mittelgroß, Verbundmaterial	ZS
Massengutbehälter, mittelgroß, Verbundmaterial, flexibler Kunststoff, Feststoffe	ZM
Massengutbehälter, mittelgroß, Verbundmaterial, flexibler Kunststoff, Flüssigkeiten	ZR
Massengutbehälter, mittelgroß, Verbundmaterial, flexibler Kunststoff, mit Druck beaufschlagt	ZP
Massengutbehälter, mittelgroß, Verbundmaterial, starrer Kunststoff, Feststoffe	ZL
Massengutbehälter, mittelgroß, Verbundmaterial, starrer Kunststoff, Flüssigkeiten	ZQ
Massengutbehälter, mittelgroß, Verbundmaterial, starrer Kunststoff, mit Druck beaufschlagt	ZN
Massengutbehälter, mittelgroß, wiederverwertetes Holz	ZY
Massengutbehälter, mittelgroß, wiederverwertetes Holz, mit Auskleidung	WZ
Matte	MT
Milchkanne	CC
Milchkasten	MC
Netz	NT
Netz, schlauchförmig, Kunststoff	NU
Netz, schlauchförmig, Textil	NV
Nicht verfügbar	NA
Nicht verpackt oder nicht abgepackt	NE
Nicht verpackt oder nicht abgepackt, eine Einheit	NF
Nicht verpackt oder nicht abgepackt, mehrere Einheiten	NG
Obststeige	FC
Ohne Käfig	UC

noch **Anhang 8 – Zu Feld Nr. 31: Art der Packstücke**

Oxhoft	HG
Päckchen	PA
Packung, Display, Holz	IA
Packung, Display, Kunststoff	IC
Packung, Display, Metall	ID
Packung, Karton, mit Greiflöchern für Flaschen	IK
Packung, Papierumhüllung	IG
Packung, Präsentation	IE
Packung, Schlauch	IF
Packung/Packstück	PK
Paket	PC
Palette	PX
Palette, 100 cm x 110 cm	AH
Palette, eingeschweißt	AG
Palette, modular, Manschette 80 cm x 100 cm	PD
Palette, modular, Manschette 80 cm x 120 cm	PE
Palette, modular, Manschette 80 cm x 60 cm	AF
Patrone	CQ
Platte	PG
Platten, im Bündel/Bund	PY
Quetschtube	TD
Rahmen	FR
Ring	RG
Rohr	PI
Rohre, im Bündel/Bund	PV
Rolle	RO
Rotnetz	RT
Sack	SA
Sack, mehrlagig	MS
Sarg	CJ
Schachtel	NS
Schale	BM
Schlauch, Röhrchen	TU

noch **Anhang 8 – Zu Feld Nr. 31: Art der Packstücke**

Schläuche, Röhrchen, im Bündel/Bund	TZ
Schrumpfverpackt	SW
Seekiste	SE
Segeltuch	CZ
Sparren	TS
Spender	DN
Spindel	SD
(Garn-) Spule, Rolle	BB
Spule, Spirale	CL
Stab	BR
Stab, Stange	RD
Stäbe, im Bündel/Bund	BZ
Stäbe, Stangen, im Bündel/Bund	RZ
Stamm	LG
Stämme, im Bündel/Bund	LZ
Steige, auch umschlossen	FD
Steige, niedrig	SC
Streichholzschachtel	MX
Stufe, Etage	TI
Tafel, Bogen, Platte	ST
Tafel, Bogen, Platte, eingeschweißt in Kunststoff	SP
Tafel, Bögen, Platten, im Bündel/Bund	SZ
Tafel, Scheibe	SB
Tank, rechteckig	TK
Tank, zylindrisch	TY
Teekiste	TC
Tiertransportbox	PF
Tonne	TO
Topf	PT
Trägerpappe	CM
Transporthilfe	SI
Tray-Packung (Trog, Tablett, Schale, Mulde)	PU
Tray-Packung, einlagig, ohne Deckel, Holz	DT

noch **Anhang 8 – Zu Feld Nr. 31: Art der Packstücke**

Tray-Packung, einlagig, ohne Deckel, Karton	DV
Tray-Packung, einlagig, ohne Deckel, Kunststoff	DS
Tray-Packung, einlagig, ohne Deckel, Styropor	DU
Tray-Packung, zweilagig, ohne Deckel, Holz	DX
Tray-Packung, zweilagig, ohne Deckel, Karton	DY
Tray-Packung, zweilagig, ohne Deckel, Kunststoff	DW
Trommel, Fass	DR
Truhe	CF
Tube, mit Düse	TV
Umschlag	EN
Umzugskasten	LV
Vakuumverpackt	VP
Vanpack	VK
Verschlag	SK
Weidenkorb	CE
Wickel	BT
Zerstäuber	AT
Zusammengesetzte Verpackung, Glasbehälter	6P
Zusammengesetzte Verpackung, Glasbehälter im Weidenkorb	YV
Zusammengesetzte Verpackung, Glasbehälter in Aluminiumkiste	YR
Zusammengesetzte Verpackung, Glasbehälter in Aluminiumtrommel	YQ
Zusammengesetzte Verpackung, Glasbehälter in dehnungsfähigem Kunststoffgebinde	YY
Zusammengesetzte Verpackung, Glasbehälter in festem Kunststoffgebinde	YZ
Zusammengesetzte Verpackung, Glasbehälter in Holzfaserkiste	YX
Zusammengesetzte Verpackung, Glasbehälter in Holzfasertrommel	YW
Zusammengesetzte Verpackung, Glasbehälter in Holzkiste	YS
Zusammengesetzte Verpackung, Glasbehälter in Sperrholzkiste	YT
Zusammengesetzte Verpackung, Glasbehälter in Stahlkiste	YP
Zusammengesetzte Verpackung, Glasbehälter in Stahltrommel	YN
Zusammengesetzte Verpackung, Kunststoffbehälter	6H
Zusammengesetzte Verpackung, Kunststoffbehälter in Aluminiumkiste	YD
Zusammengesetzte Verpackung, Kunststoffbehälter in Aluminiumtrommel	YC
Zusammengesetzte Verpackung, Kunststoffbehälter in fester Kunststoffkiste	YM

noch **Anhang 8 – Zu Feld Nr. 31: Art der Packstücke**

Zusammengesetzte Verpackung, Kunststoffbehälter in Holzfaserkiste	YK
Zusammengesetzte Verpackung, Kunststoffbehälter in Holzfasertrommel	YJ
Zusammengesetzte Verpackung, Kunststoffbehälter in Holzkiste	YF
Zusammengesetzte Verpackung, Kunststoffbehälter in Kunststofftrommel	YL
Zusammengesetzte Verpackung, Kunststoffbehälter in Sperrholzkiste	YH
Zusammengesetzte Verpackung, Kunststoffbehälter in Sperrholztrommel	YG
Zusammengesetzte Verpackung, Kunststoffbehälter in Stahlkiste	YB
Zusammengesetzte Verpackung, Kunststoffbehälter in Stahltrommel	YA
Zylinder	CY

Anhang 9 – Zu Feld Nr. 40: Summarische Anmeldung/Vorpapier

Der Code in Feld Nr. 40 „Summarische Anmeldung/Vorpapier“ besteht aus drei verschiedenen Elementen.

Die Elemente werden voneinander durch einen Bindestrich (-) getrennt. Das erste Element dient der Unterscheidung zwischen den drei nachfolgend aufgeführten Kategorien. Mit dem zweiten Element wird die Art des Dokuments bezeichnet. Das dritte Element dient der Erfassung der für die Identifizierung des Dokuments erforderlichen näheren Angaben wie der Registriernummer oder einer sonstigen eindeutigen Referenznummer.

1. Das erste Element:

Summarische Anmeldung = X

Vereinfachte Anmeldung = Y

Vorpapier = Z

2. Das zweite Element:

Wählen Sie die Kurzbezeichnung für das Dokument aus dem „Verzeichnis der Kurzbezeichnungen der Dokumente“.

Dieses Verzeichnis enthält auch den Code „CLE“ für „Datum und Referenznummer der Anschreibung der Waren in der Buchführung“ (Artikel 76 Abs. 1 Buchstabe c) Zollkodex). Das Datum wird wie folgt codiert: JJJJMMTT.

3. Das dritte Element:

Hier ist die Registriernummer oder eine sonstige Nummer anzugeben, anhand derer das Dokument zu erkennen ist.

Verzeichnis der Kurzbezeichnungen der Dokumente:

Containerliste	235
Ladeliste	270
Packliste	271
Proformarechnung	325
Handelsrechnung	380
Frachtbrief	703
Sammelkonnossement	704
Konnossement	705
Frachtbrief CIM	720
SMGS-Begleitliste	722
LKW-Frachtbrief	730
Luftfrachtbrief	740
Luftfrachtbrief, ausgestellt von der Fluggesellschaft (Master air waybill)	741
Paketkarte (Postpakete)	750
Multimodales/kombiniertes Transportdokument	760
Frachtmanifest	785
Ladungsverzeichnis	787

noch **Anhang 9 – Zu Feld Nr. 40: Summarische Anmeldung/Vorpapier**

Anmeldung zum gemeinschaftlichen Versandverfahren – gemischte Sendungen (T)	820
Anmeldung zum externen gemeinschaftlichen Versandverfahren (T1)	821
Anmeldung zum internen gemeinschaftlichen Versandverfahren (T2)	822
Kontrollexemplar T5	823
Carnet TIR	952
Carnet ATA	955
Referenznummer/Datum der Anschreibung in der Buchführung	CLE
Auskunftsblatt INF3	IF3
Auskunftsblatt INF8	IF8
Manifest – vereinfachtes Verfahren	MNS
Anmeldung zum internen gemeinschaftlichen Versandverfahren – Artikel 340c Absatz 1	T2F
T2M	T2M
Sonstige	ZZZ

Wurde das Vorpapier auf der Grundlage des Einheitspapiers erstellt, so setzt sich die Kurzbezeichnung aus den für Feld 1, erstes Unterfeld, vorgesehenen Codes zusammen (IM, EX, CO und EU).

Beispiele:

Bei dem Vorpapier handelt es sich um ein Versandpapier T1, das von der Bestimmungsstelle unter der Nummer „238544“ registriert worden ist. Der Code lautet daher „Z-821-238544“. („Z“ für Vorpapier, „821“ für das Versandverfahren und „238544“ für die Registriernummer des Dokuments (bzw. MRN für NCTS-Vorgänge).

Als summarische Anmeldung wird ein Manifest mit der Nummer „2222“ verwendet; hieraus ergibt sich der Code „X-785-2222». („X“ für die summarische Anmeldung, „785“ für das Manifest und „2222“ für die Kennnummer des Manifests.)

Die Anschreibung der Waren in der Buchführung erfolgte am 14. Februar 2002. Der Code lautet daher: „Y-CLE-20020214-5“ („Y“ als Hinweis auf die vereinfachte Anmeldung, „CLE“ für die Anschreibung in der Buchführung, die Ziffern „20020214“ für das Datum in der Reihenfolge Jahr (2002), Monat (02) und Tag (14) sowie die (5) als Referenznummer der Anschreibung).

Sofern mehrere Vorpapiere anzugeben sind, ist „Verschiedene – 00200“ anzugeben und der Anmeldung eine Liste der entsprechend codierten Vorpapiere beizufügen.

Anhang 10 – Zu Feld Nr. 44: Besondere Vermerke

Artikel	Sachverhalt	Besonderer Vermerk	Code
Allgemein:			
497 Abs. 3	Bewilligungsantrag auf der Anmeldung zu einem Zollverfahren mit wirtschaftlicher Bedeutung	„Vereinfachte Bewilligung"	00100
Bei der Einfuhr:			
2 Abs. 1 Verordnung (EG) Nr. 1147/2002	Vorübergehende Aussetzung der autonomen Zölle	„Einfuhr mit Lufttauglichkeitsbescheinigung"	10100
549 Abs. 1	Beendigung der aktiven Veredelung (Nichterhebungsverfahren)	„AV/S-Waren"	10200
549 Abs. 2	Beendigung der aktiven Veredelung (Nichterhebungsverfahren) (spezifische handelspolitische Maßnahmen)	„AV/S-Waren, Handelspolitik"	10300
550	Beendigung der aktiven Veredelung (Zollrückvergütungsverfahren)	„AV/R-Waren"	10400
583	Vorübergehende Verwendung	„VV-Waren"	10500
Bei der Ausfuhr:			
280 Abs. 3	Unvollständige Ausfuhranmeldung	„Vereinfachte Ausfuhr"	30100
286 Abs. 4	Anschreibeverfahren	„vereinfachte Ausfuhr" sowie die Nummer der Bewilligung	30200
298	Ausfuhr landwirtschaftlicher Erzeugnisse im Rahmen der besonderen Verwendung	Artikel 298 der Verordnung (EWG) Nr. 2454/93 Besondere Verwendung: zur Ausfuhr vorgesehene Waren – Anwendung der landwirtschaftlichen Ausfuhrerstattungen ausgeschlossen	30300
793 Abs. 3	Gewünschte Rückgabe des Exemplars Nr. 3	„RET-EXP"	30400

(Wenn nichts anderes angegeben ist, bezieht sich die Rechtsgrundlage auf die Zollkodex-DVO.)

Anhang 11 – Zu Feld Nr. 44: Vorgelegte Unterlagen, Bescheinigungen und Bewilligungen

Die Unterlagen, die im Feld Nr. 44 des Einheitspapiers anzugeben sind, sind anhand der nachfolgenden Codeliste mit einem vierstelligen Code zu bezeichnen.

Der Code besteht aus zwei Schlüsseln (1 und 2). Hinter dem jeweiligen Code ist entweder eine Kennnummer (z. B. die Ausstellungsnummer einer Einfuhrgenehmigung oder eines Ursprungszeugnisses) und ggf. das Ausstellungsdatum oder ein sonstiger eindeutiger Hinweis auf die jeweilige Unterlage anzubringen.

Beispiel: Mit der Ausfuhranmeldung wird eine Genehmigung zur Ausfuhr von Dual use-Gütern vorgelegt (Art. 6 VO (EG) Nr. 1334/2000). Der entsprechende TARIC-Code ist „X002". Die Auftragsnummer der Ausfuhrgenehmigung lautet DE/1487953. Im Feld 44 ist daher einzutragen: „X002 - DE/1487953 vom 02.01.2007, gültig bis 31.12.2007".

Anmerkung: Die hier abgedruckte Codeliste kann von der für ATLAS-Teilnehmer verbindlichen Tabelle der TARIC-Codierungen und –Bescheinigungen abweichen, da diese fortlaufend aktualisiert wird.

Tabelle der TARIC-Codierungen und -Bescheinigungen (Codeliste)

Stand: 01.10.2006

Langtext	Schlüssel 1	Schlüssel 2
Echtheitsbescheinigungen		
Echtheitszeugnis frische Tafeltrauben „Empereur" (Upos. 0806 1010)	A	001
Echtheitszeugnis Tabak (Upos 2401 1010 bis 2401 1049 und 2401 2010 bis 2401 2049)	A	004
Echtheitsbescheinigung Rindfleisch	A	006
Echtheitszeugnis für Süßorangen	A	008
Echtheitszeugnis für Kreuzungen von Zitrusfrüchten (fresh minneola)	A	009
Echtheitszeugnis für Orangensaftkonzentrat	A	010
Echtheitsbescheinigung für bestimmte handgearbeitete Waren (Handicrafts)	A	014
Echtheitsbescheinigung für auf Handwebstühlen hergestellte Erzeugnisse aus Seide oder Baumwolle	A	015
Echtheitsbescheinigung gemäß VO (EG) Nr. 936/97 (ABl. EU Nr. L 137) *[für Rind- und Büffelfleisch]*	A	017
Bescheinigung für „Käsefondue" genannte Zubereitungen	A	018
Reinheitszeugnis Nitrat aus Chile	A	019
Echtheitsbescheinigung gemäß VO (EG) Nr. 264/04 (ABl. EU Nr. L 46)	A	021
Echtheitsbescheinigung „Basmati Reis" für den Export in die Europäische Gemeinschaft	A	022
Luftfahrttauglichkeitsbescheinigung, Erklärung auf der Handelsrechnung, die mit der ausgestellten Luftfahrttauglichkeitsbescheinigung übereinstimmt oder auf dem dieser Rechnung beigefügten Dokument	A	119

noch **Anhang 11 – Zu Feld Nr. 44: Vorgelegte Unterlagen, Bescheinigungen und Bewilligungen**

Langtext	Schlüssel 1	Schlüssel 2
Echtheitsbescheinigung für Fleisch von Hausrindern, gefroren, als „Crops and Blades“ und „Brisket“ bezeichnete Teilstücke	1	CCA
Bescheinigung der Ursprungbezeichnung für bestimmte Weine aus DZ, MA, TN, und CS	1	CCB
Begleitpapier gem. Art 13 VO (EWG) Nr. 2782/75 (ABl. EG Nr. L 282) über die Erzeugung und den Verkehr von Bruteiern und Küken von Hausgeflügel	1	CCC
Abstammungs- und Leistungsnachweis für Rinder der Schwyzer Rasse	1	CCD
Dokument VI1, VI2 mit Angabe der Rebsorte für Weine	1	CCE
Echtheitsbescheinigung für Rinder- und Büffelfleisch, Rindfleisch (Saumfleisch) bzw. Rindfleischerzeugnisse (Baby beef) aus Kroatien und Mazedonien erforderlich	1	CCF
Bescheinigung für nordischen Kabeljau (Gadus morrhua)	1	CCG
Bescheinigung für Heringe	1	CCH
Bescheinigung (Ursprungszeugnis) für Zuchtpilzkonserven mit Ursprung in China	1	CCK

Andere Genehmigungen

Langtext	Schlüssel 1	Schlüssel 2
Äquivalenzbescheinigung gemäß VO (EWG) Nr. 3076/1978 (ABl. EG Nr. L 367)	C	001
Statistisches Dokument roter Thun	C	003
Überwachungsdokument	C	004
Certificate for the export of pasta to the USA (P 2 certificate)	C	012
Bescheinigung IMA 1 für die Zulassung bestimmter Milcherzeugnisse zu bestimmten Positionen o. Unterpositionen des Gemeinsamen Zolltarifs	C	013
Dokument V I 1 gemäß VO (EG) Nr. 883/2001 (ABl. EU Nr. L 128) *[für Erzeugnisse des Weinsektors]*	C	017
Teildokument V I 2 gemäß VO (EG) Nr. 883/2001 (ABl. EU Nr. L 128) *[für Erzeugnisse des Weinsektors]*	C	018
Bewilligung der passiven Veredelung (VO (EWG) Nr. 2454/93; ABl. EG Nr. L 253/93)	C	019
Einfuhrlizenz ausgestellt entsprechend den Bestimmungen gemäß VO (EG) Nr. 2640/98 (ABl. EG Nr. L 335) *[für Olivenöl aus Tunesien]*	C	024
Abstammungsnachweis und Zuchtbescheinigung	C	026
Abstammungsnachweis	C	027
Erklärung auf der Rechnung, die folgenden Vermerk trägt: „Spezifische Ursprungsregeln gemäß dem Beschluss Nr. 2/2000 des Gemischten Rates EG – Mexiko Anhang III Anlage IIa Anmerkung 12 Punkt 1“	C	028

noch **Anhang 11 – Zu Feld Nr. 44: Vorgelegte Unterlagen, Bescheinigungen und Bewilligungen**

Langtext	Schlüssel 1	Schlüssel 2
Bescheinigung mit dem Vermerk „IAO-Übereinkommen Nr. 29, 87, 98, 100, 105, 111, 138 und 182 – Titel III der VO (EG) Nr. 2501/01“; der Vermerk ist auf der Ursprungserklärung auf der Rechnung eingetragen	C	031
Ausfuhrlizenz EXP gemäß Anhang IV des Beschlusses 2001/822/EG (ABl. EU Nr. L 314, S. 69) *[für ÜLG-Staaten]*	C	032
Ergänzende Unterlage gemäß VO (EG) Nr. 1159/2003 (ABl. EU Nr. L 162) in der geltenden Fassung *[für Rohrzucker]*	C	036
Statistische Dokumente der ICCAT für Roten Thun	C	038
Statistische Dokumente der ICCAT für Schwertfisch	C	039
Statistische Dokumente der ICCAT für Großaugenthun oder Statistische Dokumente der IOTC für Großaugenthun	C	040
ICCAT-Wiederausfuhrbescheinigung für Roten Thun	C	041
ICCAT-Wiederausfuhrbescheinigung für Schwertfisch	C	042
ICCAT-Wiederausfuhrbescheinigung für Großaugenthun oder IOTC-Wiederausfuhrbescheinigung für Großaugenthun	C	043
Bescheinigung Mineralwasser – NO	C	044
Wiegenachweis für Bananen	C	046
Ergänzende Unterlage gemäß VO (EG) Nr. 1100/2006 (ABl. EU Nr. L 196)	C	049
Vorlage der erforderlichen „CITES“-Bescheinigung	C	400
Antrag auf Zollfreiheit gemäß Verordnung (EWG) Nr. 2658/87, Anhang I Teil 1, Titel II „Besondere Bestimmungen“, Buchstabe G „Zollfreiheit für integrierte Multichip-Schaltungen“. Bei Anmeldung von MCP zur Überführung in den zollrechtlich freien Verkehr bei den Zollbehörden des betreffenden Mitgliedstaates muss der Anmelder in Feld 44 des Einheitspapiers die Referenznummer C 500 angeben.	C	500
Bewilligung eines Zolllagers oder des Zolllagerverfahrens in einem Zolllager des Typs E	C	600
Bewilligung einer Aktiven Veredelung	C	601
Anmeldung der Angaben zum Zollwert (Ergänzungsblatt zur D.V.1 BIS)	C	602
Informationsblatt INF 1	C	603
Informationsblatt INF 2	C	604
Informationsblatt INF 3	C	605
Informationsblatt INF 5	C	606
Informationsblatt INF 6	C	607
Informationsblatt INF 7	C	608
Informationsblatt INF 8	C	609
Informationsblatt INF 9	C	610
Auskunftsblatt	C	611

noch **Anhang 11 – Zu Feld Nr. 44: Vorgelegte Unterlagen, Bescheinigungen und Bewilligungen**

Langtext	Schlüssel 1	Schlüssel 2
Anmeldung zum internen gemeinschaftlichen Versandverfahren T2F	C	612
Frachtbrief CIM (T2)	C	613
Frachtbrief CIM (T2F)	C	614
Übergabeschein TR (T1)	C	615
Übergabeschein TR (T2)	C	616
Übergabeschein TR (T2F)	C	617
Luftmanifest (T2F)	C	618
Schiffsmanifest (T2F)	C	619
Versandpapier T2LF	C	620
Versandpapier T2M	C	621
Vordruck über den zollrechtlichen Status	C	622
Umladebescheinigung EXP.1	C	623
Vordruck 302	C	624
Rheinmanifest	C	625
Verbindliche Zolltarifauskunft	C	626
Verbindliche Ursprungsauskunft	C	627
Äquivalenzbescheinigung/Kontrollbescheinigung	C	628
Abstammungsnachweis	C	629
Bescheinigung über die industrielle Zweckbestimmung	C	633
Ursprungsnachweis	C	634
Etikett	C	635
Einfuhrgenehmigung	C	638
Einfuhrmeldung	C	639
Grenzübertrittsbescheinigung	C	640
Fangdokument – Einfuhr	C	641
Inspektionsbericht	C	644
Bescheinigung für militärische Ausrüstungsgüter	C	645
Empfangsbestätigung	C	647
Bescheinigung für entbeintes Fleisch	C	648
Erstattungsbescheinigung	C	649
Begleitschein	C	650

noch **Anhang 11 – Zu Feld Nr. 44: Vorgelegte Unterlagen, Bescheinigungen und Bewilligungen**

Langtext	Schlüssel 1	Schlüssel 2
Begleitendes Verwaltungsdokument	C	651
Begleitdokument für die Beförderung von Weinbauerzeugnissen	C	652
Mitteilung (Ausfuhr nach Irak)	C	653
Genehmigung für Erzeugnisse, die ausschließlich für medizinische Zwecke bestimmt sind	C	654
Bescheinigung - Erzeugnisnachweis	C	655
Fangdokument – Ausfuhr	C	656
Gesundheitsbescheinigung	C	657
Vorherige schriftliche Erklärung	C	659
Ausfuhrnotifikation	C	660
Ausdrückliche Zustimmung	C	661
Einfuhrentscheidung	C	662

Antidumping-Dokumente

Langtext	Schlüssel 1	Schlüssel 2
Original einer Herstellerbescheinigung	D	003
Handelsrechnung im Rahmen einer Verpflichtung	D	005
Bescheinigung der CCCME bei Verkäufen, für die die Verpflichtung gilt (VO (EG) Nr. 1531/2002; ABl. EU Nr. L 231)	D	006
Bescheinigung mit der chemischen Analyse für jede auf der Handelsrechnung aufgeführte Qualität der Ware vorgelegt werden	D	007
Handelsrechnung mit unterzeichneter Erklärung	D	008
DRAM-Multikombinationsformen mit Ursprung in einem anderen Land als der Republik Korea, die DRAM-Chips und/oder einbaufertige DRAMs mit Ursprung in einem anderen Land als der Republik Korea oder mit Ursprung in der Republik Korea enthalten und die von Samsung hergestellt wurden. Für Waren, die der Warenbezeichnung und Ursprungsangabe der Referenznummer D010 entsprechen, reicht die Angabe dieser Referenznummer in Feld 44 des Einheitspapiers aus.	D	010
DRAM, die Produkte mit KR-Ursprung enthalten, andere als von Samsung, mit < 10% Wert. Der Anmelder muss zusätzlich eine vom letzten Hersteller ausgestellte Erklärung vorlegen gemäß Artikel 1 Absatz 4 und dem Anhang der Verordnung (EG) Nr. 1480/2003 (ABl. EU Nr. L 212, Seite 1), geändert durch Verordnung (EG) Nr. 2116/2005 (ABl. EU Nr. L 340, Seite 7).	D	011
DRAM, die Produkte mit KR-Ursprung enthalten, andere als von Samsung, mit > = 10% < 20% Wert. Der Anmelder muss zusätzlich eine vom letzten Hersteller ausgestellte Erklärung vorlegen gemäß Artikel 1 Absatz 4 und dem Anhang der Verordnung (EG) Nr. 1480/2003 (ABl. EU Nr. L 212, Seite 1), geändert durch Verordnung (EG) Nr. 2116/2005 (ABl. EU Nr. L 340, Seite 7).	D	012

noch **Anhang 11 – Zu Feld Nr. 44: Vorgelegte Unterlagen, Bescheinigungen und Bewilligungen**

Langtext	Schlüssel 1	Schlüssel 2
DRAM, die Produkte mit KR-Ursprung enthalten, andere als von Samsung, mit > = 20% < 30% Wert. Der Anmelder muss zusätzlich eine vom letzten Hersteller ausgestellte Erklärung vorlegen gemäß Artikel 1 Absatz 4 und dem Anhang der Verordnung (EG) Nr. 1480/2003 (ABl. EU Nr. L 212, Seite 1), geändert durch Verordnung (EG) Nr. 2116/2005 (ABl. EU Nr. L 340, Seite 7).	D	013
DRAM, die Produkte mit KR-Ursprung enthalten, andere als von Samsung, mit > = 30% < 40% Wert. Der Anmelder muss zusätzlich eine vom letzten Hersteller ausgestellte Erklärung vorlegen gemäß Artikel 1 Absatz 4 und dem Anhang der Verordnung (EG) Nr. 1480/2003 (ABl. EU Nr. L 212, Seite 1), geändert durch Verordnung (EG) Nr. 2116/2005 (ABl. EU Nr. L 340, Seite 7).	D	014
DRAM, die Produkte mit KR-Ursprung enthalten, andere als von Samsung, mit > = 40% < 50% Wert. Der Anmelder muss zusätzlich eine vom letzten Hersteller ausgestellte Erklärung vorlegen gemäß Artikel 1 Absatz 4 und dem Anhang der Verordnung (EG) Nr. 1480/2003 (ABl. EU Nr. L 212, Seite 1), geändert durch Verordnung (EG) Nr. 2116/2005 (ABl. EU Nr. L 340, Seite 7).	D	015
DRAM, die Produkte mit KR-Ursprung enthalten, andere als von Samsung, mit > = 50% Wert. Der Anmelder muss zusätzlich eine vom letzten Hersteller ausgestellte Erklärung vorlegen gemäß Artikel 1 Absatz 4 und dem Anhang der Verordnung (EG) Nr. 1480/2003 (ABl. EU Nr. L 212, Seite 1), geändert durch Verordnung (EG) Nr. 2116/2005 (ABl. EU Nr. L 340, Seite 7).	D	016

Ausfuhrbescheinigungen/-lizenzen/dokumente des Ursprunglands

Langtext	Schlüssel 1	Schlüssel 2
Ausfuhrgenehmigung „Kulturgüter“ (VO (EWG) Nr. 3911/92; ABl. EG Nr. L 395)	E	012
Ausfuhrlizenz, erteilt durch die Kommission nach Prüfung der Übereinstimmung mit Artikel 11 der VO (EG) Nr. 2037/2000 (ABl. EG Nr. L 244) *[für Stoffe, die zum Abbau der Ozonschicht führen]*	E	013
Ausfuhrlizenz – Milcherzeugnisse	E	014
Ausfuhrbescheinigung gemäß VO (EG) Nr. 638/03 (ABl. EU Nr. L 93) *[für Reis aus AKP & ÜLG- Staaten]*	E	015
Ausfuhrdokument ausgestellt durch die zuständigen tschechischen Behörden (VO (EG) Nr. 925/2003 – ABl. EU Nr. L 131)	E	016
Ausfuhrgenehmigung für Güter, die zu Folter oder zu anderer grausamer, unmenschlicher oder erniedrigender Behandlung oder Strafe verwendet werden könnten	E	990

noch **Anhang 11 – Zu Feld Nr. 44: Vorgelegte Unterlagen, Bescheinigungen und Bewilligungen**

Langtext	**Schlüssel 1**	**Schlüssel 2**

Vorlage einer/eines Einfuhrgenehmigung-/lizenz/dokuments, die von einem Mitgliedstaat ausgestellt wurde

Langtext	Schlüssel 1	Schlüssel 2
Einfuhrgenehmigung, ausgestellt von einer zuständigen einzelstaatlichen Behörde und überall in der EG gültig (VO (EG) Nr. 84, 85, 86, 87/98)	I	001
Einfuhrgenehmigung, ausgestellt von einer zuständigen einzelstaatlichen Behörde und überall in der EG gültig	I	003
Überwachungsdokument, ausgestellt von einer zuständigen einzelstaatlichen Behörde und überall in der EG gültig.	I	004
Überwachungsdokument ausgestellt von einer zuständigen einzelstaatlichen Behörde und überall in der EG gültig (VO (EG) 1499/2002, ABl. EU Nr. L 227)	I	005

Zollkontingente

Langtext	Schlüssel 1	Schlüssel 2
Zollkontingent- laufende Nummern 09.1558 und 09.1559 erschöpft	K	014
Zollkontingent- laufende Nummern 09.1588 und 09.1589 erschöpft	K	016

Einfuhrgenehmigungen/-lizenzen/-dokumente

Langtext	Schlüssel 1	Schlüssel 2
Einfuhrlizenz AGRIM	L	001
Textilwaren: Einfuhrdokument	L	079
Bescheinigung über Qualitätsanalyse (VO (EG) Nr. 2377/02 (ABl. EU Nr. L 358)) *[für Braugerste]*	L	081
Konformitätsbescheinigung (VO (EG) Nr. 2377/01 (ABl. EU Nr. L 358)) *[für Braugerste]*	L	082
Transportpapier gemäß VO (EG) Nr. 196/97 (ABl. EG Nr. L 31) *[für Reis aus Ägypten]*	L	085
Einfuhrlizenz, erteilt von den zuständigen Behörden eines Mitgliedstaates und überall in der Gemeinschaft gültig	L	097
Einfuhrlizenz „geregelte Stoffe“ (Ozonschicht), von der Kommission erteilt	L	100
Einfuhrdokument VO (EG) Nr. 1296/2003 (ABl. EU Nr. L 183) *[für Schuhe aus Vietnam]*	L	102
Übereinstimmungslizenz für Hanf gemäß Artikel 5 der Verordnung (EG) Nr. 1673/2000 (ABl. EU Nr. L 193/16)	L	106
Einfuhrlizenz mit dem folgenden Vermerk „das Einfuhrland/die Einfuhrländer (Land/Länder, das/die in die Sonderregelungen für am wenigsten entwickelte Länder gemäss Spalte H des Anhangs I zur Verordnung (EG) Nr. 2501/2001 einbezogen ist/sind; die Rohzuckermenge, ausgedrückt als Weisszuckeräquivalent; Gemäß Artikel 9 Absatz 5 der Verordnung (EG) Nr. 2501/2001 eingeführter Rohzucker zur Raffination. Kontingent Nr. 09.4305“.	L	108

noch **Anhang 11 – Zu Feld Nr. 44: Vorgelegte Unterlagen, Bescheinigungen und Bewilligungen**

Langtext	Schlüssel 1	Schlüssel 2
Einfuhrlizenz mit „Reis mit Ursprung in (Name des in Anhang I zu der VO (EG) Nr. 2501/2001 aufgeführten Landes), eingeführt gemäß Artikel 9 Absatz 5 der VO (EG) Nr. 2501/2001 des Rates“	L	109
Einfuhrgenehmigung (602/2002/EGKS – ABl. EU Nr. L 195) *[für Eisen- und Stahlerzeugnisse aus der Russischen Föderation]*	L	113
Einfuhrgenehmigung (1469/2002/EGKS – ABl. EU Nr. L 222) *[für Eisen- und Stahlerzeugnisse aus Kasachstan]*	L	114
„Kimberley“ Zertifikat	L	116
Einfuhrgenehmigung (893/2003 – ABl. EU Nr. L 333) *[für bestimmte Stahlerzeugnisse aus der Ukraine]*	L	119
Beitrittslizenzen (Bananen) nur für traditionelle Marktbeteiligte. Lizenz gilt nur in einem neuen Mitgliedstaat	L	130
Beitrittslizenzen (Bananen) nur für nichttraditionelle Marktbeteiligte. Lizenz gilt nur in einem neuen Mitgliedstaat	L	131
Einfuhrgenehmigung, erteilt von den zuständigen Behörden eines Mitgliedstaates und überall in der Gemeinschaft gültig	L	132
Einfuhrgenehmigung (Austauschstoffe) von den zuständigen Behörden des Mitgliedstaats erteilt, in dem der Einführer niedergelassen ist	L	135
Einfuhranzeige	2	AAA
Einfuhrgenehmigung	2	AAB
EHM-Einfuhrlizenz aus Drittländern	2	AAC
Erleichtertes Verfahren nach § 32 AWV oder Befreiung nach § 35a Abs. 4 AWV	2	AAD
Ware ist einfuhrrechtlich bereits abgefertigt	2	AAE
Vorherige Bewilligung (Einfuhrgenehmigung)	2	AAF
Einfuhrerlaubnis für Arzneimittel	2	AAG
Befreiung gem. § 29 AWV	2	AAH
Internationale Einfuhrbescheinigung	2	AAP
Befreiung von der Vorlagepflicht eines Überwachungsdokuments	2	AAQ

noch **Anhang 11 – Zu Feld Nr. 44: Vorgelegte Unterlagen, Bescheinigungen und Bewilligungen**

Langtext	Schlüssel 1	Schlüssel 2
UN/EDIFACT-Bescheinigungen		
Konformitätsbescheinigung (Certificate of Conformity)	N	002
Qualitätszeugnis	N	003
Warenverkehrsbescheinigung A.TR	N	018
Containerliste	N	235
Packliste	N	271
Proformarechnung	N	325
Handelsrechnung	N	380
Hausfrachtbrief	N	703
Sammelkannossement	N	704
Ladeliste	N	705
Schiffsmanifest (T1)	N	710
Hauskannossement	N	714
Frachtbrief CIM (T1)	N	720
SMGS-Begleitliste	N	722
LKW-Frachtbrief	N	730
Luftmanifest (T1)	N	740
Luftfrachtbrief	N	741
Beförderung durch die Post (einschließlich Paketpost)	N	750
Multimodal/kombiniert Transportdokument	N	760
Frachtmanifest	N	785
Ladungsverzeichnis	N	787
Versandanmeldung T	N	820
Anmeldung zum externen gemeinschaftlichen Versandverfahren/gemeinsamen Versandverfahren, T1	N	821
Anmeldung zum internen gemeinschaftlichen Versandverfahren T2	N	822
Kontrollexemplar T 5	N	823
Versandpapier T2L	N	825
Ausfuhranmeldung	N	830
Pflanzengesundheitszeugnis	N	851
Analyse- und Gesundheitszeugnis	N	852

noch **Anhang 11 – Zu Feld Nr. 44: Vorgelegte Unterlagen, Bescheinigungen und Bewilligungen**

Langtext	Schlüssel 1	Schlüssel 2
Gemeinsames Veterinärdokument für die Einfuhr (GVDE) gemäß der Verordnung (EG) Nr. 136/2004	N	853
Allgemeines Ursprungszeugnis	N	861
Ursprungserklärung	N	862
Präferentielles Ursprungszeugnis (präferentielle Ursprungserklärung auf der Rechnung; EUR.2)	N	864
Formblatt A	N	865
Frachtanmeldung (Ankunft)	N	933
Anmeldung der Angaben über den Zollwert D.V.1	N	934
Rechnung, auf deren Grundlage der Zollwert der Waren angemeldet wird	N	935
Genehmigung für Embargowaren Unter diesen Code fallen z.B. Ausfuhrgenehmigungen des BAFA im Zusammenhang mit den Verordnungen (EG) i. Nr. 817/2006 des Rates zur Verlängerung der restriktiven Maßnahmen gegenüber Birma/Myanmar, ii. Nr. 314/2004 des Rates über bestimmte restriktive Maßnahmen gegenüber Simbabwe, iii. Nr. 174/2005 des Rates über Beschränkungen für die Erbringung von Hilfe für Cote d'Ivoire im Zusammenhang mit militärischen Aktivitäten und iv. Nr. 1859/2005 des Rates über bestimmte restriktive Maßnahmen gegen Usbekistan.	N	941
Vordruck TIF	N	951
Carnet TIR	N	952
Warenverkehrsbescheinigung EUR.1	N	954
Carnet ATA	N	955
Bewilligung eines Zollverfahrens mit wirtschaftlicher Bedeutung/ einer Überführung in den zollrechtlich freien Verkehr zur besonderen Verwendung	N	990

Ursprungszeugnisse

Langtext	Schlüssel 1	Schlüssel 2
Ursprungszeugnis für die Einfuhr landwirtschaftlicher Erzeugnisse in die EG	U	002
Ursprungszeugnis gemäß Artikel 47 der VO (EWG) Nr. 2454/93 (Zollkodex-Durchführungsverordnung; ABl. EG Nr. L 253)	U	003
Ursprungszeugnis gemäß Artikel 55 der Verordnung (EWG) Nr. 2454/93	U	004
Von den zuständigen Behörden erteilte Bescheinigung der Ursprungsbezeichnung	U	005
Einfuhrlizenz gemäß dem Wortlaut des Art. 22 VO (EG) Nr. 896/2001 (ABl. EU Nr. L 126) *[für Bananen]*	U	011

noch **Anhang 11 – Zu Feld Nr. 44: Vorgelegte Unterlagen, Bescheinigungen und Bewilligungen**

Langtext	Schlüssel 1	Schlüssel 2
Formblatt A mit dem folgenden Vermerk: „Abweichung – VO (EG) Nr. 1613/2000“ *[bei bestimmten in die Gemeinschaft ausgeführten Textilwaren aus Laos]*	U	014
Formblatt A mit dem folgenden Vermerk: „Abweichung – VO (EG) Nr. 1614/2000“ *[bei bestimmten in die Gemeinschaft ausgeführten Textilwaren aus Kambodscha]*	U	015
Formblatt A mit dem folgenden Vermerk: „Abweichung – VO (EG) Nr. 1615/2000“ *[bei bestimmten in die Gemeinschaft ausgeführten Textilwaren aus Nepal]*	U	016
Warenverkehrsbescheinigung EUR.1, die folgenden Vermerk trägt: Spezifische Ursprungsregeln gemäß dem Beschluss Nr. 2/2000 des Gemischten Rates EG – Mexiko Anhang III Anlage IIa Anmerkung 12 Punkt 1 *[aus Mexiko]*	U	019
EUR.1, die folgenden Vermerk trägt: „Ausnahmeregelung – Beschluss Nr. 1/2001“ *[aus Sambia]*	U	021
Warenverkehrsbescheinigung EUR.1, die folgenden Vermerk trägt: „Ausnahmeregelung – Beschluss Nr. 2/2001“ *[aus Fidschi]*	U	022
Warenverkehrsbescheinigung EUR.1, die folgenden Vermerk trägt: „Abweichung – Beschluss Nr. 1/2003 – Anrechnung auf das Gemeinschaftskontingent“	U	023
Warenverkehrsbescheinigung EUR.1, die folgenden Vermerk trägt: „Ausnahmeregelung – Beschluss Nr. 3/2001“ *[aus Swasiland]*	U	024
Warenverkehrsbescheinigung EUR.1, die folgenden Vermerk trägt: „Abweichung – Beschluss Nr. 2001/657/EG“ *[aus Saint Pierre und Miquelon])*	U	026
Formblatt A mit dem folgenden Vermerk " Zollkontingent Nr. 09.4305- Verordnung (EG) Nr. 1381/2002" , das Datum der Verladung des Zuckers im begünstigten Ausfuhrland und das Wirtschaftsjahr für das die Lieferung durchgeführt wird, den KN-Code 1701 11 10	U	027
Formblatt A mit dem folgenden Vermerk „Zollkontingent – VO (EG) Nr. 1401/2002“, dem Datum der Verladung des Reis im begünstigten Ausfuhrland und dem Wirtschaftsjahr, für das die Lieferung durchgeführt wird und dem KN-Code 1006 (auf acht Stellen genau) *[aus der Ländergruppe SPGA (die am wenigsten entwickelten Länder)])*	U	028
Bescheinigung mit dem Vermerk „IAO-Übereinkommen Nr. 29, 87, 98, 100, 105, 111, 138 und 182 – Titel III der VO (EG) Nr. 2501/01“; der Vermerk ist eingetragen in Feld Nr. 4 des Ursprungszeugnisses nach Formblatt A	U	030
Warenverkehrsbescheinigung EUR.1, die folgenden Vermerk trägt: „Abweichung – Beschluss Nr. 2001/936/EG“ *[aus Grönland]*	U	031
Warenverkehrsbescheinigung EUR.1 die folgenden Vermerk trägt: „Ausnahme – Entscheidung Nr. 2002/644“ *[von Falklandinseln]*	U	033
Warenverkehrsbescheinigung EUR.1, die folgenden Vermerk trägt: „Abweichung – Beschluss Nr. 2/2002 *[aus AKP-Ländern]*	U	034
Warenverkehrsbescheinigung EUR.1, die folgenden Vermerk trägt: „Ausnahme-Entscheidung Nr. 2003/673“ *[aus St. Pierre und Miquelon]*	U	035
Warenverkehrsbescheinigung EUR.1, (VO (EG) Nr. 1964/2003; ABl. EU Nr. L 290) *[für bestimmte zubereitete oder haltbar gemachte Zitrusfrüchte (Mandarinen usw.)]*	U	036
Formblatt A (VO (EG) Nr. 1964/2003; ABl. EU Nr. L 290) *[für bestimmte zubereitete oder haltbar gemachte Zitrusfrüchte (Mandarinen usw.)]*	U	037

noch **Anhang 11 – Zu Feld Nr. 44: Vorgelegte Unterlagen, Bescheinigungen und Bewilligungen**

Langtext	Schlüssel 1	Schlüssel 2
Im Ursprungsnachweis ist im Feld zur Warenbezeichnung folgendes anzugeben: Schaffleischerzeugnis(se) von Hausschafen	U	038
Im Ursprungsnachweis ist in dem Feld zur Warenbezeichnung folgendes anzugeben: Erzeugnis(se) von anderen Schafen als Hausschafen	U	039
Ursprungsnachweis nach Artikel 47 der Verordnung (EWG) Nr. 2454/93, in dem zusätzlich folgendes angegeben ist: der KN-Code, die laufende Nummer oder Nummern des betreffenden Zollkontingents gemäß Art. 5 Absatz 2 der Verordnung (EG) Nr. 2202/04, das Gesamtnettogewicht je Koeffizientenkategorie gemäß Artikel 3 Absatz 2 der Verordnung (EG) Nr. 2202/04	U	040
Warenverkehrsbescheinigung EUR.1, die folgenden Vermerk trägt: „Deration – Decision No 1/2005“ oder „Derrogação – Decisão No 1/2005“	U	041
Warenverkehrsbescheinigung EUR.1, die folgenden Vermerk trägt: „Derogation – Decision No 2/2005“ oder „Derogation– Decision No 2/2005“	U	042
Warenverkehrsbescheinigung EUR.1, die folgenden Vermerk trägt: „Derogation - Commission Decision 2005/578/EC“ oder „Dérogation - Décision 2005/578/CE de la Commission“	U	043
Warenverkehrsbescheinigung EUR.1 die folgenden Vermerk trägt: „Ausnahme - Entscheidung Nr. 1/2005“	U	044
Warenverkehrsbescheinigung EUR-MED	U	045
Warenverkehrsbescheinigung EUR. 1, die folgenden Vermerk trägt: „AUSNAHMEREGELUNG-BESCHLUSS Nr. 3/2005“	U	046
Warenverkehrsbescheinigung EUR. 1, die folgenden Vermerk trägt: „AUSNAHMEREGELUNG-BESCHLUSS Nr. 1/2005“ (MA)	U	047
Erklärung auf der Rechnung EUR-MED	U	048
Formblatt für Ursprungserzeugnisse im Postversand *[EUR 2]*	4	EEC
Postverkehr in der Gemeinschaft und mit der Türkei	4	EED
Int. Expressgutschein für die Einfuhr im int. Eisenbahnverkehr *[TIEX]*	4	EEI
Versandpapier T 1 für die Einfuhr nur teilbetragszollpflichtigen Waren aus Andorra	4	EEL
Longterm-Certificate	4	EEN
Präferenz im Reise-/ Postverkehr	4	EEP
Präferenz im Reise-/Postverkehr für Waren des freien Verkehrs aus der Türkei	4	EEQ

noch **Anhang 11 – Zu Feld Nr. 44: Vorgelegte Unterlagen, Bescheinigungen und Bewilligungen**

Langtext	**Schlüssel 1**	**Schlüssel 2**
Ausfuhrgenehmigungen/-lizenzen/-dokumente		
Ausfuhrgenehmigung AGREX	X	001
Ausfuhrgenehmigung gemäß Art. 6 der VO des Rates Nr. 1334/2000 (ABl. EU Nr. L 159, S.1) *[für Güter mit doppeltem Verwendungszweck (Dual-Use)]* Unter diesen Code fallen auch die Allgemeinen Genehmigungen Nr. 9, 10, 12, 13, 16 und EU001.	X	002
Ausfuhrgenehmigung (Ausgangsstoffe) von den zuständigen Behörden des Mitgliedstaats erteilt, in dem der Ausführer niedergelassen ist.	X	035
Ausfuhrlizenz nach vorgeschriebenem Muster	3	AAL
Ausfuhrgenehmigungen, die von den zuständigen Behörden des Mitgliedstaates, in dem die Zollausfuhranmeldungen nach den geltenden Bestimmungen einzureichen sind, erteilt wird. Unter diesem Code sind ggf. zu erfassen: i. Ausfuhrgenehmigungen der BLE nach § 6a Abs. 1 und 2 AWV, ii. Ausfuhrgenehmigungen des BAFA nach § 5 Abs. 2 AWV i.V.m. Teil I Abschnitt C Kennungen 901 bis 999 der Ausfuhrliste, iii. Ausfuhrgenehmigungen des BAFA nach §§ 5c, 5d AWV.	3	LLA
Ausfuhrgenehmigung des BAFA nach § 5 Abs. 1 AWV für sonstige Rüstungsgüter (Teil I Abschnitt A der Ausfuhrliste) Unter diesen Code fallen auch die Allgemeinen Genehmigungen des BAFA Nr. 18 und 19.	3	LLB
Kimberley-Gemeinschaftszertifikat	C	034
Besondere Voraussetzungen		
Vollständig im Libanon erzeugt und von dort unmittelbar in die Gemeinschaft transportiert.	Y	001
Vollständig in der Türkei erzeugt und von dort unmittelbar in die Gemeinschaft transportiert.	Y	002
Vollständig in Tunesien erzeugt und von dort unmittelbar in die Gemeinschaft transportiert.	Y	003
Vollständig in Algerien erzeugt und von dort unmittelbar in die Gemeinschaft transportiert.	Y	005
Stempelabdruck (Beginn/Ende jedes Stückes) und unmittelbare Beförderung	Y	006
Plombe (auf jedem Stück) und unmittelbare Beförderung	Y	007
Aus der Türkei unmittelbar in die Gemeinschaft transportiert	Y	008

noch **Anhang 11 – Zu Feld Nr. 44: Vorgelegte Unterlagen, Bescheinigungen und Bewilligungen**

Langtext	Schlüssel 1	Schlüssel 2
Wiedereinfuhr von Textilwaren nach passiver Veredelung gemäß der VO (EG) Nr. 3036/94 (ABl. Nr. EG L 322)	Y	009
Die Erzeugnisse müssen die jeweiligen Bedingungen für das Genusstauglichkeitskennzeichen gemäß Anhang I Kapitel XI der Richtlinie 64/433/EWG (ABl. EG Nr. P 121), Anhang I Kapitel VI der Richtlinie 94/65/EG (ABl. EG Nr. L 368), Anhang B Kapitel VI der Richtlinie 77/99/EWG (ABl. EG Nr. L 26) erfüllen.	Y	011
Anbringen eines der folgenden Vermerke im Feld „Bemerkungen" der Warenverkehrsbescheinigung gemäß VO (EWG) Nr. 1518/76 (ABl. EG Nr. L 169/37): Taxe spéciale à l'exportation appliquée, Saerling udforselsafgift opkraevet, Sonderausfuhrabgabe erhoben, Special export charge collected, Applicata tassa speziale all´esportatzione, Bijzondere ultvoerheffing voldaan. *[für Kleie aus Algerien]*	Y	013
Die Rohdiamanten befinden sich in gegen Eingriffe geschützten Behältnissen und die bei der Ausfuhr von diesem Teilnehmer angebrachten Siegel sind nicht erbrochen worden (Kimberley Process).	Y	015
Unmittelbar in die Gemeinschaft transportiert gemäß VO (EG) Nr. 1964/2003	Y	016
Vollständig in Jordanien erzeugt und von dort unmittelbar in die Gemeinschaft transportiert.	Y	017
Fleisch von Ziegen oder Fleisch von Schafen der Rassen SARDI, TIMAHDIT, BENI GUIL, AKNOUL, D'AMAN und BENI AHSEN	Y	018
Besondere Angaben auf der Einfuhrlizenz AGRIM	Y	100
Die angemeldeten Waren fallen nicht unter das Washingtoner Übereinkommen (CITES)	Y	900
Nicht in der Liste der Güter mit doppeltem Verwendungszweck aufgeführtes Erzeugnis Mit diesem Code können auch die Auskünfte zur Güterliste und der Nullbescheid des BAFA angegeben werden.	Y	901
Andere Güter als die in den OZ-Fußnoten zu der Maßnahme beschriebenen	Y	902
Andere Güter als die in den TR-Fußnoten zu der Maßnahme (705) beschriebenen	Y	904
Güter, die aufgrund ihrer historischen Bedeutung ausschließlich zum Zwecke der öffentlichen Ausstellung in einem Museum verwendet werden sollen, oder medizinisch-technische Güter	Y	905
Andere Güter als die in den TR-Fußnoten zu der Maßnahme (708) beschriebenen	Y	906
Güter, die von militärischem oder zivilem Personal eines Mitgliedstaats verwendet werden sollen, wenn dieses Personal an einer Friedenssicherungsmaßnahme oder Krisenmanagementoperation der EU oder der Vereinten Nationen in dem betreffenden Drittland oder an einer Operation teilnimmt, die auf der Grundlage eines Abkommens zwischen Mitgliedstaaten und Drittländern im Bereich der Verteidigung durchgeführt wird	Y	907
Die Güter werden in die folgenden Gebiete der Mitgliedstaaten ausgeführt (Grönland, Neukaledonien und Nebengebiete, Französisch-Polynesien, Französische Süd- und Antarktisgebiete, Wallis und Futuna, Mayotte, St. Pierre und Miquelon, Büsingen) und von einer Behörde verwendet, die sowohl im Bestimmungsland oder -gebiet als auch im Mutterland des Mitgliedstaats, zu dem das betreffende Gebiet gehört, Strafverfolgungs-/Vollzugsbefugnisse hat	Y	908

noch **Anhang 11 – Zu Feld Nr. 44: Vorgelegte Unterlagen, Bescheinigungen und Bewilligungen**

Langtext	Schlüssel 1	Schlüssel 2
Dokumente, die sich aus dem Marktordnungsrecht ergeben		
Bescheinigung für die industrielle Zweckbestimmung für Obst und Gemüse gemäß Art. 8 Abs. 2 VO (EG) Nr. 1148/2001	5	MMA
Begleitpapier (Tierpass) für lebende Rinder gem. Art. 6 VO (EG) Nr. 1760/2000	5	MMB
Ohrenmarkenliste für lebende Rinder gem. Art. 27 Abs. 1 VO (EG) Nr. 2419/2001	5	MMC
Bescheinigung der Nämlichkeit des Ursprungs für die Ausfuhr von Weichkäse aus Kuhmilch nach den USA gem. VO (EWG) Nr. 3968/79	5	MMD
Bescheinigung für die Ausfuhr von Schweizer oder Emmentaler Käse mit Lochbildung im Teig nach den USA gem. VO (EWG) Nr. 2248/85	5	MME
Bescheinigung für die Ausfuhr bestimmter Käsesorten nach Australien gem. VO (EWG) Nr. 1552/80	5	MMF
Bescheinigung (Abholschein) für BLE	5	MMG
Ausfuhranmeldung (Zusatzblatt) für EG-Ausfuhrerstattungen (Vordruck 0763-Ausfuhranmeldung für Erstattungszwecke) gem. § 3 Abs. 1 Ausfuhrerstattungsverordnung	5	MMH
Handelsdokumente		
Ankaufskontrakte	7	HHA
Auftragsbestätigung des Käufers	7	HHB
Ausfuhrbescheinigung (z.B. sog. „weiße Speditionsbescheinigung“)	7	HHC
Bestellung des Käufers	7	HHD
Bill of Lading	7	HHE
Direktbeförderungsnachweis	7	HHF
Frachtkostenrechnung (z.B. Luftfrachtrechnung)	7	HHG
Analysekostenbescheinigung	7	HHH
Gutschriften	7	HHI
Kalkulationsunterlagen	7	HHK
Ladeliste/Lieferschein	7	HHL
Lagerkostennachweise	7	HHM
Leasingverträge/Mietverträge	7	HHN
Liste der Packstücke	7	HHO
Frachtbrief (z.B. AWB, CMR...)	7	HHP
Patente	7	HHQ

noch **Anhang 11 – Zu Feld Nr. 44: Vorgelegte Unterlagen, Bescheinigungen und Bewilligungen**

Langtext	Schlüssel 1	Schlüssel 2
Produktbeschreibung	7	HHR
Proforma - Frachtrechnung	7	HHS
Warenzeichen	7	HHU
Wiegebescheinigungen	7	HHV
Zahlungsnachweis	7	HHW
Kaufvertrag	7	HHX
Sonstige Handelspapiere	7	HHZ

Dokumente, die sich national aus dem VuB-Recht ergeben

Langtext	Schlüssel 1	Schlüssel 2
Gesundheitsbescheinigung für die Einfuhr von Rohmilch, wärmebehandelter Milch und Erzeugnissen auf Milchbasis	8	GAA
Gesundheitsbescheinigung für Fischerzeugnisse	8	GAB
Internationale Tiertransport-Bescheinigung	8	GAC
Mitteilung über das Ergebnis der Kontrolle für Fleisch aus Mitgliedstaaten	8	GAD
Mitteilung über das Ergebnis der Einfuhruntersuchung für Fleisch aus Drittländern	8	GAE
Munitionserwerbschein (§ 10 Abs. 3 Waffengesetz)	8	GAF
Nachweis der Berechtigung zur Einfuhr von explosionsgefährlichen Stoffen (§ 15 Sprengstoffgesetz)	8	GAG
Pflanzensanitäre Bescheinigung	8	GAK
Überweisungsschein FL	8	GAL
Erlaubnis zum Verbringen von Schusswaffen oder Munition in die BRD (§ 29 Abs.1 Waffengesetz)	8	GAN
Waffenrechtliche Bescheinigung nach § 55 Abs. 2 Waffengesetz	8	GAO
Waffenbesitzkarte (§ 10 Waffengesetz)	8	GAP
Zertifikat gem. § 72 a Arzneimittelgesetz	8	GAQ
Zulassung von Sprengstoffen durch Bundesanstalt für Materialforschung und -prüfung (§ 5 Sprengstoffgesetz)	8	GAR
Amtliche Bescheinigung für das Verbringen von jodiertem Speisesalz	8	GGA
Amtliche Bescheinigung für das Verbringen von Labaustauschstoffen nach § 21 der Käseverordnung	8	GGB
Amtliche Bescheinigung für das Verbringen von Nitritpökelsalz	8	GGC
Amtliche Bescheinigung für die Einfuhr von Futtermitteln	8	GGD

noch **Anhang 11 – Zu Feld Nr. 44: Vorgelegte Unterlagen, Bescheinigungen und Bewilligungen**

Langtext	Schlüssel 1	Schlüssel 2
Amtliche Bescheinigung für die Einfuhr von Speiseeis und Halberzeugnissen für Speiseeis, die unter der Verwendung von Eiprodukten hergestellt worden sind	8	GGE
Amtliche Bescheinigung für die Einfuhr von Teigwaren, die unter der Verwendung von Eiprodukten hergestellt worden sind	8	GGF
Amtliche Bescheinigung für das Verbringen von jodiertem Kochsalzersatz, anderen diätetischen Lebensmitteln, Jodverbindungen enthaltend, oder von diätetischen Lebensmitteln, die zur Verwendung als bilanzierte Diät bestimmt sind	8	GGG
Anzeige der Ankunft in z.B. Veterinärbescheinigungen, Bescheinigung des Herkunftsbetriebes oder anderen in Anlage 9, 9a genannten Unterlagen (§ 28 i.V.m. Anlage 4, 9, 9a Tierseuchenschutz - VO; SV 08 02)	8	GGH
Ausnahmebewilligung der Erfordernis der Zulassung von Sprengstoffen durch Bundesanstalt für Materialforschung und -prüfung (§ 5a Sprengstoffgesetz)	8	GGI
Begleitschein (Grenzüberschreitende Verbringung von Abfällen)	8	GGK
Waffenherstellungs-, Waffenhandelserlaubnis nach § 21 Waffengesetz	8	GGL
Nachweis über die Mitnahme von Waffen und Munition (§ 32 Abs. 3 Waffengesetz)	8	GGM
Einfuhranzeige (§ 12 Abs. 1 und 2 der Strahlenschutzverordnung)	8	GGN
Einfuhranzeige für forstliches Vermehrungsgut	8	GGO
Einfuhrgenehmigung für Betäubungsmittel	8	GGQ
Einfuhrgenehmigung nach Bundesnaturschutzgesetz	8	GGR
Erklärung über das Verbringen von Feuerwaffen/Munition (§ 33 Abs. 1 Waffengesetz)	8	GGS
Erklärung über die Beschaffenheit des leichten Heizöls oder Dieselkraftstoffs	8	GGT
Erklärung über die Beschaffenheit einzuführender Ottokraftstoffe	8	GGU
Erklärung über die Entsorgung von Altölen	8	GGV
Europäischer Feuerwaffenpass	8	GGW
Genehmigung nach dem Gesetz über die Kontrolle von Kriegswaffen vom 22.11.1990 (§§ 3, 8 Kriegswaffenkontrollgesetz)	8	GGX
Genusstauglichkeitsbescheinigung für Ei-Produkte	8	GGY
Genusstauglichkeitsbescheinigungen	8	GGZ
EEC 3254/91 int. Fallenstellerbescheinigung	8	GHA
Kontrollbescheinigung/ Originalbescheinigung für die Einfuhr von Erzeugnissen aus ökologischem Landbau VO (EG) Nr.1788/01 (Abl. Nr. L 243)	8	GHB
sonstige VuB-Dokumente	8	GHC
Ausfuhrnotifikation und ggf. Zustimmung des Empfängerlandes für gefährliche Chemikalien gem. VO (EG) Nr. 304/2003	8	GHD
Ausfuhrgenehmigung für Grundstoffe gem. VO (EG) Nr. 3769/92	8	GHE
Begleitpapier für Abfälle nach Art. 11 VO (EWG) Nr. 259/93	8	GHF

noch **Anhang 11 – Zu Feld Nr. 44: Vorgelegte Unterlagen, Bescheinigungen und Bewilligungen**

Langtext	Schlüssel 1	Schlüssel 2
Ausfuhranzeige (§ 12 Abs. 4 Strahlenschutzverordnung)	8	GHG
Ausfuhrgenehmigung für Betäubungsmittel	8	GHH
Genehmigung gem. Gesetz zur Ausführung des Umweltschutzprotokolls zum Antarktis-Vertrag	8	GHI
Einfuhrgenehmigung des Bestimmungslandes (§ 73a AMG)	8	GHJ

Sonstige zollrechtlich relevante Dokumente

Langtext	Schlüssel 1	Schlüssel 2
EG – Kontrollbescheinigung (Obst und Gemüse)	9	BBA
Wareneingangsbescheinigung (Delivery Verification Certificate)	9	BBB
Erzeugerzertifikat Rückstände aus Maisstärkegewinnung/Maisquellwasser	9	BBC
OECD – Kontrollbescheinigung (Obst und Gemüse)	9	BBD
UN/ECE – Kontrollbescheinigung (Obst und Gemüse)	9	BBE
Drittländische Ausfuhrabgabenvergütungsbescheinigung	9	BBF
EG – Kontrollbescheinigung (Bananen)	9	BBG
Freistellungsbescheinigung	9	BBH
Teilbescheinigung zur Freistellungsbescheinigung	9	BBI
Verzichtserklärung	9	BBL
Verzollungsbescheinigung Drittland	9	BBM
Zusätzliche Bescheinigung für Präferenzzucker aus Indien mit dem Vermerk „Anwendung der VO (EG) Nr. 2782/76, Verschiffungsdatum, Lieferzeitraum“	9	BBN
Einfuhrkontrollmeldung	9	BBO
Genehmigung des StBA für die Verwendung bestimmter Codenummern	9	BBP
Begasungsbescheinigung für Holz (Certificate of fumigation)	9	BBQ
Nachweis nach Art. 5 Abs. 2 VO (EG) Nr. 3223/94 (ABl. EG Nr. L 337) (Einfuhrregelung Obst und Gemüse)	9	DAB
Unterlagen gem. Art. 3 Abs. 2 und Abs. 4 VO (EG) Nr. 1484/95 (ABl. EG Nr. L 145) (Geflügelfleisch)	9	DAC
Unterlagen gem. Art. 4 Abs. 2 VO (EG) Nr. 1422/95 (Melasse) (ABl. EG Nr. L 141)	9	DAD
Unterlagen gem. Art. 4 Abs. 2 VO (EG) Nr. 1423/95 (ABl. EG Nr. L 141) (andere als Melasse)	9	DAE
T.C. 10-Grenzübergangsschein	9	DAF

noch **Anhang 11 – Zu Feld Nr. 44: Vorgelegte Unterlagen, Bescheinigungen und Bewilligungen**

Langtext	Schlüssel 1	Schlüssel 2
T.C. 11-Eingangsbescheinigung	9	DAG
Kaufvertrag, Anwendung des Präferenzzollsatzes (APS) Berliner Messe	9	DAH
Angaben zum Nachweis der Rückwareneigenschaft	9	DCA
Ausbesserungsschein – aktive Veredelung –	9	DDD
Auskunftsblatt INF 4 – Präferenzverkehr –	9	DDF
Ausländische Anmeldebescheinigung – Übersiedlungsgut –	9	DDN
Erklärung für Gegenstände erzieherischen, wissenschaftlichen oder kulturellen Charakters	9	DDP
Erklärung für Erprobungswaren	9	DDQ
Erklärung für Gegenstände für Behinderte	9	DDR
Erklärung für medizinische Instrumente oder Apparate	9	DDS
Erklärung für wissenschaftliche Instrumente oder Apparate	9	DDT
Erlaubnisschein	9	DDU
Nachweis für Erbschaftsgut	9	DDV
Inländischer Zugangsnachweis – Übersiedlungsgut –	9	DDW
Verwendungsschein – vorübergehende Verwendung –	9	DDY
Zollerklärung für aufgegebenes Reisegepäck	9	DDZ
Begleitendes Verwaltungsdokument	9	DEA
Empfängerliste	9	DEB
Begleitpapier für die Beförderung von Erzeugnissen des Weinbaus (VO (EG) Nr. 884/2001; ABl. EU Nr. L 428)	9	DEC
Auszug aus der Luftfahrzeugrolle des Luftfahrt-Bundesamtes	9	DED
Genehmigungen des Statistischen Bundesamtes	9	DEE
Bescheinigung für die Überführung von Verteidigungsgut nach § 12 bzw. § 13 ZollV	9	FFC
PV-Schein	9	YAK